사업철수
전략과 실행

사업 철수, 전략과 실행

초판 발행 2017년 8월 7일

지은이 김상휘
발행인 권오현

펴낸곳 돋을새김
주소 서울시 종로구 이화동 27-2 부광빌딩 402호
전화 02-745-1854~5 팩스 02-745-1856
홈페이지 http://blog.naver.com/doduls
전자우편 doduls@naver.com
등록 1997.12.15. 제300-1997-140호

인쇄 금강인쇄(주)(031-943-0082)

ISBN 978-89-6167-232-0 (13320)
Copyright ⓒ 2017, 김상휘

값 25,000원

*잘못된 책은 구입하신 서점에서 바꿔드립니다.
*이 책의 출판권은 도서출판 돋을새김에 있습니다.
  돋을새김의 서면 승인 없는 무단전재 및 복제를 금합니다.

기업의 미래를 변화시키는 경영혁신의 출발점

사업철수
전략과 실행

김상휘 지음

돋을새김

머리말

사업철수는 기존사업 및 신규사업과 함께 기업 중장기 전략의 중심축이자 경영혁신의 핵심입니다. 그러나 기존사업과 신규사업은 전문가도 많고 자료도 많이 축적되어 있는 반면, 사업철수는 유독 변변한 안내서조차 없는 것이 현실입니다. 이런저런 이유로 대다수의 기업들은 성장에 치중하여 사업의 철수에는 매우 서투릅니다. 그 서투름으로 인해 금전의 손실은 물론이고, 임직원과 협력사 등 많은 관련자들이 불필요한 어려움을 겪고 있습니다. 이로 인한 사회적인 비용도 상당하겠으나, 어쩔 수 없는 일이라 치부하며 외면해 왔습니다.

저자가 몸담고 있는 회사에서 처음 사업철수 업무를 담당하게 되었을 때의 곤혹스러움을 몸이 기억하고 있습니다. 물어볼 사람도 없고, 참고할 책도 없었습니다. '책 속에 길이 있다'는 가르침을 금과옥조로 삼고 살아왔는데, 참고할 책도 없으니 길이 보일 리 만무합니다. 방법을 모르는 와중에 실행을 하다 보니 하루하루가 시행착오의 연속이었습니다.

사업철수는 의욕이 충만하여 야심차게 추진되는 업무가 아닙니다. 지금 당장 피해를 입는 여러 이해관계자들과 협의를 해야 하고, 장기간에 걸쳐 관리해야 하기 때문에 업무의 난이도가 매우 높습니다. 모든 직장인들이 사업철수를 경험하지는 않겠으나 저만 겪은 상황도 아닐 것이기에, 길안내를 자처하고자 저의 어려움을 기록하였습니다. 충실하게 기록하기 위한 엄격함에 있어서는 한 치의 물러섬도 없었으나, 재능의 한계로 인해 면면의 부족함을 가리기는 어려웠습니다. 이 사회가 이루어낸 모든 진보가 늘 그래왔듯이, 많은 분들께서 이 책의 부족한 부분을 한점한점 채워 주시리라 기대합니다.

원고를 쓰기 시작할 때 초등학생이었던 아이들이 어느덧 중고생이 되었습니다. 노력하는 아빠의 모습을 보이겠다는 구실로 집필을 시작했는데, 얼떨결에 결실까지 맺게 되었습니다. 독자만을 염두에 두었어야 마땅하나, 이는 태만한 저를 다스리기 위한 방편이었습니다. 아내는 자판 두드리는 소리만으로도 집필 상황을 정확하게 알아차렸습니다. 경쾌하고 다양한 소리가 나면 조용히 옆자리를 비웠으며, 단순하고 반복적인 소리가 나면 차를 끓여 내왔습니다. 제 표정은 무심하였으나, 제 마음은 위안을 받았습니다. 감정은 표현으로 완성되는 것이기에 이 지면에 아내에 대한 무한한 감사와 사랑을 도드라지게 새겨두고자 합니다.

2017년 7월

차례　머리말 4

01 사업철수 개요　9

1.1 사업철수란 무엇인가?　15
1.2 사업철수는 왜 필요한가?　18
1.3 사업철수는 왜 어려운가?　21
1.4 사업철수는 누가 결정하는가?　26
1.5 사업철수는 누가 수행하는가?　28

02 사업 현황　31

2.1 사업 개요　38
　2.1.1 사업에 대한 정의　38
　2.1.2 사업수행 이력　39
　2.1.3 철수 배경　41

2.2 사업 실적　43
2.3 시장 분석　46
2.4 고객 현황　51
2.5 영업 현황　56
2.6 협력사 현황　59
2.7 관련 외부기관 현황 (정부 등)　63
2.8 인력 현황　67
2.9 자산 현황　71
2.10 계약 현황　78
2.11 기타　82

03 철수 방안　84

3.1 매각　87
　3.1.1 매각 – 양수 후보 사업자 검토　96
　3.1.2 매각 – 법무 검토　105
　3.1.3 매각 – 사업가치 평가 (Valuation)　110

3.2 분사　115
　3.2.1 분사 의향 확인　120
　3.2.2 법무 검토　129
　3.2.3 분사 계획 수립　129

3.3. 중단 (점진적 철수, Fade Out)　145
　3.3.1 손익 전망　156
　3.3.2 리스크 검토　159
　3.3.3 중단 계획 수립　164

3.4 철수 방안의 선정　167

04 철수 실행
171

4.1 매각 실행 172
    4.1.1 양수도 협상 172
    4.1.2 고객 승인 213
    4.1.3 협력사 등 이해 관계자 협의 225
    4.1.4 양수도 계약 체결 231
    4.1.5 양수도 실행 236

4.2 분사 실행 244
    4.2.1 분사 참여 인력 확정 245
    4.2.2 고객 승인 252
    4.2.3 협력사 등 이해 관계자 협의 253
    4.2.4 분사사 설립 253
    4.2.5 양수도 계약 체결 255
    4.2.6 양수도 실행 255

4.3 중단 실행 255
    4.3.1 영업 중단 258
    4.3.2 생산 중단 및 재고 소진 261
    4.3.3 잔여 의무 이행 263
    4.3.4 계약 해지 또는 종료 266

05 실행 관리
268

5.1 진행현황 점검 274
5.2 업무 인수인계 279
5.3 종료 보고 279
5.4 실적 관리 282

06 기타 고려사항
285

6.1 철수 사업의 범위 285
    6.1.1 철수 사업의 범위
        – 트리(Tree) 구조의 사업 분류 체계 287
    6.1.2 철수 사업의 범위
        – 매트릭스(Matrix) 구조의 사업 분류 체계 291

6.2 사업철수와 상품단종의 구분 298
6.3 철수 사업의 재개 301
6.4 미공개 중요 정보의 이용에 관한 규제 303

참고문헌 304

01 사업철수 개요

보통의 기업은 사업을 새로 시작하기도 하고, 하던 사업을 그만 두기도 한다. 오랜 기간 동안 특정한 영역에 집중하여 한우물만 파는 전략도 의미가 있지만, 환경의 변화가 빠른 현대 사회에서 일반적으로 실행할 수 있는 전략은 아니다. 대부분의 회사는 사업이 잘 될 때 천년만년 잘 될 것이라고 생각하지 않는다. 혼자 잘 먹고 잘 살도록 경쟁자가 내버려 두지 않을 것이므로 회사는 언제 추락할지 모르는 시장 상황을 대비하여 신규 사업을 준비한다.

신규 사업을 하나씩 추가하다 보면 어느새 기업은 다양한 사업을 전개하는 사업 다각화 국면에 접어들게 된다. 벌이는 사업마다 승승장구 한다면 더 이상 바랄 것이 없겠으나, 현실은 그렇게 녹록하지 않다. 사업 실적이 저마다 다를 것이며, 우량한 사업 하나가 다른 모든 사업의 적자를 만회하고도 남는 경우가 있을 수 있다. 물론, 부진한 사업 하나가 다른 모든 사업의 이익을 갉아먹는 상황도 발생할 수 있다.

신규 사업의 추진을 고민하던 회사가 어느덧 벌여놓은 사업의 철수를 고민할 때가 된 것이다. 매출확대와 원가절감을 고민하던 상황에서 사업간 포트폴리오를 고민하는 국면을 맞이하게 된 것이다. 단일 사업의 성패에 회사의 명운이 걸려 있는 상황에 비하면 안정적인 상황이지만, 고민은 더욱 다양해지고 깊어진다. 이때쯤 되면 회사는 이러한 고민을 전담하는 담당자를 두게 되며 이 담당자의 일반적인 직함은 전략기획실장이다. 물론 전략기획실장이 사업 포트폴리오만 고민하는 것은 아니다.

전략기획실의 가장 중요한 업무는 세 가지이다.

중요한 순서대로 나열하자면, 중장기 전략 수립, 성장 전략 수립, 사업 포트폴리오 전략 수립이다. 성장 전략과 포트폴리오 전략은 중장기 전략의 일환이므로 전략기획실의 대표 업무는 중장기 전략 한 가지라고 볼 수도 있다. 물론 대부분의 회사에서 전략기획실이 중장기 전략 업무만 수행하지는 않을 것이다. 전략기획실은 기본적으로 기획 능력을 갖고 있기 때문에 회사가 처음으로 경험하며 어찌해야 할지 모르는 대부분의 업무가 배정된다. 심지어 업무량의 절반 이상을 이러한 비정기적인 기획 업무가 차지할 수도 있다.

이러한 업무의 대부분은 '알고 보니 별 상관없는…' 경우로 끝을 맺는다. 기획 업무 담당자들은 허탈할 수 있으나, 리스크를 사전에 점검했다는 기여를 간과하지 말아야 한다.

다시 사업 포트폴리오에 관한 이야기로 돌아오자. 회사가 철수를 한다면 무엇을 철수할 것인가? 3년간 적자가 예상되는 신규 사업을 늦출 것인가? 지금은 적자이지만 과감한 기술개발 투자를 통해 흑자로 전환될 수도 있는 기존 사업을 유지할 것인가? A 사업을 철수하면 A 사업과 관련 있는 (고객이 같거나 공통의 생산 시설을 사용하는) B 사업도 타격을 입지는 않을까?

질문은 많고 정답은 보이지 않지만 회사는 결정을 해야 한다. 결정할 수 있을 때 결정하지 않으면 보이지 않는 손이 결정하게 된다. 그 손은 은행일 수도 있고, 경쟁사일 수도 있고, 정부일 수도 있다. 결정을 당한 결과는 스스로 내린 결정보다 만족스럽지 않을 것이다.

회사가 사업을 철수하는 이유는 다양하다. 대표적인 이유는 실적부진이다. 기업의 근원적인 존재 이유가 이윤의 추구이므로 이윤이 나지 않는 사업을 철수하는 것은 지극히 합리적이다. 실적이 부진하여 수년째 적자인데 개선될 여지도 보이지 않을 경우 사업을 철수한다. 과거의 실적이 부진한 것은 알기 쉬우나 미래의 실적은 불확실하여 판단이 쉽지 않다. 한때는 큰 수익을 안겨주던 사업도 시장이 변하고 기술이 변함에 따라 수익이 악화되어 철수해야 하는 경우도 있다.

수익성이 양호하더라도 사업을 철수할 수 있다. 철수 사업을 매각하여 그 수익을 통해 다른 투자를 진행하거나 부채를 상환할 수 있다. 중장기 전략에 의해 회사가 특정한 사업을 육성하기로 결정하면 해당 사업에 역량을 집중하기 위해 수익성이 양호한 사업도 철수할 수 있다.

정부 정책에 따라 사업을 철수하는 경우도 있다. 예를 들어 중소기업을 보호하기 위해 대기업의 참여를 제한하는 경우가 그러하다.

사업을 철수하는 과정은 기업에게, 특히 해당 사업팀에게는 고난의 시간이다. 사업을 확대하고 고객을 설득하여 계약을 수주하는 통상의 업무도 수월하지 않지만 그 결과가 본인의 실적으로 쌓이고 회사와 본인이 성장한다는 희망에 어려움을 감내한다. 하지만 사업을 철수할 때는 상황이 다르다. 일단 당황부터 하게 된다.

'어떻게 중단하지?'
'고객에게는 뭐라고 설명하지?'
'철수 사업의 부품을 공급하는 협력업체 사장이 작년까지 모시던 팀장인데, 그 회사 문 닫겠네… 큰 아이가 작년에 고등학교 들어갔는데…'
하지만, 남들 걱정할 때가 아니다.
'이 사업이 철수되면 나는 무슨 일을 하지?'
'우리 부서원들은 어디로 보내지?'
의문은 많으나 물어볼 곳은 없다.

모든 기업은 사업의 확대를 통해 기업이 성장하는 것을 염두에 두고 있다. 즉 기업의 모든 경영자원은 사업을 잘 수행하기 위해 최적화되어 있다. 생산 설비는 가장 효율적으로 제품을 만들 수 있도록 구축되어 있을 것이며, 조직 체계는 물론 기업의 정보시스템 또한 사업의 실행관리에 최적화되어 있다. 어떤 기업도 사업철수에 편리하도록 사업체계를 구축하지 않는다. 따라서 사업을 철수하는 모든 절차와 준비과정, 의사결정 그리고 실행과정은 불편하기

짝이 없다.

　가정집으로 비유하자면 살기 편하도록 살림살이가 꾸며져 있지, 이사 가기 편하도록 살림살이가 배치되어 있지 않은 것과 마찬가지이다. 대부분의 가정에서 이사는 번거로우며 걱정거리이다. 물론 가장의 직업이 특별하여 이사가 빈번한 경우에는 일사불란하게 짐을 꾸릴 수 있을 것이다. 텔레비전 다큐멘터리에서 볼 수 있는 몽고 유목민의 살림살이가 이주와 거주를 극단적으로 절충한 사례일 것이다.

　사업을 철수하면 협력회사와의 계약도 중단해야 하는데 정정당당하게 계약을 중단할 수 있을 것으로 착각하면 안 된다. 협력업체 사장이 그동안 고분고분했던 것은 거래가 만족스러웠던 것도 아니고, 당신의 인품에 감동한 것도 아니다. 오로지 내년에도 계약을 유지하기 위해 여러 가지 어려움을 인내했던 것이다.

　그러나 계약이 중단되면 상황이 달라진다. 폐업의 위기에 몰린 협력업체 사장이 계속해서 고분고분할 것이라고 생각하면 안 된다. 그동안 협력사에게 부당한 압력이 있었다면 사업을 철수할 때 그러한 부당행위가 드러날 것이다.

　걱정은 많으나 방법은 모르겠다. 사업철수를 해본 적도 없으며 물어볼 사람도 없다. 예전에 사업철수를 경험했던 임직원은 지금 회사에 남아 있지 않다. 남아 있더라도 그 임직원으로부터 도움을 받기 쉽지 않다. 찾기도 쉽지 않지만 어렵사리 찾아서 물어봐도 '오래 되어 기억이 나지 않는다.'는 대답만 듣게 될 것이다. 사업철수는 누구나 기피하는 업무이기 때문이다. 그러나 당황은 도움이 되지 않는다. 지금 필요한 것은 침착이다.

사업철수는 걱정의 크기에 비해서는 간단하다. 사업철수 계획을 만들고 그대로 실행하면 된다. 경험하지 못한 일이므로, 몰라서 두려운 것이다. 결혼을 앞둔 예비부부의 걱정과 비슷하다. 물론 당사자에게는 큰일이겠으나, 경험한 이들은 한결같이 걱정하지 말라고 할 것이다.

결혼을 앞둔 예비부부가 가장 먼저 해야 하는 일은 최근에 결혼해서 그 번거로운 절차를 아직 기억하고 있는 선배에게 물어보는 것이다. 질문을 받은 선배는 생각나는 것만 말해주기 때문에 하나의 사례만 참조해서는 안 된다. 꼼꼼한 예비부부는 최소한 두세 군데 이상 물어보면서 공통점과 차이점을 살필 것이며, 꼭 해야 하는 것과 생략해도 되는 것을 구분할 것이다. 질문과 대답이 반복되면서 예비부부는 준비해야 할 것들을 빠짐없이 파악하게 될 것이며, 일의 순서를 정하고 비용을 계산할 것이다. 이러한 내용을 종이 한 장으로 요약하면 그것이 바로 결혼 실행계획이다. 계획을 잘 세웠으면 별 탈 없이 진행되겠지만, 그렇지 못하면 결혼식 당일까지도 허겁지겁하면서 본인은 물론 주변 사람들을 당황시킬 것이다.

사업철수가 결혼에 비해 어려운 점이 있다면 물어볼 곳이 많지 않다는 것이다. 그래서 이 책이 있는 것이다. 이 책은 사업철수 방안을 수립하고 실행하는 방법에 대한 내용을 담고 있다. 사업을 철수할 때 검토해야 하는 항목들을 구체적으로 설명하고 있으며, 각각의 항목에 대해 무엇을 준비해야 할 것인지를 설명하고 있다. 또한 항목의 나열에 그치지 않고 검토하는 순서와 업무를 실행하는 순서에 대해서도 설명했다. 그리고 해당 사항들을 준비해야 하는 이유도 설명해 두어 실제 사업을 철수할 때 응용할 수 있도록 했다.

결국 '사업철수'를 제대로 완수하기 위해서는 '사업'에 대한 이해와 '철수'에 대한 이해가 필요하다. '사업'에 대한 부분은 이 책을 읽고 있는 당신이 잘 알고 있을 것이며, 당신에게 부족한 '철수' 부분의 지식은 이 책이 보완할 것이다.

1.1 사업철수란 무엇인가?

사업철수를 이해하기 위해서는 사업철수가 완료된 상황을 생각하면 된다. 사업철수가 완료된 상황은 해당 사업과 관련하여 아무 것도 없는 상황이다. 아무 것이라 함은 다음과 같다.

- 사업정리가 완료된 상황: 영업無, 생산無, 판매無, 수주無, 계약無, 매출無, 이슈無, 비용無, 인력無, 유형자산(재고/장비/기계 등)無, 무형자산(특허/상표권/브랜드 등)無, 채권無, 채무無…

복잡해 보인다고 두려워할 것은 없다. 매출이 없어지면 대부분 따라서 없어진다. 그러나 별 것 아니라고 방심할 수도 없다. 앞에 열거한 것들이 사업철수 방안을 수립할 때 점검해야 하는 항목들이다. 버리거나(폐기), 팔거나(매각) 해야 하는 것들이다.

사업철수를 제대로 못하면 쓸데없는 것이 남아서 공장의 한구석을 10년 이상 차지할 수도 있다. 그 기계를 아는 사람은 아마 퇴사해서 없을 것이고, 공장에 남아 있는 사람은 그 기계가 무엇인지 몰라 버리지도 못할 것이다. 가뜩이나 공간이 부족해서 재고도 층층이 쌓여 있는 판국에 뭔지도 모르는 기계가 10년 이상 공간을 낭비하고 있다면 장부에 기록되지 않는 비용이 계속 발생하고 있는 것이다. 어쩌면, 뭔지 몰라 전원도 못 빼는 바람에 그 기계가 전기까지 쓰고 있을지도 모를 일이다.

사업철수를 제대로 했으면 어떻게 되었을까? 기계는 일반적으로 관련 업체(경쟁사 또는 협력사일 가능성이 크다. 이제는 아니겠지만…)에게 매각하거나, 폐기해야 했다. 매각을 하면 구입 가격에는 모자라겠지만 아쉬운 대로 매각 수익이 발생할 것이다. 그러나 경우에 따라서는 운반비 등과 같은 폐기 비용이 발생할 수도 있다.

폐기 비용은 자주 발생하는 것이 아니다. 실무자가 폐기와 관련하여 결재를 올렸을 때, 돈 쓸 궁리만 한다면서 활용방안을 찾아보라고 다그치면 불필요한 기계가 10년 이상 공장의 한구석을 차지하는 경우가 발생하는 것이다. 활용방안을 못 찾은 실무자는 부서장의 기억력이 일주일을 못 넘긴다는 것을 잘 알고 있다. 슬기로운 실무자는 본인도 깜빡 잊을 것이며, 10여 년이 지난 후에 후임자가 불용자산을 어떻게 처리할 것인지 문의하면 갖다 버리라고 사인을 할 것이다. 어쩌면 활용방안을 찾아오라는 걱정이 대를 물릴 수도 있다.

아낄 것을 아껴야 한다. 기계보다 기계가 차지하는 공간이 더 비쌀 수도 있다. 필요하면 다음에 또 사면 된다.

설마 그런 방만한 회사가 실제로 있겠냐고 가벼이 생각할 수 없다. 집에 있는 냉장고를 조사해보면 남의 이야기가 아님을 알게 될 것이다. 냉동실에 있는 까만 비닐봉투를 일일이 다 열어보자. 5년 전에 이사 올 때 따라온 고등어를 발견할 수도 있다. 이런 경우 전문가의 판단은 고등어를 과감하게 '폐기'하는 것이다. '재활용'이나 '매각'은 부적절하다. 전문가와 같은 판단을 내렸다면 합리적인 사고를 하는 것이며 사업철수 업무에 적합한 사람이다.

사업철수의 정의는 간단하다. 하던 사업을 그만두는 것이다. 사업철수를 실행하는 것이 어렵지, 사업철수를 이해하는 것은 어렵지 않다. 실행이 어려운 이유는 사업을 시작할 때 철수를 생각하지 않았기 때문이다. 설거지까지 생각하는 프로 요리사와 맛있는 식사만을 염두에 두는 초보 주부의 설거지 효율은 같을 수 없다. 설거지는 반복되기 때문에 쉽게 요령을 터득할 수 있지만, 사업의 철수는 오랜 연륜의 회사원들도 생소하여 당황할 수밖에 없다. 사업을 기획할 때, 그리고 사업을 수행할 때 생각하지 못했던 문제들이 사업을 철수할 때 드러난다. 사업을 수행할 때 철수까지 고민했으면 사업철수는 쉬웠겠지만 사업의 추진은 더욱 어려웠을 것이다. 철수할 생각도 없는 사업에 대해 항상 철수를 고민하는 것도 적절하지 않다. 이사할 생각도 없는데 이사를 염두에 두고 살림을 싸두는 것과 마찬가지이다. 그러므로 사업철수는 늘 당황스러울 수밖에 없다.

1.2 사업철수는 왜 필요한가?

역설적으로 들리겠지만 사업철수는 기업 성장의 주역이다. 철수를 고민하지 않고 성장만 추구하는 회사의 미래 모습이 궁금한가? 동네 수퍼마켓에서 상품 진열대가 차고 넘쳐 통로까지 상품이 쌓여 있어 걷기조차 힘든 모습을 떠올리면 된다. 이윤이 많이 남는 품목은 냉장고 구석에 숨어 있으며 유통기한에 따른 물품 정리는 엄두도 낼 수 없다.

고객이 찾는 상품이 없어 속상했던 기억만으로 품목 관리를 했기 때문이다. 입고 후에 팔리지 않은 물건은 관리자를 부르지 않는다. 악성 재고는 자리만 차지할 것이며 그 비용은 계산하기 어렵다.

동네 수퍼마켓을 비웃을 수 없다. 회사의 최고 경영진이 참석하는 회의에서 다루었던 최근 안건 백 개를 조사해 볼 필요가 있다. 최근 서너 달만 살펴보면 될 것이다. 바람직한 안건과 그렇지 못한 안건을 구분해 보자.

- 바람직한 안건: ABC사업팀 혁신방안, BCD 기술개발 투자전략, CDE社 인수 기대효과, 대만시장 확대방안, 하반기 마케팅 전략, 중장기 브랜드 강화 전략…
- 안타까운 안건: ABC 상사 부실채권 대책방안, BCD 생산라인 품질 불량 대책방안, CDE 프로젝트 일정지연 대책방안, DEF社 소송 대응 방안…

회의 안건 백 개 중에 안타까운 안건이 열 개를 넘는다면, 사업철수를 진지하게 검토해야 한다. 모두 예전에 부린 욕심의 결과이다. 단언하건데 철수를 고민하지 않으면 안타까운 안건의 비중은 계속 늘어날 것이며, 급기야 대책회의가 전략회의를 연기시킬 것이다. 실제로 회사의 상태가 동네 수퍼마켓과 크게 다르지 않을 수 있다.

누울 자리를 보고 발을 뻗으라는 선조의 가르침이 있다. 많은 회사들이 신규 사업을 야심차게 추진하지만 실제로 일을 벌일 때 가장 먼저 해야 할 일은 주변을 정리하는 것이다. 따라서 사업철수는 경영혁신의 시작점이라 할 수 있다.

사업철수의 사유로 경영혁신을 먼저 설명했지만, 사업철수는 근원적으로 경영전략의 일환이다. 기업은 스스로 정한 중장기 전략에 따라 필요한 것과 그렇지 않은 것을 판단하고, 판단에 부합하는 조치들을 실행한다. 필요한 것이 없으면 확보하고, 필요하지 않은 것은 처분한다. 이와 같이 경영학 교과서는 사업철수를 지극히 합리적인 의사결정으로 기술하고 있다.

사업철수는 가치 있는 일이다. 영속적인 기업의 근간이기 때문이다. 또한 사업철수는 중장기 전략의 일환으로 검토되는 것이 가장 이상적이다. 사업철수에 대한 고민이 없는 중장기 전략은 공허하다. 이러한 중장기 전략은 새로운 욕심을 추가하는 것에 불과하며, 나래를 펼쳐야 할 핵심 사업에 족쇄로 작용한다.

사업철수의 부차적인 효과이지만, 즉각적이면서도 현실적인 효과인 '위기의식'에 대해 살펴보자. 기업의 경영진들은 시장 환경을 보수적으로 판단하는 경향이 있다. 이러한 보수적인 판단은 끊임없는 위기설을 확대 재생산한다. 지금은 과거 어느 때보다 위기 상황이므로 임직원들은 모두 사활을 걸고 총력을 기울여야 한다는 것이 위기설의 핵심이다. 위기설은 해가 갈수록 전년보다 강력해진다. 그 결과는 역설적으로 임직원들이 총력에 총력을 더하는 것이 아니라 위기에 익숙해질 뿐이다. 기업들이 상황에 순응하는 임직원들을 선호하기 때문에 임직원들은 위기에도 쉽게 적응한다. 하지만 사업철수 계획이 중장기 계획에 포함되면 상황이 달라진다.

위기설을 백날 강조하는 것보다 한 페이지 분량의 사업철수 계획이 위기의식을 갖도록 하는데 효과적이다. 물론 위기의식을 고취시키기 위해 사업철수 계획을 수립할 수는 없다. 다만, 사업철수 계획의 부차적인 효과에 대해 설명하는 것이다. 사업팀장이 사업철수 계획을 본인의 손으로 작성할 때의 심정은 가히 임전을 앞둔 군인이 유서를 작성하는 심정에 비교할 수 있다. 이런 상황이라면 경영진이 위기설을 강조할 필요가 없다. 오히려 임직원을 어떻게 안심시킬 것인지를 고민해야 할 것이다. 이 때 임직원을 안심시킬 수 있는 효과적인 방법은 경영진이 다음과 같이 선언하는 것이다.

- 사업철수로 인한 실적의 감소를 반영하여 경영목표를 조정하겠음
- 철수한 사업의 임직원은 사업철수 실행 일정에 맞추어 타 업무로 전환하며(일시에 전환하지 못한다), 업무 재배치 계획은 별도로 수립하겠음

사업철수는 사업팀장에게 달갑지 않은 업무이지만, 경영진은 뜻밖에 관심이 높다. 철수 결과는 주주들에게 보고되는 회사 실적의 중요한 요소이다. 기업의 체질을 근원적으로 개선하는 경영혁신의 핵심 결과물이기 때문이다. 개선 내용도 지표화하기 좋다. 예를 들어 '일천억 원 규모의 사업을 철수하여 매년 발생하던 적자 오십억 원을 해소하였음'과 같은 것이 사업철수의 성과가 될 수 있다. 대부분의 철수 사업은 실적이 안 좋으며 적자를 해소한 것이 사업철수의 주요 성과이다. 또는 '카메라 부품 사업을 매각하여 그 수익으로 고성능 씨씨티브이(CCTV) 사업을 시작하였음'과 같이 시대의 변화에 부응하는 사업 방향의 전환도 사업철수의 중요한 실적이다.

1.3 사업철수는 왜 어려운가?

사업철수가 지극히 합리적인 것은 사실이지만, 경영진이 특정 사업의 철수를 결정하기 위해서는 대단한 용기와 미래에 대한 혜안이 필요하다. 일반적으로 사업철수는 단기 손익을 악화시키며 장기 손익을 개선한다. 매년 10억 원씩 적자가 나는 사업을 철수하기 위해 추가로 5억 원의 비용이 발생하는 경우를 생각해 보자. 올해는 15억 원의 적자가 발생하겠지만 내년부터는 해당 사업으로 인한 적자가 발생하지 않는다. 사업을 유지하는 경우와 비교하면 2년만 지나도 철수하는 쪽이 손익 측면에서 유리하다. 지극히 합리적이지만 경영진은 사업철수를 결정하기 어렵다. 왜 그럴까?

앞의 사례에서는 10억 원의 적자를 '사실'인 것처럼 기술하고 있지만 '사실'이 아닐 수도 있기 때문이다. 과거의 적자는 사실이지만, 미래의 적자는 예상이지 사실이 아니다. 회사는 과거의 적자 때문에 사업을 철수하는 것이 아니라 미래의 적자 때문에 철수하는 것이다. 이것이 바로 경영진에게 미래의 시장에 대한 혜안이 필요한 까닭이다.

경영실적에 대한 평가가 일 년 단위의 단기간에 치우쳐 있는 상황에서 단기 목표와 상충하는 중장기 의사결정은 부담스러울 수밖에 없다. 게다가 중장기 전망은 단기 전망보다 불확실하다. 이러한 중장기적인 불확실성과 단기 실적에 치중하는 경영정책이 사업철수 의사결정에 어려움으로 작용한다.

이러한 어려움은 사업을 철수할 때 합리적인 판단에 관한 것이다. 즉 이성적인 판단의 어려움이다. 그러나 사업철수가 정말로 어려운 이유는 이성적인 판단 이전의 정서적인 거부감이다. 정서적인 거부감은 이성적인 판단의 경우와 비교도 안 될 정도로 막대하다. 사실 합리적으로 판단하면 전혀 문제될 것이 없다. 그러나 인간의 두뇌는 감정의 지배를 받기 때문에 정서적인 어려움은 명백한 실존이다.

이것은 두 가지로 구분될 수 있다. 하나는 경영진이 갖는 의사결정의 두려움이고, 두 번째는 실무진이 갖는 현실적인 불안이다. 그야말로 판단도 어렵고 실행도 어렵다. 과연 이보다 더 어려운 일로 무엇이 있는지 궁금하다. 고객을 설득하여 수주계약을 체결하는 것도, 값싸고 성능 좋은 혁신 기술을 개발하는 것도 결코 만만치 않겠으나, 최소한 잘 하고 싶다는 의욕이 있다. 그러나 사업철수는 방법도 모르고, 하기도 싫으며, 하면 손해라는 생각이 든다. 빨리 빠져나가고 싶은 생각뿐이다.

사업철수의 어려움을 언급한 경영 보고서의 내용을 살펴보자.

- 신규 사업과 투자는 적극적으로 꿈을 추구하는 것이므로 임직원을 포함하여 주변에서 따뜻한 환대를 받는다. 그러나 사업철수는 임직원의 입장에서 자신의 목을 치는 상황으로 받아들여진다. 사업적인 측면에서는 사업규모가 대폭 축소된다. 경영자에게 있어 사업철수는 신규 사업과 투자에 비해 몇 배의 용기가 필요한 것이다. "사업철수의 용기를 가져라."라고 말로 하는 것은 간단하지만, 사업철수에는 큰 아픔이 따르고, 그 판단의 어려움은 상상 이상이다.

  (히라오 토시야平尾敏也, 사업철수의 용기, 경영칼럼)

- 지금까지 한국에서 사업의 매각은 어쩔 수 없이 벌어지는 패배의 증거로 받아들여져 왔다. 재계 순위를 매출과 자산규모로 결정하는 현 상황에서 구조조정이나 매각은 마치 경영진의 실패인 양 보여지고 있다. 사업 매각의 실패는 보통 분할/매각을 '파는' 것이 아니라 '버리는' 것으로 보는 데서 시작한다. 엄청난 위기가 오거나 완전히 실패가 확실해지지 않은 한 현재 갖고 있는 사업에 대한 매각은 고려 대상이 아닌 경우가 대부분이다.

  (이지효, '값진 회사를 팔아라, 저성장의 덫이 사라진다.', 동아비즈니스리뷰)

구구절절 옳은 이야기다. 경영진은 '자신의 목을 치는…', '패배의 증거로 받아들여져…'와 같이 느낀다는 것이다. 사실이 그렇지 않다는 것은 본인을 포함하여 모두가 알고 있다. 오히려 전략가들은 '위대한 용단'이라며 칭송할 것이다. 그러나 경영진은 그렇게 괴롭게 느낀다는 것이다. 누구보다도 성공을 갈구하고 또 성공에 익숙한 경영진들이 패배를 수용한다는 것은 쉽지 않다. 심지어 그것이 실제 패배가 아니라 패배처럼 보이는 것임에도 불구하고 그러하다.

앞의 설명을 통해 사업철수 결정을 앞둔 경영진의 고충을 어느 정도는 이해할 수 있을 것이다. 그러나 실행 과정에서 부딪히는 현실적인 어려움을 전하기에는 무언가 허전하다. 괴로움을 격조 높은 단어로 설명하려다 보니 한계가 있는 듯하다.

사업철수를 통보받을 때 실무자들이 즉각적으로 보이는 반응은 대체로 다음과 같다.

- 저 어디로 가요? 어떤 부서가 유망한가요?
- 다른 회사 알아봐야 하나요?
- 올해 부장 승진해야 하는데…

그렇다면 부서장은 어떤 생각을 할까?

- ABC 사업을 철수하면 내가 맡은 사업팀의 매출이 40% 줄어든다. 소속 부서원도 40명이 줄어든다. 다른 사업팀에 통폐합되면

나는 팀장을 계속할 수 있을까? 사사건건 대립했던 홍길동 팀장 밑으로 배치되면 회사를 계속 다닐 수 없을 것 같다. 그나마 임꺽정 팀장이라면 그럭저럭 지낼 수 있을 것 같다. 혹시나 사업팀이 유지된다면 40명은 도대체 어디로 보내야 하나? 내 사업팀에 계속 있으면 멀쩡하던 BCD 사업의 손익도 무너진다. 내보내자니 팀이 없어질 것 같다. ABC 사업밖에 모르는 부서원들을 어디로 보낼 수 있을까? 대리, 과장이야 서로 데려가려고 하겠지만 차장, 부장은 아무도 안 받아줄 것 같다. 그렇다고 끌어안고 버티면 BCD 사업도 위태롭다. 팀이 완전히 와해될 것이다. 3년간 A 고과를 받아서 올해만 잘 넘기면 임원 승진도 바라볼 수 있었는데 이젠 물 건너 간 것 같다.

연륜 있는 부서장들은 본인의 현실적인 고민을 입 밖으로 꺼내지는 않는다. ABC 사업의 미래를 못 알아본 졸속 의사결정이라는 불평만 반복할 뿐이다. 이제 철수하는 ABC 사업은 누구에게나 천덕꾸러기다. 빨리 빠져나올수록 이득이다. 아니 피해가 적다. 엑소더스가 시작된다. 눈치 빠른 실무자들은 재빨리 새로운 자리를 필사적으로 모색한다. 그러나 사업철수는 신규 사업의 출시만큼이나 해야 할 업무들이 많다. 고객도 설득해야 하고, 협력사도 달래야 하고, 불용 재고도 최소화해야 하고, 자산도 매각해야 한다.

쉽게 이야기해서 이 책의 제4장 '철수 실행' 부분에서 설명하는 내용들을 누군가가 해야 한다. 누구에게 이 업무들을 시킬 것인가? 손을 드는 사람은 아무도 없다. 철수로 인해 넋을 잃고 실의에 빠진 사람들이 철수를 실행해야 한다. 미래지향적인 미사여구로 가득한 사업철수의 목적은 해당 실무자의 안중에 없다. 강압적으로 업무를 지시하거나 근거 없는 낙관으로 설득하는 것은 희망을 상실한 이들에게 통하지 않는다. 월급 받고 일하는데 회사가 시키는 대로 하는 것이 당연하다고 착각하면 안 된다.

그 동안 ABC 사업을 수행할 때 아무 생각 없이 시키는 것만 하라고 하지는 않았을 것이다. 아마 ABC 사업에 회사의 명운이 달려 있으니 모두 분투하여 사업을 잘 키워 본인도 성장하고 회사도 발전시키라는 꿈을 가슴에 매달아 주었을 것이다. 그런데 이제 와서 차질 없이 사업을 철수하라고 하면 가슴에 매달린 그 꿈은 어쩌라는 것인가? 사랑하니까 헤어지자는 얼토당토 않은 말과 무엇이 다른가? 이제 가슴에 매달린 것은 꿈이 아니라 응어리일 뿐이다.

그러나 이러한 절박한 상황에도 정도는 있다. 당사자에게 사실을 정확하게 설명하고 철수 업무가 꼭 필요하다고 이해시키는 것만이 유일한 해결책이다. 사업철수의 실행은 슬픔에 대한 공감, 불안에 대한 배려, 그리고 따뜻한 격려로부터 시작된다.

1.4 사업철수는 누가 결정하는가?

사업철수는 회사의 최고 경영진이 결정한다. 사업철수는 중장기 전략의 일환이므로 중장기 전략을 결정하는 사람이 사업철수도 결정하는 것이다. 일반적으로 회사의 중장기 전략은 회사의 방향을 결정하는 주요 사안이므로 최고 경영진이 결정한다.

사업철수는 중장기 전략을 수립할 때만 검토되는 것이 아니다. 철수하는 사업의 규모가 작아서 경영진이 인지하지 못하는 경우에는 사업팀이 철수를 검토하여 경영진에게 상정할 수도 있다. 이러한 경우는 보통 사업 실적이 부진한 경우이며, 중장기 전략과 무관하게 사업철수가 결정될 수 있다. 실적이 부진하여 손실이 누적되고 있는데 다음 중장기 전략을 수립할 때까지 기다릴 수 없기 때문이다. 사업철수를 검토하고 경영진에게 의사결정을 상정하는 부서는 사업팀 이외에도 다양할 수 있다. 예를 들어 잦은 소비자 분쟁으로 시달리는 법무팀이 사업철수 검토를 제기할 수 있다. 이와 같이 사업철수가 검토되는 경우는 중장기 전략 수립과 같이 정기적인 경우와 분쟁 해소 등과 같이 비정기적인 경우로 구분될 수 있다.

사업철수의 검토를 제기하는 부서는 다양하지만 최종 의사결정은 최고 경영진이 담당한다. 사업의 규모가 작다하여 사업팀장이 철수를 결정할 수 없다. 사업철수를 실행하는 과정에서 소송 등과 같이 사업팀장이 감당할 수 없는 문제가 불거질 수 있기 때문이다. 또한 사업의 규모가 작다하여 철수가 수월한 것은 아니다. 사업을 철수하기 위한 어려움의 정도가 사업의 규모와 비례하는 것은 아니기 때문이다.

1.5 사업철수는 누가 수행하는가?

사업철수를 가장 잘 수행할 수 있는 적임자는 사업팀장이다. 이 때 수행이라 함은 철수방안의 수립을 포함하여 철수가 완료될 때까지 필요한 모든 활동을 의미한다. 사업철수를 전담하는 별도의 조직은 적절하지 않다. 사업철수는 리스크를 예측하고 이를 해소하는 것이 핵심인데, 이러한 리스크를 가장 잘 아는 사람이 사업팀장이기 때문이다. 문서화되어 있지 않고 사업팀 실무자의 기억에만 있는 리스크들이 많다. 실무자들이 리스크를 은폐한다는 이야기가 아니다. 정상적으로 사업을 지속한다면 별다른 문제가 되지 않기 때문에 리스크로 인식하기 어렵다는 것이다.

예를 들어 사업팀 홍 과장과 협력업체 최 사장이 다음과 같은 대화를 나누었다고 가정해 보자.

"홍 과장님, 카메라 렌즈 베트남 수출물량이 계속 늘어날까요?"
"예. 회사가 올해부터 베트남 시장에 집중하기 위해 현지인력 채용을 늘이고, 개발자까지 베트남으로 파견을 보냈습니다. 중국 수출은 현지 물가 때문에 어려워지고 있고, 베트남 물량은 당분간 늘어날 것 같습니다. 저도 열 번 출장가면 일곱 번이 베트남입니다."
"안 그래도 환율 때문에 단가를 도저히 맞출 수가 없어서 인건비가 싼 지역에 공장을 하나 지으려고 합니다. 말씀을 들어보니 중국보다는 베트남에 짓는 편이 낫겠네요."
"최 사장님, 베트남에 공장 지으시면 납품 단가 좀 내려주실 거죠?

베트남에 연락해서 공장부지 좀 알아봐 달라고 부탁해 두겠습니다."

매우 건전하고, 미래 지향적이며, 상호 협력적인 대화가 아닐 수 없다. 단, 사업을 계속한다는 가정 하에 그러하다.

이 대화 직후에 협력사가 베트남에 공장을 지었는데 회사가 해당 사업을 철수한다고 생각해 보자. 물론 베트남 공장 설립은 전적으로 협력사 최 사장의 판단이다. 이 과정에서 홍 과장이 제공한 정보는 어떠한 불미스러운 의도도 없었으며, 회사와 협력사의 발전에 유익한 정보였다. 다만 해당 사업을 철수하기로 상황이 바뀐 것이다.

물론 홍 과장의 회사도 해당 사업을 철수하면서 이런저런 손해가 발생할 것이다. 심지어 협력사보다 피해 규모가 더 클 수도 있다. 하지만 홍 과장의 회사는 해당사업의 철수로 인한 피해를 감당할 수 있으나, 협력사는 그렇지 못할 수 있다.

사업철수 방안을 수립할 때는 이러한 협력사의 손실에 대해 다양한 관점을 가지고 검토를 해야 한다. 손실을 보전해 주어야 한다는 것이 아니라 검토를 해야 한다는 것이다. 이러한 리스크를 경영진이 파악하지 못하면, 판단은커녕 검토조차 할 수가 없다.

협력사의 투자에 대해 담당 실무자는 이력 및 투자규모 등을 소상하게 파악하고 있지만 경영진은 모르기 쉬우며, 별도의 보고서로 정리되어 있을 리도 만무하다. 이러한 내용은 사업팀장이 책임감을 갖고 꼼꼼하게 점검해야 파악할 수 있다. 제출된 서류만 검토해서는 절대로 파악할 수 없는 중대 리스크이다.

협력사를 예로 들었지만, 사업철수에 대한 고객의 반응, 해당 임직원의 반응 등과 같이 사업과 관련한 모든 이해관계자의 리스크를 제일 잘 예상할 수 있는 사람이 바로 사업팀장이다. 리스크를 잘 예상할 수 있다는 것은 해소방안도 잘 만들 수 있다는 것과 같다.

즉, 사업을 전개해온 사업팀장이 철수까지 책임지는 것이 옳다. 결자(結者)가 해지(解之)할 수 있다. 다만, 해당 사업팀장에게 사업철수는 생소한 업무일 것이며, 사업팀 단독으로 판단할 수 없는 의사결정들이 많고, 법무/재무/세무 등 전사 공통 업무부서의 지원이 수시로 필요하다. 따라서 전사 업무를 조율할 수 있는 부서(주로 기획팀이나 관리팀이다)가 철수업무를 직극적으로 지원해야 한다.

02 사업 현황

사업을 철수하기 위해서는 가장 먼저 철수하려는 사업의 현황을 파악해야 한다. 사업철수 방안 보고서의 첫 페이지에 나오는 내용이며, 실무자이건 경영진이건 가장 먼저 알아야 할 내용이다. 현황을 파악하는 것은 사업철수 방안을 포함하여 대부분의 대책 방안을 수립할 때 가장 먼저 수행하는 활동이다. 신규 사업의 추진 방안을 수립할 때도 시장 현황, 경쟁 현황, 자사 현황 등을 먼저 파악한다.

현황을 우선 파악하는 것은 회사만의 특별한 절차는 아니다. 예를 들어 병원의 경우에도 위급한 환자가 응급실에 도착하면 가장 먼저 하는 것은 치료가 아니라 환자의 현재 신체 상황을 파악하는 것이다. 호흡, 혈압, 체온을 측정하고 의식 여부를 확인한다. 그리고 환자가 다치게(아프게) 된 과정을 조사한다. 무엇을 언제 먹었는지, 무엇에 부딪혔는지 등을 환자 또는 보호자에게 묻거나 육안 관찰을 통해 점검한다. 신체 내부를 살펴보기 위해 엑스레이나 MRI 등의 장비를 이용하기도 한다. 노련한 의사는 촉박한 시간과 싸우며 어디까지 조사할 것인지, 무엇부터 처방을 할 것인지를 고민하고 판단한다.

회사나 병원과 같은 조직만 그런 것이 아니라 개인이나 가정도 무언가 해결해야 할 문제가 생기면 방안을 찾을 때까지 비슷한 과정을 거친다. 문제가 무엇인지 파악하고, 해결할 수 있는 자원(주로 돈과 시간이다)의 현황을 파악한다.

방안 수립의 첫 번째 활동인 현황 파악이 잘못되면 적절한 방안이 나올 수 없다. 혈압을 잘못 측정하고(앞자리 하나가 누락된 경우를 생각해보자) 처방한 약의 위험성을 생각해 보면 이해가 쉬울 것이다. 물론 운 좋게 혈압과 무관한 약이 처방될 수도 있으나, 운을 믿고 혈압을 대충 잴 수는 없다.

현황 파악은 통상 어렵지 않은 업무이지만 매우 중요한 업무이다. 업무의 난이도와 중요도가 늘 일치하는 것은 아니다. 어려운 업무일수록 중요하다고 착각하면 안 된다. 신체의 기능도 호흡이나 심장 박동과 같이 중요한 기능은 별다른 고민을 하지 않아도 최적화된 상태로 작동한다. 내가 뛰기 위해 다리의 근육에 힘만 주어도 심장의 근육은 고맙게도 알아서 빨리 뛰어준다. 덕택에 나는 뛰어갈 때 분당 심박수를 얼마로 올릴 것인지 고민하지 않아도 된다. 회사에서 최고 경영진이 중장기 전략과 같은 어려운 업무에 집중할 수 있는 것도 생산관리와 같은 중요한 업무가 제대로 작동하기 때문에 가능하다. 생산관리에 실패하여 제품의 품질이 떨어지면 중장기 전략을 수립할 틈도 없고 의미도 없다. 제품 수리비로 인한 적자가 누적되고 있는 상황에서 해외시장 진출 전략을 수립할 수는 없다.

철수 사업의 실무자는 이미 사업현황이 머릿속에 들어 있어서 무엇을 물어봐도 대답할 수 있다. 그러한 실무자에게 사업현황 정리는 매우 무의미하고 귀찮은 일이다. 하지만 사업현황을 문서로 정리하는 것은 사업팀만을 위한 것이 아니다. 사업철수는 대단히 중요한 사안이므로 최고 경영진이 의사결정을 한다. 즉, 사업철수 방안 보고서에 포함되는 내용은 이 사업을 속속들이 꿰고 있는 사업팀장을 위한 것이 아니라 다른 사업은 물론 인사관리까지 걱정하는 최고 경영진을 염두에 두고 작성해야 한다.

사업팀 내에서 편하게 사용되는 약어는 모두 일반 용어로 바꾸어야 한다. 사장이 해당 사업에 대해 잘 알고 있을 것이라는 착각은 땅속 깊이 파묻어 두어야 한다. 의외로 이 부분에서 어려움을 겪는다. 경영진과 사업팀 사이에는 통역이 필요하다. 보통은 기획 업무 담당자가 그 통역 업무를 수행한다.

예를 들어, 사업팀 내부 자료에 매출현황은 다음과 같이 작성되어 있을 수 있다.

(단위: 천원)

구분		20yy년	20yy+1년	20yy+2년
U220	ST-V	1,234,567	…	…
	ST-C	…	…	…
S125	Br22	…	…	…
	Br27	…	…	…

사업팀 내부에서는 U220이 무엇인지, ST-V가 무엇인지 아무도

묻지 않는다. 하지만 사장도 알고 있을까?

통역을 시작해 보자.

- U220 → 부품(Unit), 모델번호 220번
- S125 → 완제품(Set), 제품번호 125번
- ST-V → 서울테크 베트남 공장
- ST-C → 서울테크 천안 공장
- Br22 → 브랜치 22(판매 대리점 광주지점)
- Br27 → 브랜치 27(판매 대리점 원주지점)

그러면 경영진을 위한 보고서로 매출 현황을 수정해보자.

(단위: 억원)

구분		20yy년	20yy+1년	20yy+2년
카메라 회로(부품)	서울테크(베트남)	12	…	…
	서울테크(천안)	…	…	…
카메라(완제품)	광주 판매점	…	…	…
	원주 판매점	…	…	…

이 정도면 사장뿐만 아니라 정년을 앞둔 모교의 은사님도 이해할 수 있을 것이다. 물론 사업팀은 두 가지 매출 자료를 모두 이해할 수 있다. 그러나 첫 번째 자료를 이해할 수 있는 사람은 회사 내에 그리 많지 않다. 다시 한 번 이야기하지만 철수방안 보고서는 사업팀만을 위한 것이 아니다.

1,234,567(천원)을 12(억원)으로 수정한 것도 눈여겨 볼 필요가

있다. 실적을 집계해서 평가받는 자료도 아니고, 대강의 사업규모를 파악하기 위한 자료이므로 억원 단위면 충분하다. 대충 쓰라는 이야기가 아니다. 오히려 반올림 실수 같은 것이 없도록 주의해야 한다.

그렇다면 사장은 철수하는 사업에 대해 어느 정도까지 알고 있을까? 어느 정도로 이해하기 쉽게 써야 할 것인가에 대해 혼란이 있을 수 있다. 설마 사장이 우리 회사 상품도 모를까?

당연히 모르고 있다고 생각해야 한다. 사장을 바보로 여기는 것이 아니다. 다만 사장은 당신의 사업만 보고 있지는 않다는 이야기를 하는 것이다.

보고서의 용어나 표현에 대해 사장이 알고 있을 것인지 궁금할 때는 본인이 졸업한 대학교에서 사장과 연배가 비슷한 교수를 떠올리면 도움이 될 수 있다.

모교의 수학과 교수가 'ST-V'라고 하면 이해할 수 있을 것인가? '서울테크 베트남 공장'은 이해할 수 있을 것이다. 그렇다면 사장도 이해할 수 있다.

바보 같은 질문이라고 웃어넘길 일이 아니다. 읽는 사람을 생각하지 않고 보고서를 작성하여 불필요한 오해가 발생하는 경우를 많이 경험했을 것이다.

사업현황은 다음과 같은 항목으로 구성된다.

① 사업개요 ② 사업실적 ③ 시장분석 ④ 고객현황
⑤ 영업현황 ⑥ 협력사현황 ⑦ 관련 외부기관현황 (정부 등)

⑧ 인력현황 ⑨ 자산현황 ⑩ 계약현황 ⑪ 기타

기타를 제외하고 모두 열 개의 항목으로 구성되어 있다. 기타는 사업의 특성에 따라 특별한 사항이 있을지도 모르기에 포함해 두었다. 즉, 대부분의 사업철수는 상기 열 개 항목으로 사업현황을 충분히 설명할 수 있다. 항목의 순서는 사업철수 보고서의 구성을 염두에 두고 정했다. 즉 사업현황을 열거한 순서대로 정리하면 경영진이 무난하게 이해할 것이다. 열 개의 항목을 범주화하면 다음과 같이 세 가지로 구분할 수 있다.

- 사업 일반 : ① 사업개요 ② 사업실적 ③ 시상분석
- 회사 외부 : ④ 고객현황 ⑤ 영업현황 ⑥ 협력사현황

    ⑦ 외부기관 ⑩ 계약현황
- 회사 내부 : ⑧ 인력현황 ⑨ 자산현황

⑩의 계약현황은 회사 외부의 다른 항목과 중복되지만, 법무 관점에서 검토가 꼭 필요하여 별도로 항목을 구성했다.

사업현황 열 개 항목의 조사 및 작성은 대부분 동시에 진행될 수 있다. 항목의 순서는 보고서에 나오는 순서이지 작성순서는 아니다. 즉 여러 사람이 나누어 동시에 작성할 수 있다. 시간이 많이 걸리는 항목은 ⑩번 계약현황이다. 모든 계약서를 다 찾아서 사업팀 담당자와 법무팀 담당자(변호사일 수 있다)가 검토해야 한다. 찾는데 시간이 많이 걸린다. 당연한 이야기이지만 다 찾은 후에 검토

해야 하는 것은 아니다. 찾으면서 나오는 대로 검토하면 된다.

즉, 사업을 철수하게 되면 제일 먼저 계약서부터 찾아야 한다. 다른 아홉 개의 항목을 모두 검토하는 것보다 계약서 검토가 더 오래 걸릴 것이다.

나머지 항목 중에서는 의외로 ⑥번 협력사 현황을 조사하는데 어려움이 있을 수 있다. 가장 중요한 항목은 고객현황이지만 고객은 항상 세심하게 보살펴 왔으므로 관련 자료를 순식간에 정리할 수 있다. 그러나 협력사는 평소에 큰 관심을 두지 않는다. 부랴부랴 협력사 사장이 누구인지, 인력은 몇 명인지, 매출은 어느 정도인지, 우리 회사 매출 비중은 얼마인지, 손익은 흑자인지 등등이 궁금하다. 하지만 물어보는 것이 쉽지 않다.

왜 협력사를 궁금해야 하는지 아직 모를 수 있다. 그렇다면 협력사 매출의 대부분이 철수 사업의 부품을 공급하는 상황을 가정해 보자. 회사가 해당 사업을 철수하면 그 협력사는 폐업이 불가피한 상황이다. 물론 회사는 협력사의 폐업에 법적 책임이 없을 것이다. 시장 논리에 따라 경영 여건이 변하여 기업이 흥망성쇠 하는 것은 바람 불고 비오는 것처럼 늘 일어나는 일이다. 심지어 협력사는 물론 당신의 회사도 이러한 불안에서 자유롭지 않다.

보다 상세한 내용은 후반부에 설명해 두었으니 너무 두려워하지 말고 사업개요부터 하나씩 살펴보자.

2.1 사업 개요

사업개요에는 사업에 대한 정의, 사업수행 이력, 철수 배경 등과 같은 내용이 포함된다. 한 페이지 분량이면 적절하다. 철수방안 보고서의 첫 장을 펼치자마자 사장이 "아~! 그거, 알고 있어요. 넘어가세요."라고 말하면 완벽하게 정리된 것이다. 그러기 위해서는 제품 사진 등과 같은 대표 그림을 반 페이지 정도 포함하는 것이 좋다.

2.1.1 사업에 대한 정의

사업에 대한 정의는 보고서의 도입부에서 최고 경영진의 기억을 최대한 신속하게 끄집어냄으로써 주제에 집중시키는 것이 목적이다. 고객에게 제품을 설명하기 위해 만들어둔 브로슈어나 팸플릿의 내용이면 적절하다. 단, 고객에게 멋지게 보이기 위해 사용한 미사여구를 냉정하게 검토해야 할 사업철수 보고서에 담을 수는 없다. 다음의 사례를 비교해 보자. 같은 사업을 두 가지 방법으로 정의한 것이다.

- 사업 정의 (나쁜 예): 고객의 꿈과 행복을 영원히 간직하는 Dream Technology 사업 (내부 비전으로는 의미가 있으나, 이해 측면에서는 부적절하다)
- 사업 정의 (좋은 예): 디지털 카메라를 제조하여 판매하는 사업 (당

신이 졸업한 모교의 교수도 이해할 수 있다)

사업 정의의 나쁜 예를 가볍게 웃어넘길 수 없다. 웃지 못할 사례가 자주 발생한다. 사업에 대해 비전을 가진 열정적인 실무자의 사소한 부작용이다. 그는 고객을 설득하기 전에 자신을 설득했을 뿐이다. 그 열정적인 실무자는 정말 'Dream Technology'라고 생각하고 있으며 이해하지 못하는 사람을 의아하게 생각한다.

사업을 정의할 때 주의할 점은 최대한 많은 정보를 주기 위해 자세한 설명을 담을 필요는 없다는 것이다. 제품의 특징, 경쟁사의 제품보다 우수한 점, 크기/무게 등과 같은 일반 제원, 작동 원리… 이러한 것들은 모두 필요 없다. 고객에게 잘 보이기 위한 자료가 아니기 때문이다.

사업에 대한 정의를 작성하는 요령은 간단하다. 보고서 분량은 한 페이지 이하, 보고 시간은 1분 이하. 그러나 간단하다고 방심하면 안 된다. 사업에 대한 정의 부분을 보고하는데 5분을 넘어가게 되면 재보고 일정을 잡아야 할 것이다. 이해가 부족하면 불안하며, 불안하면 망설인다. 반대로 이 부분이 명쾌하게 설명되면 이후의 단계도 쉽게 진행될 수 있다. 경영진이 해당 사업을 잘 이해하지 못하는 상황을 염두에 두고 작성해야 한다.

2.1.2 사업수행 이력

사업수행 이력은 사업을 시작하여 여태까지 일어났던 사건 중에서 대표적인 것을 서너 줄 분량으로 요약한다. 사업수행 이력 또한 보고를 받는 경영진이 사업을 신속하게 이해하는데 목적이 있다. 어떤 경영진은 사업에 대한 정의 부분에서 기억을 떠올릴 수 있고, 어떤 경영진은 사업수행 이력 부분에서 "아, 그 사업!"하고 생각이 날 수 있다. 다음의 사례를 살펴보자.

- 20yy년, ABC社로부터 BCD 사업부문을 인수하여 사업 개시
- 20yy년, 국내시장 점유율 1위 달성, 미국시장 진출
- 20yy년, 환경 규제가 강화됨에 따라 원가 상승
- 20yy년, 경쟁사간 인수합병, 당사는 매출액이 감소하고 적자 전환

간단명료하게 작성하되, 주요 사건의 나열에 그치지 말고 철수방안 보고서의 취지에 맞게 기승전결의 구조로 작성하는 것이 좋다. 앞의 사례가 그러하다.

- 사업을 시작하여 (기)
- 전성기를 맞이하였으나 (승)
- 위기상황으로 반전이 일어나서 (전)
- 사업이 위축되었음 (결)

경영진에게 해당 사업에 대한 기억을 이끌어내기 위한 용도이므로 인상적인 사건을 제시하는 것이 좋다. 그렇다고 해도 소송이나 과징금과 같은 사건은 매우 인상적이어서 기억나기에는 좋겠지

만, 불필요하게 민감한 사건을 제시하는 것은 신중하게 고려해야 한다. 이와 같이 민감한 내용은 보고 중에 상황을 판단하여 구두로 언급할 수 있다. 부정적인 사건은 경영진이 사업철수를 망설이는 상황에서 종지부를 찍을 수 있는 계기로 작용할 수 있다. 경영진은 사업을 철수하여 다시는 그런 머리 아픈 일을 당하지 않겠다고 생각할 수 있기 때문이다. 같은 맥락에서 자랑스러운 사건을 줄줄이 열거하는 것도 적절하지 않다. 사업철수를 불필요하게 망설일 수 있다. 사업철수 방안은 실적을 과시하여 평가를 잘 받기 위한 보고서가 아니다.

사업 수행 이력 부분을 설명할 때 경영진은 잠시 회상에 빠져 옛날 이야기를 나눌 수 있다. 해외시장에 진출했을 때 좌충우돌했던 무용담을 자랑스레 이야기할 수도 있고, 분쟁을 해소하기 위해 동분서주했던 고생담을 늘어놓을 수도 있다. 이러한 회상은 철수 방안 검토와 무관하지만, 경영진과 사업팀이 공감대를 형성하는 중요한 단계이므로 제어할 필요는 없다.

2.1.3 철수 배경

철수를 결정할 때 사업팀장은 물론 전사의 경영진과 관련부서가 매우 치열하게 논의했을 것이다. 이러이러한 이유 때문에 철수해야 한다는 주장과 저러저러한 이유 때문에 유지해야 한다는 주장이 첨예하게 대립했을 것이다. 우여곡절 끝에 철수하기로 결정했으니, 필히 그 사유가 있을 것이다. 그러한 철수 배경에 대한 내용도 사업 개요에 포함해 둔다. 철수가 실행되고 수년 이후에 왜 철수했는지를 문의하는 경우가 많다. 이 때 근거 자료를 내밀어야지 기억을 더듬어서 구두로 설명할 수는 없다.

철수 사유는 누군가에게 설명하기 위해서만 기록해 두는 것은 아니다. 사업철수 실행과정에서 철수하는 사업의 범위에 대해 논의가 있을 수 있다. 이 부문은 철수 사업에 포함이 되네 안 되네 하면서 실무진끼리 논쟁을 벌일 수 있다. 이럴 때마다 경영진에게 문의한다면, 무능력한 실무진이 아닐 수 없다. 이 때 판단할 수 있는 기준이 철수 배경이다. 따라서 가능한 한 회의록 전문을 포함하여 시시콜콜하게 기록해 두어야 한다. 반드시 본문에 기재할 필요는 없으며, 첨부에라도 철수 배경을 기록해 두어야 한다. 철수 배경은 철수 방안을 수립하는 지금 시점보다는 나중에 필요한 것이다. 나중에 필요하지만 철수 배경을 잘 알고 있는 지금 시점에 구체적으로 기록해 두어야 한다. 구체적으로 기록하지 않고 포괄적으로 기록할 경우, 전혀 상관없는 다른 사업까지 철수사업에 포함되어 곤란을 겪을 수 있다.

대표적인 철수 배경은 실적부진이며, 향후에도 개선될 여지가 없는 경우이다. 과거 실적은 근거로 제시하기 쉬우나, 향후 전망은 시장 검토를 통해 근거를 확보해야 한나. 사업팀이 시장을 잘 파악하고 있으므로 크게 어려움은 없다. 정부 규제에 의한 사업철수도 명확한 철수 배경이 될 수 있다.

2.2 사업 실적

사업실적에 포함되는 내용은 다음과 같다.

- 매출(보통은 이런저런 기준으로 구분되고 총계를 기재한다)
- 직접비, 간접비, 한계이익, 영업이익

매출은 대표적인 실적 지표이므로 대부분의 기업이 세밀하게 관리한다. 손익은 회사마다 차이가 있으므로 평상시에 관리하는 지표를 기준으로 정리한다. 대체로 영업이익 정도가 무난할 것이다. 사업철수를 위한 별도의 재무지표는 없다. 매출과 손익 이외에도 수주가 중요한 사업일 경우 수주도 포함하여 정리한다.

 실적은 올해를 포함하여 최근 4개년의 실적을 정리한다. 경우에 따라 5개년 이상의 실적이 필요할 수도 있다. 올해 자료는 경영계획상의 목표보다는 실적을 바탕으로 산정한 연간전망 수치를 기재하는 것이 적절하다. 즉 7월에 보고서를 작성하고 있다면 올해 1월부터 6월까지의 실적을 가지고 연간 전망치를 계산한다. 대략 상반기의 두 배 정도 될 것이나 계절에 따라 매출 변화가 심할 경우 다를 수 있다. 연초 또는 작년 말에 수립한 경영계획은 논리적으로 산정되는 척 하지만 목표의 성격이 있기 때문에 과장되기 쉽다. 사업관리를 위해서는 유용한 지표일 수 있으나, 사업철수를 판단하기 위한 실적으로는 적절하지 않다. 3년째 매출이 뚝뚝 떨어지다가 올해는 만회될 것 같은 착각이 들기 때문이다. 철수하는 사업은 일반적으로 작년 말에 수립한 경영 목표와 회기 중에 전망한 연간 실적의 차이가 크다.

사업팀이 사업실적을 관리하는 것은 늘 하던 업무이므로 사업실적 현황정리는 매우 손쉬운 일이다. 상세한 손익분석 자료는 첨부에 포함해두고 본문에는 경영진을 염두에 두고 요약한다. 사업철수 보고서는 경영진을 위한 것이지만 회사 내에는 경영진을 대신하여 보고서를 검토하는 실무자가 매우 많다. 다들 본인 업무의 관점에서 보고서를 검토하기 때문에 상세 내용을 첨부해 두는 것이 사업팀은 물론 관련 부서의 실무자에게 편리하다. 이런저런 자료 요청이 있을 때마다 매번 만들어주지 말고 "첨부에서 필요한 내용만 보세요."라고 대응하는 것이 요령이다. 물론 인사 관련 사항이나 고객 관련 사항으로 기밀유지가 필요한 자료는 별도로 관리해야 한다.

사업실적에서 특이한 수치는 사유를 기재해 둔다. 유난히 높거나 낮은 매출이나 손익이 사유 기재 대상이다. 특히 높은 것은 각 주에 작은 글씨로 사유를 기재해 둔다. 통상의 실적 자료는 적자를 중요하게 관리하지만, 사업철수의 경우에는 반대이다. 오히려 흑자에 대해 이유를 확인한다.

"작년은 왜 흑자인가요?"

제조라인 폐쇄에 따른 자산 매각 수익, 악성 채권 회입 등 답변은 다양할 수 있으나, 일시적인 것이 원인일 것이다. 흑자 원인이 통상적인 것이라면 적자가 일시적인 현상일 것이고, 해당사업은 부진사업 명목으로 철수되지 않을 것이기 때문이다.

설명을 할 때 주의할 것은 "A에 의한 효과 4억, B에 의한 효과 1.5억, C에 의한 효과 0.7억…"과 같이 줄줄이 열거하면서 사업을 잘 파악하고 있는 것을 과시할 필요는 없다. 일시적인 현상이라는 것을 납득시키는 것이 중요하다. 질문의 의도가 흑자의 원인을 알면 사업이 회생될 수 있는가에 관한 확인이기 때문이다.

대표적인 사유, 그것도 재무 전문가가 아닌 사람(모교의 교수)이 이해할 수 있도록 설명하는 것이 요령이다. '부실채권 및 판매보증금 충당금 회입…' 이렇게 설명하면 곤란해질 수 있다. 물론 사장이 재무팀 경력이면 상관없다.

특이한 손익 수치를 설명하는 두 가지 방법을 비교해 보자. 같은 상황을 다른 관점에서 설명한 것이다.

- 특이 수치 설명 (나쁜 예): 불용자산 매각 수익입니다.
- 특이 수치 설명 (좋은 예): 당진 공장 생산라인 폐쇄하면서 발전기를 팔았습니다.

이 금액이 총액의 절반에 못 미쳐도 상관없다. 어차피 사업실적은 재무관리 실무자가 새벽까지 검토했다.

사업실적은 작성하기도 쉽지만 보고할 때에도 특별히 심도 있게 논의되지 않는다. 실적 차질에 대한 원인을 분석함으로써 만회 대책을 논의하는 점검 회의가 아니기 때문이다. 대부분의 사업팀장은 실적을 보고할 때 부모님께 성적표를 들이미는 중학생의 심정이겠지만 사업철수 보고는 상황이 다르다. 오히려 그동안 수고했다며 등을 토닥이는 분위기가 흐른다.

2.3 시장 분석

시장 분석에 포함되는 내용은 다음과 같다.

- 시장 현황 (올해를 포함하여 과거 4년이면 무난하나 경우에 따라 그 이상)
- 시장 전망 (올해를 포함하여 향후 4년이면 무난하나 경우에 따라 그 이상)
- 경쟁사 동향, 시장점유율 분석

철수하는 사업의 세부 분류 기준이 있으면 동일하게 분류하여 정리한다. 해외 사업이 포함되어 있을 경우 지역별로 구분하여 정리한다. 평소의 사업관리를 위한 구분 기준을 적용하면 된다. 사업철수 보고서를 위해 별도로 시장을 구분하거나 정의할 필요는 없다.

 시장 분석은 실무자에게 익숙한 내용이다. 신규 사업 추진계획서에서 제일 중요하게 검토하는 시장분석 항목과 같다. 따라서 사업계획서를 여러 차례 써보았다면 반나절 내에 시장분석을 작성할 수 있다. 차이점이 있다면 사업계획서의 시장전망은 연평균 10% 이상 증가하는 상승 곡선인데 비해, 사업철수 보고서의 시장전망은 하강 그래프가 일반적이다.

그 동안 사업을 수행하면서 어려움도 많았겠지만 그래도 미운 정 고운 정 다 들었는데 초라하게 고꾸라지는 그래프를 보면 심정이 착잡해진다. 마음을 가다듬고 현실을 직시해야 한다. 지금 보고 있는 그래프는 당신의 연봉 전망이 아니다. 시장이 그러하다는 현실의 인식에서부터 사업철수가 결정되고 실행되는 것이다. 적절한 시기에 진입하는 것이 중요한 만큼 적절한 시기에 철수하는 것도 중요하다.

사업을 시작할 때야 당연히 당신 회사가 시장에서 얼마나 점유할 수 있을지 궁금할 것이다. 그런데 사업을 철수할 때는 왜 시장을 분석하는 것일까. 이제 그 시장 안에서 아웅다웅 할 일도 없을 텐데… 이러한 의문이 실무자에게는 있을 수 있다.

신규사업이 불확실한 미래에 대한 도전이라면 사업철수 역시 불확실한 미래에 대한 응전이다. 수년째 손익이 적자이고 경쟁사는 태산같이 커 보이겠지만 경영진은 이번 철수가 내 발등을 찍는 것은 아닐까 하는 불안을 갖고 있다.

'올해만 넘기면 중동 지역 내전이 해소되어 수출이 재개될 지도 모르는데…'
'우리 고객을 다 빼앗아 간 중국 회사가 위안화 절상으로 위태위태하다던데, 위안화는 내년에 어찌 되려나?'

뜻밖에 사업계획을 수립할 때 했던 고민과 비슷한 것을 철수할 때도 고민하게 된다. 그 누구도 속 시원히 대답해주지 않으며 경영진은 고독하다. 사실 사업팀장 본연의 임무는 해당 사업을 성장시키는 것이기 때문에 시장을 낙관적으로 전망하는 경향이 강하다. 희망과 전망의 구분이 쉽지 않다. 이것은 사업팀장의 아전인수가 아니다. 틈새시장을 찾아내고, 상품에 부가가치를 추가하여 새로운 시장을 창출하는 것이 사업팀장 본연의 업무이기 때문이다. 따라서 사업팀에서 전망하는 시장분석 자료는 중립적인 부서의 검증이 필요하다. 시장 분석의 기초 자료(fact)는 사업팀에서 제공하고, 전사 기획 부서(보통은 전략기획팀 또는 재무관리팀)가 내용을 검증하는 것이 바람직하다. 시장 분석을 위한 가정이 적절한지 등을 꼼꼼히 살펴보고 결론을 제시해야 한다.

시장분석 결과의 예시는 다음과 같다.

'최근 3년간 연평균 7% 시장이 축소되었으며, 향후 3년간 연평균 2% 축소가 예상됨'

신중한 실무자는 전망을 단언하기 어려워 3개 정도의 시나리오를 제시하기도 한다. 흔히 낙관/중도/보수 또는 Best/Normal/Worst 라고 구분한다. 이런 시나리오 분석이 의미가 없는 것은 아니지만 첨부 자료에나 포함해 두는 것이 적절하다. 보고서의 본문에는 결론만 명료하게 요약해 두어야 한다. '시장을 분석한 결과, 운 좋으면 적자를 면할 수 있고, 그렇지 않으면 매년 십 억원씩 적자입니다.'라고 보고서에 쓸 것인가? 점쟁이에게 문의하라는 것과 진배없다. 시장 분석 실무자는 최소한 사장의 고민 한 가지는 덜어드려야 한다.

"시장은 제가 잘 압니다. 앞으로도 별다른 성장 요인이 기대되지 않으니 용단을 내릴 적절한 때입니다."라는 믿음이 전달될 수 있도록 단호하게 작성한다.

앞에서 언급한 시장분석 결과 예시를 다시 읽어보자.

'최근 3년간 연평균 7% 시장이 축소되었으며, 향후 3년간 연평균 2% 축소가 예상됨'

사장의 고뇌를 덜어줄 수 있는 확고한 표현이다.

시장 분석은 회사 내에 전문가도 많고 자주 수행하는 업무이므로 별다른 어려움이 없다. 통상 사업을 기획할 때보다 사업을 철수할 때의 시장분석이 훨씬 수월하다. 사업의 실체가 있어서 시장의 범위가 명확하고 자료가 축적되어 있기 때문이다. 신규 사업을 기획할 때는 사업의 범위에 따라 시장이 출렁거리므로 시장 분석이 어렵다.

주요 경쟁사에 대한 내용도 시장 분석에 포함하여 정리한다. 경우에 따라 경쟁사 현황만 별도로 구분하여 정리할 수도 있다. 경쟁사를 살펴보는 이유는 간단하다. 당신 회사는 사업을 철수할 정도로 어려운데 경쟁사는 어떠한지가 궁금한 것이다. 경쟁사도 적자가 누적되거나 다른 사업자에게 인수되거나 하면 사업철수를 결정하는 것이 쉽다. 시장 상황이 안 좋다는 강력한 증거이기 때문이다. 그러나 경쟁사들의 실적은 양호한데 당신 회사만 철수한다면 세밀한 분석이 필요하다. 경쟁사가 사업을 잘 하고 있는 사유와 당신 회사가 그렇게 잘 하지 못하는 사유, 그리고 앞으로도 잘 할 수 없는 사유를 명확히 파악해야 사업철수를 결정할 수 있다.

실무자들의 예상과는 다르게 경영진들은 시장전망 부분에서 많은 시간을 들여 논의한다. 대부분의 경우 사업실적과 시장전망으로 사업철수 여부를 결정하기 때문이다. 사업 실적은 사실(fact)이므로 논란의 여지가 없다. 마음에 안 들 수는 있어도 이해하는 것은 어렵지 않다. 그러나 시장전망은 다르다. 미래의 일이므로 불확실하다.

불확실성은 전문가들이 모른다는 말 대신에 쓰는 표현이며, 모른다는 말보다 왠지 덜 창피하다. 창피하거나 뻔뻔한 것은 부차적인 문제이고 중요한 것은 시장의 미래를 모른다는 것이다. 모르니까 불안하다. 불안하니까 결정하기 어렵다. 그래서 경영진들은 시장에 대한 부분을 집중적으로 검토하고 고뇌한다.

지금까지 살펴본 사업현황의 항목을 되짚어 보자. 사업을 이해하고 (① 사업개요), 괴롭지만 실적을 인정하고 (② 사업실적), 시장에 대해 판단하면 (③ 시장분석) 사업철수 여부에 대해 의사결정을 내릴 수 있다. 뒤에 나오는 일곱 개의 사업현황 항목들은 사업철수를 실행하기 위해서 점검하는 것이다. 경영진 보고 자료에는 빠지는 항목도 많다. 무엇이 빠지는지는 상황에 따라 다르나 써놓고 보면 알게 될 것이다. 물론 경영진 보고에는 빠지더라도 철수 실행에 필요하므로 작성해야 한다.

2.4 고객 현황

고객 현황에 포함되는 내용은 다음과 같다.

- 고객 구분, 고객사명, 특이 사항 등

여기에서 언급하는 고객은 개별 계약이 있어서 계약 이행 리스크를 반드시 점검해야 하는 고객을 지칭한다. 보통의 경우 회사이거나 정부기관일 것이다. 일반 개인 고객에게 낱개 단위로 판매되는 생필품이나, 가전제품 등은 대상이 아니다. 이러한 개인 고객에 대한 리스크는 ⑩의 계약현황에서 검토한다. 개인 고객과 별도의 계약서가 없더라도 품질보증서나 서비스 이용약관 그리고 과자 포장지 겉면에 깨알같이 적혀 있는 이런저런 의무사항들이 모두 당신 회사가 고객에게 했던 약속이므로, 정해진 기한까지 지켜야 한다. 예를 들어 불량품은 언제까지 교환해주겠다고 한 약속을 감안하여 철수 방안을 수립해야 한다.

   사업을 수행할 때와 마찬가지로 사업을 철수할 때도, 가장 중요한 부분이 고객 관리이다. 그동안 당신에게 소중한 월급을 주신 분이다. 사장이 준 것으로 착각하면 안 된다. 공급 단가를 내리지 않으면 당장 다음 달부터 거래를 끊을 것처럼 으르렁대던 고객사 구매팀장에게 당신 회사가 사업을 철수한다고 이야기하는 상황을 가정해보자.

"안 그래도 다음 달부터 다른 업체와 계약하려고 했는데 잘 됐습니다."

이러한 반응이 나올 것 같은가? 그렇지 않다. 오히려 그동안 그렇게 어려웠냐며, 단가를 올려줄 테니 계속 거래하자고 요구할 것이다. 또는 다른 제품(사업을 계속하고 있는 제품, 당신 회사가 모든 제품을 철수하는 것은 아니다)의 구매를 모두 중단하겠다고 압박할 수도 있다.

사업철수는 당신 회사만 곤란한 것이 아니다. 고객도 만만찮게 당황스럽다. 반바지 차림으로 동네 빵집에 식빵 사러 갔는데 폐업 안내문만 달랑 붙은 채 굳게 닫혀 있는 유리문에 허탈했던 기억이 있을 것이다. 길 건너 시장통에 있는 빵집보다 비싸네, 케이크가 몇 종류 없네, 하면서 투덜댔던 기억이 떠오르며 혼란스러울 것이다.

그렇다. 당신은 비록 투덜대긴 했지만 길 건너 시장통의 빵집보다 500원 비싼데도 15분을 더 걷기 싫어서 집 앞의 빵집을 선택했으며, 전철역 근처 땡땡 베이커리의 알록달록한 케이크보다 3,000원이 싸기 때문에 집 앞의 빵집을 선택했다.

고객도 그러하다. 당신 회사의 제품이 제일 싸서 선택한 것도 아니고, 성능이 세계 최고여서 선택한 것도 아니다. 고객은 당신의 영업 능력을 포함하여 가격, 품질, 공급 기간, 고객 대응 등 그야말로 종합적으로 판단해서 당신 회사의 제품을 선택한 것이다. 그런데 이제 종합적으로 가장 마음에 드는 제품을 받지 못하는 상황이 된 것이다.

사업을 철수하는 당신의 마음도 편치 않겠지만 고객의 사정도 보살펴 드려야 한다. 그저 단순히 그동안의 거래에 대해 감사하는 마음만으로 고객을 관리하는 것은 아니다. 고객과 거래를 하였으니, 그에 상응하는 계약이 있을 것이다. 사업을 철수하게 되면 계약에 포함된 의무사항을 더 이상 지키지 못하는 상황이 발생할 가능성이 매우 높다. 당신 회사가 그 동안 적자였으므로 철수가 당연한 권리라고 주장할 수 없다. 계약서에 사업의 손익이 흑자일 때만 계약이 유효하다는 문구가 포함되어 있을 리 만무하다.

당황스럽지만 침착하게 대응해야 한다. 고객과 사업의 특성에 따라서 대응방법이 다르겠지만 가장 중요한 것은 '상호 신뢰와 성실의 원칙'에 입각하여 고객을 설득해야 한다는 것이다. '상호 신뢰와 성실', 많이 들어봤으며 매우 중요한 원칙이지만 결정적으로 어떻게 해야 하는지 잘 모를 것이다. 단순히 법 없이도 살 것 같은 모범시민의 행동으로 추측하기에는 한계가 있다.

고객의 특성에는 거래규모, 다른 제품의 거래 여부 등이 있다. 사업의 특성이라 함은 철수하는 제품을 다른 곳에서 손쉽게 구할 수 있는지 여부와 거래 계약서의 내용 등이다. 식빵은 손쉽게 대체 가능한 품목이다. 그런 빵집조차도 문을 닫으면 고객은 당황스럽다. 고객과 사업을 특성별로 분류하기만 해도 고객설득의 어려움과 대응 방안을 어림잡을 수 있다.

일반적으로,

- 거래규모가 크면 고객설득이 어렵다. 사업철수로 인한 고객의 피해와 거래규모는 어느 정도 비례하기 때문이다.
- 다른 거래가 있으면 고객설득이 어렵다. 다른 거래도 얼마나 힘

들게 영업했는지 생각해 보면 쉽게 알 수 있다.
- 철수하는 제품이 특별한 것이어서 대체하기 어려우면 고객설득이 어렵다.
- 계약서에 해지조항이 없거나, 계약 기간이 길게 남아 있으면 고객설득이 어렵다.
- 위의 조건에 해당되는 사항이 많아질수록 고객설득은 더욱 어려워진다.

사업을 철수하는 마당에 내 코가 석자인데 고객까지 보살필 겨를이 없다고 생각하면 안 된다. 본인 코는 고객을 보살핀 후에 닦을 일이다. 당신 회사는 사업철수를 통해 더욱 견실한 회사로 거듭나기 위한 과정 중에 있다. 폐업하고 야반도주하는 상황이 아니다. 당신의 일거수일투족은 업계 평판으로 축적되며, 당신 회사의 브랜드 가치를 결정한다.

고객 현황은 사업철수 실행과정에서 필요하다. 경영진 보고 자료에는 한 페이지 분량으로 요약해 두고 상세 내용은 첨부에 포함시켜 둔다. 그러나 사업철수로 고객에게 막대한 손해가 발생하여 (단순한 불편 또는 소규모의 비용 증가 등이 아닌) 손해배상 소송 등과 같은 법적 분쟁이 예상된다면 보고서의 상당 부분을 할애하더라도 자세하게 설명해야 한다. 물론 그 내용은 법무팀이 사전에 검토한다. 경우에 따라서는 사업철수가 취소되거나 연기될 수 있다.

고객 현황을 정리한 사례는 다음과 같다. 고객명과 함께 비고란에 특기 사항을 기재한다.

순번	고객사명	매출 (억원)	비고
1			
2			
...			

고객 현황에서 가장 중요한 것은 고객사의 이름을 빠짐없이 기재하는 것이다. 영업직원은 고객사의 이름을 눈으로 보는 순간 사업철수에 대한 해당 고객의 리스크를 예상할 수 있다. 고객의 모든 목록을 보여주지 않고 포괄적으로 고객 리스크를 검토하면 지금 당장 머릿속에 떠오르는 중요한 고객 서너 개만 생각하고 특이사항 없다고 대답하기 쉽다.

매출액은 철수하는 사업의 작년 실적을 기재하면 무난하며, 제2.10절의 계약 현황과 정보가 중복되는 점을 고려하여 생략할 수 있다. 거래 규모가 고객사별로 큰 차이가 없을 경우에도 생략할 수 있다. 매출액이 유난히 큰 고객 등 특이한 고객만 비고란에 그 액수를 기재하는 것도 가능하다.

비고란에 기재하는 사항은 다음과 같다. 철수하는 사업 이외에 다른 사업의 거래 여부가 가장 중요한 사항이다. 사업철수가 다른 사업에도 부정적인 영향을 미칠 수 있기 때문이다.

- 철수 사업 이외에 다른 사업의 거래가 있는 고객은 타 사업의 내용을 기재 (예시: [철수하지 않는] BCD 사업 연간 매출액 12.3억)
- 철수 사업 매출액 상위 3~4개사는 연간 매출액을 기재
  (예시: 매출액 1위, 34.5억/년, 매출 비중 23.4%)

고객 현황이 보고서의 한 페이지 분량을 초과할 경우, 적절히 고객을 구분하여 요약하고 상세 목록은 별첨에 기재한다. 고객의 분류는 지역별로 구분할 수도 있고, 고객사의 업종으로 구분할 수도 있다. 평소에 분류하던 기준이 있으면 그대로 적용해도 되고 철수 상황을 고려하여 별도의 분류 체계를 적용할 수도 있다. 고객 현황 요약의 사례는 다음과 같다.

분류	고객사명
공공기관	- 행정기관: 경찰청, 대법원, 국세청 등 45개 기관 - 지방자치단체: 서울시, 태백시, 경기도, 제주도 등 25개 단체
민간기업	- ㅇㅇ테크 등 120개사
교육기관	- ㅇㅇ대학교 등 26개교

2.5 영업 현황

영업 현황에 포함되는 내용은 다음과 같다.

- 고객사명, 계약 금액(예상), 계약 기간(예상), 기존에 체결한 계약 현황, 특기 사항 (영업 중단 시 예상되는 리스크 등)

철수하는 사업의 영업은 무척 애매하다. 철수가 결정되면 영업을 중단하겠지만, 철수방안을 수립하고 있는 지금 이 시점은 아직 철수방안이 결정되지 않았기 때문이다. 또한 영업 중이므로 계약이 체결된 것도 아니어서 의무사항을 파악하기도 쉽지 않다.

경우에 따라서는 철수 후에도 계약을 체결해야 하는 상황이 발생할 수 있다. 철수를 검토하는 상황에서 영업을 계속해야 하는지 중단해야 하는지 판단이 쉽지 않다.

사업팀의 판단과 실행이 중요하다. 어렵고 애매하므로 여러 가지 요소를 고려하여 시기적절하게 대응할 수밖에 없다. 심오한 대응방안처럼 보이지만 결국 '알아서 하라.'는 전혀 도움 안 되는 내용이다. 다만, 사업철수를 실행할 때 영업 중인 계약이 어떤 문제들을 일으키는지 다양한 사례를 살펴보면 어려움을 짐작하고 해소 방안을 모색할 수 있을 것이다.

가장 이해하기 쉬운 당황스러움은 고객과 계약을 체결하자마자 사업을 철수하겠다고 통보하는 상황이다. 돈 반납하고 계약 취소하면 될 것이라고 착각하면 안 된다. 불편한 소리 조금 듣고 넘어갈 수도 있지만, 계약이 취소되어 고객에게 상당한 손해가 발생할 수도 있다. 다음의 사례를 살펴보자.

- 고객이 새로운 계약을 체결하는데 시간이 많이 걸려 생산에 차질이 발생하는 경우
- 고객이 해당 철수 제품을 염두에 두고 마케팅을 한 경우
- 고객이 철수 제품만 호환될 수 있는 다른 부품을 구매한 경우

보다 극적인 상황을 생각해 보자. 대규모 장기 프로젝트 계약(예: 수주금액 2천억 원, 계약기간 5년)을 체결하기 직전인데 당신은 해당

사업의 철수방안 보고서를 쓰고 있는 상황이다. 이렇게 큰 금액을 지불하는 고객이라면 대응이 쉽지 않다. 어쩌면 그 고객이 당신 회사의 존폐를 결정할 수 있는 상황일 수도 있다. 고객이 어떤 나라의 정부일 가능성도 있다. 당신 나라의 정부가 아니라고 방심할 수 없다. 신문에서만 보던 다국적 로펌이 내용증명으로 공문을 보내올 수 있다. 일상적인 경로, 즉 당신 회사의 영업직원을 통하지 않고 전달되는 모든 의사소통은 매우 위급한 상황을 이야기하는 것이다.

이러한 대규모 계약은 통상 수년 전부터 협상이 진행되어 왔을 것이고, 본 계약은 체결되지 않았더라도 이미 수많은 업무협약과 양해각서들이 체결되어 있을 것이다. 실무자들이 주고받은 전자 메일의 내용도 상당한 법적 구속력을 갖고 있다. 전자 메일도 조심해서 써야 한다.

지금이야 사업을 철수할 것인가, 유지할 것인가의 기로에 서있지만 대규모 계약을 추진하던 시기에는 당신 회사가 올망졸망한 경쟁자들을 따돌리고 비약적인 성장을 할 수 있을 것이라는 기대에 잔뜩 고무되었을 것이다.

진행중인 영업에 대한 대응은 진행 상태에 따라 고려요소가 워낙 다양하여 사업의 속성과 고객을 잘 알고 있는 사업팀만이 문제점을 알고 있으며 해결 방안도 낼 수 있다. 해결 과정에서 새로운 비용이 발생할 수도 있으나, 적절한 수준의 비용으로 해결되면 양호한 상황이다.

사업을 철수하면서 매각을 하거나 분사를 할 경우 사업이 계속 진행될 것이므로 사업의 가치를 유지시킬 필요가 있다. 사업의 가치를 유지하기 위해서는 영업을 계속해야 하지만, 사업철수 리스크는 더욱 커진다. 영업을 계속해서 계약이 증가한다는 것은 의무사항도 증가하는 것이기 때문이다. 물론 매각이 성사된다는 보장도 없다.

진행 중인 영업에 대한 원칙은 가능한 한 영업을 중단하되, 불가피한 상황에 한해 추가로 계약을 진행하는 것이다. 불가피한 상황이라 함은 영업 중단으로 인한 고객의 피해가 막중하여 소송과 같은 분쟁이 발생할 경우 등이다. 영업 중인 계약을 포괄적으로 판단할 수 없으며, 모든 영업의 진행정도와 의무사항들을 별개로 파악하여 계약 체결 여부를 계약별로 각각 판단해야 한다. 계약의 특성을 감안하지 않은 일괄적인 기준, 예를 들어 '20yy년 mm월까지는 계약을 체결하고 이후에는 중단'과 같은 조치는 바람직하지 않다. 불필요한 계약이 체결될 수도 있으며, 불가피한 계약이 중단되어 문제가 발생할 수도 있다.

2.6 협력사 현황

협력사 현황에 포함되는 내용은 다음과 같다.

- 협력사명, 대표이사, 역할, 매출, 손익, 인력수, 당사와 거래규모, 철수사업 비중, 계약기간

사업을 철수할 때 고객 다음으로 어려운 부분이 협력사이다. 결국 사업을 철수할 때 리스크 요소는 이해관계자이다. 이해관계가 있다는 것은 일반적으로 금전 및 물품의 거래가 있다는 것이고, 이로 인해 손실 또는 이익이라는 결과가 나타난다. 협력사는 당신 회사에 명운을 걸고 있으며, 해당 사업이 철수되면 크든 작든 타격을 받는다.

어찌 되었건 당신 회사의 사업철수로 인해 이익이 생기는 이해관계자(대표적으로 경쟁사가 있다)는 조용히 표정관리하고 있을 것이고, 손해가 생기는 이해관계자(대표적으로 협력사가 있다)는 가능한 모든 수단을 동원하여 이슈를 제기할 것이다. 그 동안 성원에 힘입어 이만큼 성장했다는 감사의 인사는 드라마에서나 볼 수 있는 환상이다. 궁지에 몰린 협력사가 동원할 수 있는 수단은 의외로 다양하다. 합리적이거나 합법적인 수단만 동원되는 것은 아니다. 거꾸로 당신 회사가 고객사의 철수로 폐업의 위기에 몰릴 경우를 가정해 보면 이해할 수 있다. 협력사의 실무자도 당신 회사의 실무자만큼 유능해서 효과적인 수단을 매우 많이 찾아낼 것이다.

아래의 협력사 현황 샘플을 살펴보자. ABC 사업을 철수하는 중이다. 매출액 등의 실적은 최근 1년 자료가 적절하다. 즉 작년 실적 또는 올해 실적 전망을 사용한다.

(단위: 억원, 명)

협력사명	설립연도	직원	대표	매출	영업이익	당사 거래규모 (비중)	
						총매입(%)	ABC 매입(%)
협력사A	20yy	20	홍길동	50	5	20(40%)	10(20%)
협력사B	20yy	55	가나다	100	12	17(17%)	17(17%)
...							

* 거래규모: 협력사로부터 구매한 금액, 비중 = (당사 매입액) / (협력사 매출)

협력사명을 기재하는 이유는 개개의 협력사에 대해 리스크를 점검해야 하기 때문이다. 설립연도/직원수/매출액/영업이익 자료를 통해 협력사의 사업규모나 경영안정성을 가늠할 수 있다. 거래규모는 총매입(당신의 회사가 협력사로부터 구매하는 총금액)과 해당 철수사업(표에서는 ABC사업)의 매입 비중을 다 같이 살펴보아야 한다. 협력사가 철수하지 않는 다른 사업에 공급하는 매출도 함께 검토할 필요가 있기 때문이다.

철수사업의 비중이 크면 협력사는 피해가 크다. 철수사업 외에 다른 거래가 있다면 협력사는 불만이 있겠지만 통제하기 쉽다. 다른 거래라도 유지해야 하기 때문이다. 이는 고객 리스크와 반대이다. 고객은 다른 사업의 거래규모가 크면 해당 사업을 철수하기 어렵다. 다른 사업으로 당신의 회사를 통제할 수 있기 때문이다.

대표자명은 큰 정보가 안 될 것 같지만 의외로 경영진이나 고위부서장들이 해당 협력사의 사명은 몰라도 대표는 알고 있는 경우가 많다. 협력사 사장의 과거 이력 등이 협력사 리스크를 판단하는데 도움이 된다.

협력사 리스크는 사업철수 방법에 따라 달라진다. 사업을 철수하면서 다른 회사로 매각하거나 분사할 경우 사업이 계속 유지되기 때문에 협력사 리스크는 많이 완화된다. 분사의 경우는 사업구도(협력사 체계)가 대체로 유지되지만, 매각의 경우는 양수사의 상황에 따라서 협력사 거래규모가 축소될 수 있다. 예를 들어 경쟁사로 매각될 경우, 협력사 매출은 단기간 내에 축소될 가능성이 크다. 경쟁사도 유사한 생산설비와 유통체계를 갖추고 있기 때문이다.

사업을 철수하면서 매각도 안하고 분사도 안하고 생산을 중단하면 협력사의 매출은 바로 없어진다. 단순히 협력사의 형편을 걱정하는 것이 아니다. 협력사가 제품 수리를 담당할 경우 애프터서비스에 차질이 발생할 수 있다. 개별 계약의 수리의무도 살펴보아야 하지만, 그러한 의무조항이 없더라도 관련 법령이 수리 의무를 규정할 수 있다. 소비자 피해를 방지하기 위해서이다. 부품공급과 애프터서비스를 담당하는 협력사가 당신 회사의 사업철수로 인해 폐업하게 되면 애프터서비스에 차질이 발생할 수 있다.

협력사 현황 조사는 대체로 용이하지만 타사업자의 자료이므로 조사가 어려운 부분이 있다. 당신 회사가 협력사로부터 매입한 금액은 당신 회사의 내부 자료이므로 확인하기 쉽지만 협력사의 전체 매출액은 조사하기 쉽지 않다. 손익은 더욱 확인하기 어려울 것이다. 돈 받는 입장에서 남는 장사라고 이야기하지 않기 때문이다.

협력사의 경영실적이 금융감독원 전자공시시스템(http://dart.fss.or.kr)에 공개된 경우라면 조사하기 쉽다. 검색포털에서 '전자공시' 또는 'dart'로 검색하면 바로 접속할 수 있다. 그렇지 않을 경우 협력사를 담당하는 실무자가 요령껏 문의하여 현황을 파악한다. 이 때 협력사에게 사업철수에 관해 이야기하는 것은 적절하지 않다. 사업 현황을 조사하는 시점은 철수 여부가 결정되지 않았다. 설령 철수가 결정되었다 하더라도 철수 방법이 결정되지 않았기 때문에 협력사의 대책 문의에 대답할 수 없기 때문이다.

2.7 관련 외부기관 현황 (정부 등)

고객과 협력사 이외에도 철수사업의 특성에 따라 다음과 같은 관련 외부기관이 있을 수 있다.

- 정부, 협회, 제휴사 등

이해 관계자로서 대표적인 외부기관이 정부기관이다. 철수하려는 사업이 정부의 인허가를 받는 경우에는 사업자 마음대로 철수할 수 없다. 정부가 인허가를 통해 관리하는 사업은 통상 국민경제에 미치는 영향이 중차대한 경우이다. 통신서비스, 의료, 금융 사업 등이 그러하다. 이러한 경우 인허가를 받기 위해서 정부 관계부처에 사업계획서 또는 인허가 신청서 같은 것을 제출하였을 것이며 관계부처는 그 서류를 심사하여 인허가를 하였을 것이다.

　이 역시 정부와 체결한 계약이며 내용 중에 사업철수에 관한 내용이 포함되어 있을 수 있다. 가뜩이나 실적이 부진하여 눈물을 머금고 사업을 철수하는 마당에 별별 규제가 다 있다고 투정부리면 안 된다. 철수조항이 있으면 그나마 다행이다. 그대로 하면 되기 때문이다. 철수에 관한 조항이 없으면 관계부처와 협의하여 철수 절차를 새로 정해야 하는 경우도 있을 수 있다. 이런 경우는 관련 인허가 사업에서 당신 회사가 최초로 철수하는 경우일 것이다.

인허가와 관련한 절차가 불편하다고 하여 정부 규제를 탓하는 것은 적절하지 않다. 정부가 시장을 창출하는데 별 도움이 안 된 것 같다고 생각되겠지만, 최소한의 자격을 갖추지 못한 사업자가 진입하여 시장을 교란하는 것을 방지하였다. 이는 정부가 소비자를 위해서 한 것이지만 당신 회사도 그 혜택을 보았다.

정부기관이야 당신 회사의 사업철수로 인해 직접적인 피해가 없으므로 절차를 준수하고 근거자료를 잘 제출하면 별 어려움 없이 진행할 수 있다. 다만, 주관부서와 업무 담당자 선정에 시간이 많이 소요될 수 있으며, 담당자가 바뀌어서 새로 검토를 시작해야 하는 경우 등으로 인해 생각보다 시간이 많이 소요될 수 있다. 왜냐하면 사업의 철수는 정부기관의 담당자에게도 생소한 경우가 많기 때문이다.

해당 사업을 관장하는 정부기관 입장에서도 당신 회사의 사업철수는 달갑지 않다. 통상 정부기관도 해당 사업을 활성화시키는 것이 주요 업무인데, 당신 회사의 사업철수는 시장이 위축되고 있다는 신호이기 때문이다. 무엇에 쓸까 싶을 정도로 별별 자료를 요청하고, 협의를 미루는 듯이 보이는 정부기관 실무 담당자의 입장도 이해해야 한다. 그 공무원도 당신만큼은 아니겠지만 심정이 착잡하다. 담당 공무원이 본인의 재임 기간에 해당 업무를 회피하려는 상황도 염두에 두어야 한다.

당신 회사는 철수 사업과 관련하여 각종 학회나 협회에도 가입되어 있을 수 있다. 협회는 회원이 줄어들어 섭섭하겠지만 크게 이해관계가 있지는 않으므로 사업철수로 인한 큰 어려움은 없다. 다만, 당신 회사가 협회에서 중요 직책을 담당하고 있다면 미리미리 인수인계를 해야 할 것이다. 사업철수 이후 협회의 탈퇴 여부도 판단하여 불필요하게 협회비가 지출되지 않도록 한다. 철수할 때 검토하지 않으면 협회비를 내는 부서는 상황을 모르고 계속해서 협회비를 지급할 수 있다. 철수하는 사업이 'ABC사업'이라고 해서 협회명도 'ABC협회'일 가능성은 별로 없다.

협회와 관련해서는 실행단계에서 검토하면 된다. 협회 이슈로 인해 사업철수가 유보되거나, 철수방안이 바뀌는 것은 생각하기 어렵다.

철수 사업과 관련하여 다른 회사와 기술개발 제휴, 마케팅 제휴 등 이런저런 업무협약서나 양해각서 등이 체결되어 있을 수 있다. 계약서에 대금 지급에 관한 내용 또는 지적 재산권에 대한 내용이 없으면 보통은 크게 문제될 것이 없다. 물론 적절한 시점에 상대방과 충분히 협의하여 제휴사에게 불필요한 피해를 입히지 않도록 주의해야 한다.

제휴 리스크 역시 철수방안에 따라 리스크도 다르며 대응방안도 다르다. 예를 들어 기술제휴의 경우, 매각 또는 분사시 사업이 유지되므로 양수사업자에게 제휴를 이관할 수 있다. 물론 양수사, 제휴사, 당신 회사의 3자간 협의가 필요하다. 제휴사업자도 양수사 후보가 될 수 있다.

매각하지 않고 사업을 중단할 경우 제휴사는 당황할 수 있다. 어쩌면 손해가 발생할 수도 있다. 계약서의 내용을 살펴보아야 하겠으나, 당신 회사가 기술을 개발했다면 관련 기술을 제휴사에게 적절한 조건으로 양도하여 피해를 줄일 수 있다. 해당 기술 인력의 전직도 주선할 수 있다. 어차피 그 기술을 사용하지 않을 것이므로 아낌없이 베풀어야 한다. 물론 제공하는 기술은 당신 회사의 자산이므로 공정한 가격으로 평가하여 대가를 받아야 한다. 공정한 가격을 산정하기 위해서 회계법인과 같은 외부 기관의 감정을 받을 수도 있고, 경쟁 입찰을 통해 양수도 대가를 결정할 수도 있다.

만약에 그 제휴 기술이 다른 사업에서 활용된다면 해당 제휴는 사업철수와 무관하게 유효할 것이다. 즉, 제휴를 해지하면 안 된다. 사업과 기술이 꼭 일 대 일로 대응하는 것은 아니다. 해당 기술의 관리자가 사용현황을 잘 파악하고 있는 것이 일반적이나 체계적으로 관리되지 않을 경우에는 특정 기술이 다른 사업에서 사용되는지 파악하기 어려울 수 있다. 그러나 다른 부서에서 사용될 수 있다는 가능성만 염두에 두고 있어도 덜컥 제휴를 해지하거나 팔아넘기는 실수는 줄어들 것이다.

거꾸로 당신 회사가 투자를 하고 제휴사가 기술개발을 했다면 투자비를 포기할 경우 크게 어려움 없이 제휴를 중단할 수 있다. 제휴를 중단하는 판국에 투자비까지 돌려받는 것은 생각하기 어렵다. 물론 투자비 역시 공정한 가격을 평가하여 대가를 받는 것이 적절하나, 개발협력 계약에 중도해지에 관한 조항이 없으면 권리를 주장하기 어렵다. 법무팀이 계약서의 내용을 검토하여 당신 회사의 불필요한 손해도 없고, 개발 협력사의 정당한 권리도 침해되지 않도록 적절하게 절충해야 한다. 양측 모두 권리를 주장하기에 앞서 충분히 협의하는 것이 중요하다.

다시 한 번 강조하지만, 상황에 따라 다르므로 전문가가 계약서를 검토하는 것이 중요하다. 가장 난감한 상황 중의 하나는 해지조항도 없고 종료기한도 없는 경우이다. 의외로 많은 계약서가 그러하다. 주로 오래전에 체결한 계약서가 그러하다. 당신 회사가 체결한 계약서 열 개를 무작위로 선정하여 사업철수를 염두에 두고 읽어보면 사뭇 심각해질 것이다.

2.8 인력 현황

인력 현황의 사례는 다음과 같다.

순번	성명	직급	나이	부서	비고
1	홍길동	과장	35	가나다팀	
2					

비고란을 길게 마련해 두었다. 쓸 말이 많기 때문이다. 비고란에는 다음과 같은 내용이 포함된다.

- 분사시 참여 희망하고 분사사 대표(예정)도 채용을 희망함

- ABC 업체로 매각될 경우 이직을 희망하나 ABC 업체가 거부 예상 (업무 중복)
- BCD 업체로 매각될 경우 이직을 희망하지 않음

비고란의 샘플을 보면 대략 인력현황에서 어떤 리스크를 점검해야 하는지 가늠할 수 있다. 이 부분은 해당 사업의 팀장이라면 앞의 사례가 없어도 수첩에 깨알같이 적어두었을 것이다.

주의할 것은 앞의 표 형식의 자료가 대단히 위중한 기밀사항이므로 첨부에도 포함하면 안 된다. 그야말로 사업팀장의 수첩에만 있어야 한다. 각종 보고서에는 다음과 같이 실명을 생략하고 인원 수만 범주별로 요약한다.

구분		임원	부장	차장	과장	대리	사원	계
영업	가나다팀	1	1	2	3	4	5	16명
	나다라팀							
개발	다라마팀							
	라마바팀							
…	…							
계								

* 분사시 30명 참여 예상, 매각시 15명 이직 예상, 업무전환 계획은 별도 수립 예정

임직원에 대한 조치는 사업을 철수할 때 가장 민감하고 어려운 부분이다. 임직원은 개개인 하나하나가 모두 해당 사업의 이해관계자이다. 철수사업 임직원의 대부분은 업무전환을 통해 다른 사업

으로 재배치될 것이다. 일부 임직원은 본인의 업무를 지속할 수 있는 회사로 옮길 수도 있다. 해당 사업을 분사하여 신생 기업으로 이동하는 경우도 있다.

결국 어떤 사업을 철수한다는 것은 관련 장비도 필요 없고, 협력사도 필요 없고, 특허도 필요 없고, 관련 임직원도 필요 없는 상황이다. 특히 해당 사업에 특화된 전문 인력(기술 개발자, 고객 담당자 등)은 그의 유능함과 무관하게 다른 사업에는 도움이 안 될 가능성이 높다. 다른 사업 역시 이미 필요한 인원이 대체로 구성되어 있기 때문이다. 인력이 턱없이 부족하다고 항상 보채던 사업팀장들도 막상 충원을 제안 받으면 손사래를 친다. 직접 인건비가 급증하여 본인 사업의 수익성이 악화되는 것을 우려하기 때문이다.

임직원 리스크 역시 철수방안에 따라 다르며, 대응방안도 다르다. 분사할 경우 핵심인력은 대부분 분사에 참여하므로 인력 리스크가 줄어든다. 비핵심 인력(주로 대리/사원급의 젊은 인력)은 업무의 범용성이 높으므로(특정 업무에 특화되어 있지 않으므로) 다른 부서로 재배치하기 쉽다. 타 부서도 신규 채용보다는 회사를 1~2년이라도 다닌 직원을 선호한다. 이러한 재배치는 회사가 성장하여 매출이 늘고 인력수요가 증가할 때 선택할 수 있는 방안이다. 회사가 전체적으로 구조조정 중이라면 재배치 방안에도 한계가 있다.

통상 사업을 철수할 때 현재 사업수행 임직원이 100명이라면, 분사할 경우 필수 이직 규모는 30여명, 매각할 경우 15명 정도이다. 인수하는 회사에는 중복되는 기능을 담당하는 임직원이 이미 근무하고 있기 때문에 분사의 경우보다 일반적으로 이직 규모가 작다. 사업의 속성과 규모에 따라 매우 변동이 심한 수치라는 점을 필히 염두에 두어야 한다. 그럼에도 불구하고 이직 인력 규모를 언급한 이유는 철수 방안에 따라 이직 규모의 차이가 크다는 것을 설명하기 위해서이다.

당연하겠지만 사업을 인수하는 회사의 특성에 따라서도 이직 규모가 달라진다. 동종업체, 즉 경쟁사라면 중복이 많으므로 이직이 최소화될 것이다. 인수하는 회사가 해당사업을 신규로 시작하는 경우라면 이직 규모가 분사의 경우와 유사할 것이나 넘어서지는 않을 것이다. 즉 이직 규모는 분사의 경우가 최대 수치라고 볼 수 있다. 경우에 따라 해당 임직원 전체를 승계하는 것이 사업 양수도의 조건이 될 수도 있다.

여기서 의문이 들 수 있다. 100명이 하던 사업을 분사하여 30명이 할 수 있다면 지금 70명을 줄이고 손익을 개선할 수 있지 않을까? 그렇지 않다. 분사할 때는 최소한의 핵심인력만 이직하는 것이 일반적이다. 즉, 없으면 안 되는 인력만 이직하여 분사사를 설립한다. 나머지 70명은 범용 업무를 수행하므로 신규로 채용한다.

왜 그러는 것일까? 대표적인 이유는 인건비이다. 임금이 비싼 대기업이 분사할 경우 분사사는 신생 중소기업이다. 임금 격차가 상당하다. 분사에 참여하는 임직원의 임금은 유지해야 이직이 가능하다. 신규로 채용해도 되는 인력은 낮은 임금으로 채용할 수 있다. 이 과정에서 해당 철수사업은 자연스럽게 원가 경쟁력을 갖출 수 있다. 대기업이 사업을 유지하면서 사용하기는 어려운 방법이다.

매각의 경우 더 적은 인력으로도 동일한 사업을 수행할 수 있으므로 구조조정에 의한 경쟁력 강화 효과가 분사보다 더 크다. 즉 분사는 불가능해도 매각은 가능할 수 있다. 다만, 경쟁사에게 매각할 경우는 조심해야 한다. 경쟁사가 당신 회사의 제품과 유통망을 탐낼 수도 있지만 제품이 조용히 시장에서 사라지는 편이 더 이익일 수도 있다. 이런 경우 경쟁사는 협상을 지연시키며 사업 가치를 떨어뜨려 싼값에 인수하거나, 퇴출시키려 할 수도 있다.

경쟁사의 비도덕성을 이야기하는 것이 아니다. 이러한 리스크를 예상하지 못하는 것이 무능하다는 것이다. 협상 대상자의 도덕성에 회사의 명운을 걸 수는 없다. 모든 리스크의 공통점이겠지만 돌이킬 수 없다. 안전장치를 마련해야 한다. 최고의 혜택을 선택할 수도 있지만, 최악의 손실을 막는 결정도 훌륭하다.

포괄적 영업양수도의 경우 전체 인력이 이직될 수도 있다. 이러한 경우는 철수하는 회사보다 인수하는 회사가 우량하거나 대등하여 해당 인력의 임금이 양수사에게도 비싸지 않을 경우이다. 이런 경우는 해당 인력도 만족하므로 인력 리스크가 많이 완화된다.

이 밖에도 다양한 인력 리스크가 있을 수 있으나, 전문가(보통은 노무사이다)의 도움을 받을 수 있을 것이다.

2.9 자산 현황

자산 현황에 포함되는 내용은 다음과 같다.

- 유형자산: 토지, 건물 (공장/창고 등), 기계장치, 공구, 도구, 비품 등
- 무형자산: 지적재산권 (특허, 실용신안, 상표, 소프트웨어, 프로그램) 인터넷 도메인, 콜센터 전화번호 등

자산 현황에 포함되는 자산은 해당 사업을 철수하면 필요 없는 것들이다. 또는 매각할 때 반드시 양도해야 하는 것들이다. 자산 현황 파악에 시간은 다소 걸릴 수 있으나 특별한 어려움은 없다. 리스크 측면에서도 특별히 검토할 사항은 없다. 자산은 통상 사업철수 여부와 방안에 영향을 미치지 않는다. 자산은 자신의 유불리를 주장하는 이해관계자가 아니기 때문이다.

다만 사업철수를 실행할 때 어떤 장비들은 주의를 기울여야 한다. 다른 사업과 공통으로 사용하는 장비의 경우, 분사 또는 매각 시 해당 자산을 양도 대상에 포함해야 하는가의 문제가 있을 수 있다. 시중에서 쉽게 구할 수 있는 장비라면 큰 문제가 없겠으나, 특별하게 개발된 기계장치(계측기 등)라면 미리 방안을 마련해 두어야 한다. 여동생이 시집갈 때 들고 가는 품목이 빤하여 대부분 별 문제가 없겠으나 애매한 것들이 있어서 오빠와 동생이 서로 자기 것이라고 티격태격 하는 상황으로 이해하면 된다. 특허 등과 같은 무형의 지적 재산권이 그러하다면 양수사와 양도사가 같이 사용할 수 있는 방안도 있다.

의사결정에는 크게 고려되지 않지만 철수방안으로 매각 또는 분사의 경우 자산은 매우 꼼꼼하게 점검해야 한다. 자산양수도 계약을 체결할 때 누락이 생겨 나중에 추가 계약을 체결하는 것도 불

편하고, 이관되지 말아야 할 것이 포함되어도 나중에 돌려받기 불편하다. 이러한 실수는 실무자에게는 꽤나 불편하지만 회사 입장에서 위중한 리스크로 작용하지는 않는다.

사업철수 실행과정에서 자산을 이관할 경우, 자산 특정에 주의를 기울여야 한다. '특정'이라 함은 다른 것과 구별이 되도록 지정하는 것이다. 쉽게 얘기해서 다른 것과 혼돈되지 않도록 기술하는 것이다. 유형 자산의 경우 어지간한 회사는 자산마다 고유한 일련번호를 부여하여 관리한다. 이러한 고유번호면 특정하기에 충분하다. 다만 실물 이관 과정에서 구석에 붙어 있는 자산번호를 일일이 확인하기 어려우므로 자산의 품명을 기재한다.

다음의 유형 자산 현황 사례를 보면 자산내역과 자산번호가 있다. 이외에도 취득금액과 장부가를 기재하여 자산의 가치를 가늠하는데 활용한다. 장부가는 취득금액에서 감가상각을 제외하고 남은 금액으로서 자산의 현재가치를 의미한다. 물론 자산을 매각할 경우 장부가로 거래되는 것은 아니며 상태, 이전비용 등을 감안하여 구매하려는 상대방과 합의된 금액으로 거래된다. 아무도 사갈 사람이 없다면 폐기 비용이 발생할 수도 있다.

순번	자산내역	자산번호	취득일	취득금액	장부가	비고
1	열영상 카메라	C05020011	20yy.04.30	12,345,600	454,394	독일 프란텐 제조
2	이동형 계측기	C09051903	20yy.09.22	11,000,000	1,335,190	
3	Audio Analyzer	APX2-2600	20yy.01.31	16,798,023	3,359,604	
…						

자산현황 정리가 번거롭다고 '무엇 外 5종'과 같이 뭉뚱그려 기재하면 안 된다. 나중에 들고 나갈 때 자산관리 담당자가 반출을 막을 것이다. '특정'이 중요하다. 누가 봐도 목록에 기재된 자산이 해당 실물과 같은 것이라고 수긍할 수 있도록 기재해야 한다.

무형자산의 경우 유형자산보다 현황을 파악할 때 보다 많은 주의를 기울여야 한다. 무형자산 현황의 사례는 다음과 같다.

순번	특허명	출원번호	출원일
1	위치추적단말기 저전력 설계	10-0792123	20yy.10.25
2	모니터의 전원 자동차단 장치	10-0845319	20yy.11.28
3	계측기의 측정오차 이력관리 기능	출원중	20yy.11.30
...			

무형자산은 그야말로 눈에 보이지 않기 때문에 누락되기 쉽다. 대표적인 것이 인터넷 도메인, 콜센터 전화번호 등이다. 물론 이러한 무형자산은 후속협의를 통하여 추가 양수도가 가능하겠지만 사업 이관 초기에 상품 홈페이지나 콜센터가 일시적으로 중단되는 사태가 벌어지지 않도록 주의해야 한다. 이관자산의 확정과정은 실무자에게 번거로운 업무이지만 나중에 추가 양수도 계약을 체결하는 것에 비할 바는 아니다.

홈페이지의 내용도 미리미리 준비하여 언제라도 바꿀 수 있도록 해야 한다. A회사가 B회사에게 C사업을 매각하였다는 기사가 보도되었는데 홈페이지에는 여전히 이전 회사 제품으로 소개되고 있으면 실무자는 매우 망신스럽다. 허겁지겁 홈페이지 제작사를 물색하여 급하게 변경작업을 하다보면 새로운 실수가 그물을 치고 기다리고 있을 것이다.

앞의 실수 사례는 실무자가 불편하고 망신스럽겠지만 사업철수의 성패에 영향을 미칠 정도의 리스크는 아니다. 그러나 특허와 같은 지적재산권의 경우는 신중하게 검토해야 한다. 전문가로 구성된 법무팀을 운영하는 대기업이 중소기업으로 사업을 양도할 경우, 그것도 사장 혼자 재무, 인사, 총무, 법무를 총괄하는 중소기업으로 사업을 양도할 경우에는 양수사의 특허관리 능력을 검토해야 한다. 중소기업의 사장이 무능하다는 이야기가 아니다. 법무 측면에서는 어이없는 실수를 할 수 있는 아마추어라는 이야기이다.

특허 사용권에 불만이 있었던 제3의 업체가 대기업과는 분쟁을 벌이지 못하고 있다가 중소기업 이관 후 분쟁을 벌일 수도 있다. 특허분쟁 전문기업(특허괴물, Patent Troll)이 해당 중소기업을 인수하여 양도회사와 특허분쟁을 일으킬 수도 있다.

이러한 리스크는 양도사가 지적재산권을 보유한 상태에서 양수사에게 사용권을 부여하는 방식으로 해소할 수 있다. 특허를 양도사만 사용할 수도 있고(전용 실시권), 복수의 사업자가 사용할 수도 있다(통상 실시권). 사업양수도 초기에는 사용권을 부여한 뒤 일정기간 후에 양도하는 방식도 생각할 수 있다.

지적재산권을 양도하려는 경우, 양도할 자격이 있는지 여부도 확인해야 한다. 아주 오랜 기간 동안 써왔기 때문에 당신 회사의 것이라고 착각하는 경우도 있다. 즉, 당신 회사도 사용권을 부여받아 쓰고 있거나, 다른 기관과 공동 소유인 상황일 수도 있다. 다른 기관이 국가기관 등 정부 또는 협의하기 불편한 외국기업일 수도 있다. 이런 경우 원래 특허 소유자 또는 공동 소유자와 협의를 통해 사용권을 양도해야 한다. 사전에 협의하면 별 문제 없이 진행될 것도 양수도 계약 체결 후에 바로 잡으려면 협의가 매우 어려워질 수 있다.

사전 협의를 소홀히 하여 자격이 없는데도 양도한 경우, 양수사는 당신 회사의 지적재산권으로 알았는데 속았다고 할 것이며(맞는 이야기이다), 특허 소유자는 누구 마음대로 주냐고 반환소송을 제기할 수도 있다(이 역시 맞는 이야기이다). 평상시 협력이 원활한 상황이면 그나마 해결할 수 있겠으나, 의외로 불편했던 관계일 가능성도 높다. 회사의 특허관리가 특정 임직원의 기억에 의존하면 발생할 수 있는 상황이다. 모두 문서화하고 조회할 수 있도록 관리해야 한다.

사전에 자산현황을 제대로 파악했으면 앞에서 예로 들은 지적재산권의 부적절한 양수도 문제는 발생하지 않는다. 양수도 계약 체결 이전에 사전협의를 통해 이관 가능성을 확인해야 한다. 그렇지 못했을 경우에는 양수사가 알아서 설득하여 이관 받으라고 하면 된다. 그렇지 못할 경우라 함은 특허 보유자가 이관을 승인하지 않는 경우도 있지만, 비밀리에 매각 협상을 진행하여 특허 이관이 불확실한 상황에서 양수도 계약을 체결하는 상황일 수도 있다. 이런 경우 양수도 계약서에는 다음과 같이 기재한다.

- 갑(양도사)은 을(양수사)이 첨부 7의 지적재산권을 특허 보유자로부터 실시권을 허여 받을 수 있도록 최대한 협조한다.

  (당신 회사는 협조하지만 설득은 양수사가 책임을 진다는 이야기이다)

이상의 내용에서 소개한 자산현황 조사양식은 실무자 확인용이므로 별첨 자료에 작은 글씨로 기재하여 서류 분량을 줄인다. 그래도 수십 장이 될 수 있다. 경영진 보고서에는 다음과 같이 요약한다.

- 유형자산: 장부가 4.1억 (구매가 10.9억)

  개발용 계측기 및 시험장비 32종: 장부가 0.3억 (구매가 1.4억)

  생산용 계측기 및 시험장비 345종: 장부가 1.6억 (구매가 3.7억)

  금형 56종: 장부가 3.2억 (구매가 5.8억)

- 무형자산

  특허 (출원 완료): 서버 연산 효율화 알고리즘 등 16건

  특허 (출원 중): 방수 모니터 등 14건

  기타 무형자산: 소프트웨어 10건 (구매가 2.0억)

- 재고 18억 원 (통상 2개월 판매량 보유)

  완제품 9억 원, 부품 9억 원

경우에 따라 다음과 같이 한 줄로 요약할 수도 있다.

- 유형자산 4억(장부가) 재고자산 18억(2개월 판매량), 특허 등 무형자산 40건

이렇게 간단하게 요약해도 되는 이유는 자산이 사업철수 여부에 관한 의사결정이나 철수방안에 관한 의사결정에 영향을 미치지 않기 때문이다. 자산이 많다고 사업을 유지하자고 할 이유도 없으

며 자산이 적다고 매각할 것을 폐기하지도 않기 때문이다.

그럼에도 불구하고 경영진 보고서에 한 줄이라도 들어가야 되는 이유는 '실무진이 자산에 대한 현황조사를 마쳤으니, 그 처분에 대해 걱정하지 마시라'는 의미가 있다. 철수방안 보고 중에 자산을 어떻게 처분할 것인지에 대해 문의하는 경영진은 없으며, 보고서에 언급이 없는데도 자산에 대해 묻지 않는 경영진 또한 생각하기 어렵다. 즉, 보고서에 자산현황이 한 줄이라도 기재되어 있으면 경영진이 묻지 않으나, 언급이 없으면 확인한다. 그 때 적절하게 대응하지 못 하면 경영진은 불안하며 의사결정은 연기된다.

자산현황은 경영진 보고 이후에 실행과정에서 실사를 통해 확정하므로 자산현황 조사에 불필요하게 많은 시간을 할애할 필요는 없다. 그렇다고 대충 조사하라는 것이 아니다. 철수방안 의사결정 이후 이관 자산 확정 단계에서 매우 중대한 자산이 튀어나와 어쩌지 못 하는 상황이 발생하면 다시 의사결정을 해야 하는 번거로움이 있다. 중대한 자산이라 함은 금액이 매우 크거나, 분쟁중인 지적재산권 등이다. 이러한 주요 자산들은 철수방안 보고서의 본문에 포함하여 경영진이 검토를 해야 한다.

2.10 계약 현황

계약현황에 포함되는 내용은 다음과 같다.

- 계약 상대방: 고객, 협력사, 정부, 협회, 제휴사 등
- 계약의 종류: 공급 계약, 매입 계약, 사업권 승인을 위한 사업계획서, 품질보증서, 서비스 이용 약관 등

다음의 프로젝트 계약의 사례를 살펴보자.

계약명 (관리번호)	고객사 (원청)	계약금액 (잔금)	계약기간		
			실행	하자보증	부품공급
ABC 개발 (NN-1504)	BCD社 (가나다社)	123억 (45억)	20yy년 mm월~ 20yy년 mm월	~20yy년 mm월	~20yy년 mm월
...					
...					

금액과 종료기간을 명시함으로써 사업철수의 규모와 기간을 파악할 수 있다.

계약서 검토는 앞에서 검토한 회사 외부의 이해관계자 (④ 고객현황 ⑤ 영업현황 ⑥ 협력사 현황 ⑦ 외부기관) 항목과 중복이다. 계약서는 그야말로 당신 회사와 외부 기관의 약속을 문서화한 것이기 때문에 반드시 살펴보아야 한다. 계약을 체결하는 이유는 결국 상대방이 약속을 지키지 않아서 피해가 발생하면 가만두지 않겠다는 것이다.

대부분의 계약서는 해당 사업을 추진하기 위해 체결되기 때문에 그만두는 경우를 생각하지 않고 작성하게 된다. 사업을 철수하는 상황은 계약을 더 이상 지키지 못할 가능성이 높은 위험한 상황이다.

가장 일반적인 계약 중의 하나가 공급계약이다. 상대방이 사준다는 약속만 믿고 잔뜩 만들어 두었는데 나 몰라라 하면 피해가 발생할 수 있다. 그러므로 어떠한 품목을 어떤 가격으로 사겠으니 언제까지 공급하라는 것이 주요 내용이다. 구매하는 쪽은 돈을 주겠다는 약속을, 공급하는 쪽은 물건(또는 용역)을 주겠다는 약속이다.

사업을 철수하는 시점은 대부분의 계약을 계속해서 연장하기 어려운 상황이다. 모든 계약서는 한 건 한 건 기나긴 협상과 끈질긴 설득을 통해 체결되었을 것이다. 이제 그동안 체결한 모든 계약서를 한 건 한 건 끈질긴 협상과 설득을 통해 해지해야 한다.

사업을 수행한다는 것은 결국 여러 이해관계자가 각자의 노력을 제공하고 수익을 나누어 갖는 구조이므로 서로 조금 더 차지하겠다는 경쟁이 치열할 수밖에 없다. 다음 끼니를 언제 먹을지 모르는 수렵시대 인류의 삶과 크게 다르지 않다. 소리 지르며 순록을 몰았던 상대방의 기여는 사소해 보이며, 뿔에 받혀가며 뒷다리를 잡은 내 손에 떨어진 고기토막은 너무 작아 보인다.

이 세상에 만족스러운 계약은 없다. 어쨌건 내 손에 떨어진 고기토막이 순록보다 클 수는 없기 때문이다. 그래도 계약을 또 체결한다. 혼자서는 순록을 잡을 수 없기 때문이다. 당신도 계약을 체결하며 속이 쓰렸겠지만 상대방이라고 신나지는 않았을 것이다. 상대방 또한 순록보다 작은 고기토막을 움켜쥐었을 뿐이며 그의 시선은 남들에게 돌아간 고기 덩어리에 박혀 있다.

그동안 사업을 유지하기 위하여 꾹꾹 참아왔던 불만이 계약을 종료할 때 쏟아져 나올 수 있다. 당연한 이야기이지만 모든 계약서의 계약기간이 천차만별일 것이다. 가장 어려운 경우가 종료 기한이 없는 경우이다.

계약서의 문제점 중에서 가장 빈도가 높은 것은 단연코 '계약기간 없음' 또는 '해지조항 없음'이다. 또는 계약기간이 십 년 이상 되는 초장기 계약도 드물지 않다. 장기 계약은 양측이 협의한 사항이므로 과오라고 할 수 없다. 오히려 계약 당시에는 안정적인 매출을 확보하였다고 올해의 영업상을 수상하고 샴페인을 터트리며 자축하였을 것이다.

이러한 황당무계 계약서들은 아주 오래전에 계약을 체결하여 계약서가 있는지 없는지도 모른 채 거래를 해왔던 경우가 많다. 최초로 계약한 사람이 누구인지도 모르고 그 사람이 회사에 남아있는지 조차 모른다. 또한 외국 기업과의 계약서가 매우 불리하게 체결되어 있는 경우도 많다. 선진국의 기업들은 계약 능력도 선진적이어서 자신에게 유리한, 즉 상대방이 불리한 계약을 체결한다. 악덕기업이라고 비난하는 것이 아니다. 그들은 자신의 목적에 맞게 최선을 다한 것이고, 한국 기업도 그랬겠지만 실력이 모자랐다는 것이다. 아주 오래전에 외국 기업과 계약을 체결했다면 아마 최악일 것이다.

모든 영업사원이 법학을 전공한 것도 아니고 심심할 때마다 민사소송법을 펼쳐보는 것도 아니므로 이러한 문제를 탓할 수는 없다. 다행히 최근에는 특허 분쟁, 소비자 보호 등으로 인해 기업들이 법률 전문가를 고용하는 추세가 증가하고 있다. 이러한 기업들의 법무 담당자는 문서보관실에서 먼지가 잔뜩 쌓인 계약서들을 일일이 들춰보며 불리한 조항들을 해소하도록 계약을 갱신하고 있다. 매우 바람직한 현상이다.

사업철수를 위한 계약서 검토를 시작하기 전에 사업팀 담당자가 법무팀 담당자에게 사업에 대해 설명해주어야 한다. 변호사는 전문가니까 계약서만 보면 다 이해할 것이라는 착각은 접어두어야 한다. 또한 회사 내의 여러 부서에 계약서를 요청해야 할 것이다. 고객계약은 영업부서, 부품조달 계약은 구매부서 등이 대상이다.

법무팀이 모든 계약서를 총괄 관리한다고 해도 보관만 할 뿐 계약서를 찾지 못할 것이다. 검색어로 철수하려는 사업명(예를 들어, 필름 카메라)을 넣어도 계약서에 해당 문구가 없을 수 있으며, 전혀 상관없는 문서가 우르르 나올 것이다.

주의할 것은 이미 체결한 계약은 물론 체결 직전이어서 중단하기 어려운 계약도 검토대상에 포함해야 한다는 것이다.

2.11 기타

사업철수 보고서에 특별히 필요하지는 않지만 경영진이 투자 내역을 문의하는 경우가 종종 있다. 앞에서 설명한 ② 사업실적에 투자비용이 손익으로 반영되어 있지만, 별도로 투자내역을 첨부로 준비해서 질문이 나올 경우 설명하면 될 것이다. 투자를 많이 했다고 사업을 유지할 것은 아니겠지만 과거에 투자과정이 생각나서 궁금해 하는 것이다. 과거의 투자 또한 치열한 공방 끝에 의사결정하였을 것이다.

다음의 사례와 같이 총 투자금액과 연도별 주요 투자내역을 요약하면 될 것이다.

- ABC 사업 투자 내역 (총 12억 원)
    - 20yy년: 제조 라인 설비 투자 (7억)
    - 20yy년: 소프트웨어 개발비 (4억)
    - 20yy년: 계측기, 금형 등 (1억)

그 밖에 사업의 특성 또는 회사의 특성에 따라 추가로 기재해야 할 현황 자료가 있으면 별도의 항목을 구성하여 기재한다. 제목을 꼭 '기타'라고 붙일 필요는 없다.

03 철수 방안

사업을 철수하는 방안은 다음과 같이 세 가지로 구분할 수 있다.

① 매각 ② 분사 ③ 중단(Fade Out)

철수 방안은 당신 회사의 선택이다. 즉 의사결정 사항이다. 철수 방안별로 리스크를 분석하고 가장 마음에 드는 (사실은 가장 덜 괴로운) 방안을 선택한다. 가족의 외식 메뉴와 같은 즐거운 선택이 있는 반면에, 대출이자를 갚기 위해 자동차를 팔 것인지 돌 반지를 팔 것인지를 고민해야 하는 괴로운 선택도 있다. 사업철수 방안의 선택은 기업에게 있어서 가장 괴로운 선택 중의 하나이다. 매각을 통해 사업을 넘기자니 고객 설득이 걱정되고, 신규매출 없이 계약 종료까지 끌어안고 버티자니 담당 임직원의 고충과 누적 적자를 감당하기 어려운 상황에 직면하게 된다.

사실은 기업이 괴로운 것이 아니라 해당 사업을 담당하는 당신이 괴로운 것이다. 왜 괴로운 것일까? 괴로움의 근원은 열정이다.

급여만으로 당신이 그 사업을 그렇게 열심히 수행해 온 것은 아닐 것이다. 회사를 그만두고 싶은 수많은 상황들을 슬기롭게 (어쩌면 운 좋게) 넘겨 오면서 알게 모르게 해당 사업에 미운 정 고운 정 다 들었다. 하루하루는 고난의 연속이었지만, 지나고 돌아보니 차곡차곡 쌓인 결과가 자랑스럽다.

괴롭지만 이제 손을 놓아야할 시점이다. 정신을 차려야 한다. 괴롭다고 눈을 감으면 안 된다. 안 보인다고 없어지는 것이 아니다. 괴로워서 판단이 흐트러지면 더 큰 괴로움이 기다릴 뿐이다. 남의 일처럼 보는 것이 도움이 될 수 있다. 항상 회사 일을 자신의 일처럼 생각하라는 교육을 받아왔겠지만, 신입사원도 아니고 사업과 함께 인고의 세월을 보낸 당신이 추구해야 할 덕목은 아니다. 어찌 되었건 십억 원의 손해는 이십억 원의 손해보다 현명하다. 십억 원에 불필요한 애정을 품지 말아야 한다.

세 가지 철수방안에 대해 조금 더 이야기해 보자. 매각과 분사는 사업이 지속된다는 공통점이 있다. 당신 회사가 그만둘 뿐이지 사업은 다른 사업자가 계속 수행한다. 분사는 회사를 새로 설립하여 분사사에 사업을 매각한다는 측면에서 매각과 크게 다르지 않다. 즉 철수방안으로 사업이 지속되느냐 중단되느냐의 두 가지 범주로 구분할 수도 있다.

그 밖에 분할 또는 자회사 설립 등의 방안도 고려될 수 있으나, 모회사가 지분 관계를 유지한다는 점에서 완전한 사업철수라고 보기 어렵다. 이후에 지분을 매각함으로써 사업을 완전히 철수할 수도 있지만 이러한 경우는 매각의 범주에 포함시킬 수 있다.

사업 중단은 매우 과격하게 느껴질 수 있으나 사실은 가장 일반적이고 대체로 안전한 방법이다. 영업과 신규 수주를 중단하고 현재의 재고만 소진하며 애프터 서비스와 같은 계약상의 의무를 종료기간까지 이행하는 방법이다. 계약을 변동 없이 이행하기 때문에 리스크가 상대적으로 적다. 사업 중단은 대체로 안전한 방법이지만 절대로 안전한 것은 아니다. 계약기간이 수년 이상 길게 남아 있으면 비용이 많이 발생하고 해당 업무를 담당하는 실무자가 비전을 상실하여 회사를 그만두는 바람에 품질이 떨어지는 실행상의 리스크가 있을 수 있다. 사업 중단을 어떤 사람은 '점진적 철수'라고도 하고, 어떤 사람은 'Fade Out'이라고 부른다. 뭐라고 부르던 간에 새로운 주문은 받지 않고 사업철수 이전에 체결된 각종 계약은 이행한다는 것이 핵심이다.

사업 중단은 바로 지금 철수가 완료되는 것이 아니다. 생산과 매출은 바로 없어지지만 당신 회사의 의무사항은 계약기간 종료까지 수행해야 한다. 제2장 사업현황에서 계약서 검토할 때 계약기간이 왜 중요한지 이제 실감할 수 있을 것이다. 계약의 리스크를 굳이 수치로 환산한다면 계약금액 곱하기 계약기간 쯤 될 것이다. 계약금액을 정하기 위해 얼마나 치열하게 상대방과 치고받았는지 기억이 날 것이다. 그러나 계약기간도 과연 그렇게 치열하게 결정되었을까? 수년 전에 체결한 계약서의 계약금액을 줄줄이 외우고 있는 경우는 많아도 계약기간을 외우고 있는 경우는 흔치 않다. 기간도 금액만큼 중요하다. 계약기간을 1년 단위로 갱신하도록 설계하는 것이 바람직하다. 특정 금액을 넘어가는 대규모 계약을 상위

부서장이 별도로 승인하는 것처럼 1년을 초과하는 장기계약도 신중하게 승인할 필요가 있다.

다시 한 번 강조하지만 계약기간이 계약금액 만큼 중요하다. 사업철수 관점에서는 기간이 금액보다 더 중요할 수 있다.

각각의 철수 방안에 대해 살펴보자. 아직까지는 세 가지 방안 중에서 어떤 것을 추진할 것인지 정해지지 않았다. 각각의 방안에 대한 장단점을 검토한 후에 최적 방안을 결정한다.

3.1 매각

매각은 사업을 파는 것이다. 당신 회사가 사업을 양도하고 양수사가 사업을 인수한다. 당신 회사가 양도하는 (주는) 것은 다음과 같다. 모두 제2장의 사업현황에서 설명한 내용이다.

- 자산: 유형 자산, 무형 자산
- 계약: 고객 계약, 협력사 계약 등 (계약 상대방의 동의가 필요하다)
- 인력: 기술 인력, 영업 인력 등 (당사자의 동의가 필요하다)

양수사가 사업을 차질 없이 수행할 수 있도록 필요한 모든 것을 양도한다. 컴퓨터, 트럭 등과 같은 범용 자산은 양사간 협의에 따라 제외될 수 있다. 사업을 수행할 수 있는 능력과 권리를 주는 것이다.

회사는 통상 사업양도의 대가로 돈을 받는다. 상황에 따라 매각수익이라고 부르기도 하고, 사업가치, 사업대가, 양도대가 등 여러 가지 용어가 사용되지만 내용은 같다. 무엇인가 가치 있는 것을 주고 그 대가로 받는 돈이다.

이런저런 이유로 해당 사업을 철수하지만 그 사업의 가치가 전혀 없는 것은 아니다. 회사에서는 수년째 적자이지만 다른 회사는 흑자운영이 가능할 수 있다. 당신의 회사는 무능하고 다른 회사는 탁월하다는 이야기가 아니다. 회사의 사업구조와 시장의 경쟁상황에 따라서 수익성이 달라진다는 이야기다. 당신의 회사는 적자이지만 다른 회사로 양도하였을 때 흑자가 날 수 있는 상황은 다음과 같다.

- 대기업이 중소기업에게 사업을 양도: 대기업은 통상 고비용 구조이다. 임금 수준도 보통은 중소기업보다 높으며 이런저런 간접비(overhead, 오버헤드, 사장 월급도 보통은 간접비에 포함된다)도 높다. 이러한 비용구조의 차이 때문에 대기업이 중소기업으로 사업을 양도할 경우 손익이 흑자로 전환될 수 있다. 사업 양도만으로 손익이 개선되는 경우는 진귀한 현상이 아니다.

- 협력사에게 사업을 양도: 제품이 생산되는 (효용이 창출되는) 과정에서 당신 회사가 빠지므로 이익의 배분이 유리해진다. 즉 사냥한 순록을 열 명이 나누어 먹다가 아홉 명이 나누어 먹는 상황이다. 물론 아홉 명은 예전보다 조금 더 바빠질 것이다. 경영

학은 이를 두고 '가치사슬 (Value Chain) 효율화'라고 설명한다. 이를 통해 수익구조를 개선할 수도 있고(이윤을 더 많이 남김), 원가경쟁력을 강화(제품 가격 인하)할 수도 있다. 모두 같은 이야기이므로 편한 방법으로 이해하면 된다. 사업을 양수받는 협력사는 사업영역이 확장되는 효과가 발생한다. 예를 들어 제조를 전담하는 협력사가 판매망까지 담당하는 경우가 이에 해당한다. 협력사가 중소기업일 경우 앞에서 설명한 중소기업과 대기업의 비용구조 개선 효과까지 추가하여 기대할 수 있다. 당신 회사 없이도 해당 사업이 원활하게 수행된다고 해서 당신 회사가 그동안 쓸데없이 생산과정(가치사슬)에 참여한 것은 아니다. 사업초기에는 자금력, 인지도 등의 이유로 소규모 사업자들이 시장을 창출하지 못하였는데 당신 회사로 인해 시장이 창출되었을 수도 있다. 이후 시장이 성숙되면서 당신 회사의 기술적인 우월함이 약화됨에 따라 (협력사를 포함한 다른 사업자들이 모두 따라할 수 있게 됨에 따라) 당신 회사의 입지가 좁아지게 되었을 뿐이다. 당신 회사는 지금 시장에서 퇴장하지만 시장을 창출한 그 업적은 위대하다.

- 경쟁사에게 사업을 양도: 사업을 매각할 때 가장 우선적으로 검토되는 대상이 경쟁사이다. 그동안 말도 안 되는 (재료비도 안 되는) 판매 가격으로 당신을 괴롭혔던 그 경쟁사가 사업을 철수할 때는 가장 매력적인 협력대상이다. 당신 회사의 사업철수는 경쟁사의 시각에서는 강력한 경쟁자(당신 회사는 아마 강력할 것이

다. 사업을 철수하는 이 순간까지도 리스크를 고민하고 있으므로)가 시장에서 퇴장하는 순간이다. 별다른 추가적인 노력 없이도 매출이 늘고 시장점유율이 올라가는 상황이다. 자다가도 배시시 웃게 되는 그런 상황이다. 경쟁사도 철수할까 말까 고민하던 중에 꿋꿋하게 버틴 보람을 찾게 되는 그런 상황이다. 경쟁사로 사업을 양도할 경우 경쟁사는 손익이 급격히 개선된다. 양수사와 양도사가 모두 적자였더라도 양수도 후에는 흑자로 전환될 수 있다. 사업규모가 확대되는 과정에서 비용의 증가보다 매출의 증가가 더 크기 때문이다. 경영학에서는 이를 두고 '규모의 경제(Economy of Scale)'라고 부른다.

시장의 성장이 정체되어 사업자 통폐합이 진행되는 사례는 많다. 시장 성장기에는 사업자 수가 늘어나서 (공급이 늘어나서) 가격이 떨어지고, 시장 정체기에는 사업자가 줄어들어 경쟁의 정도와 서비스 수준이 저절로 절충되는 것은 시장경제의 대표적인 장점이다.

- 타사업과 상승효과가 있는 양수도: 당신 회사보다 양수사에게 철수 사업의 가치가 더 높은 경우이다. 다음의 사례를 살펴보자. 당신 회사가 자동차의 룸미러를 제조하여 판매하는 회사라고 가정해 보자. 이제 그 사업을 이런저런 이유로 철수하려고 한다. 이러한 경우 자동차용 블랙박스 제조업체나 네비게이션 제조업체는 매우 매력적인 매각 대상이다. 즉, 블랙박스 업체나 네비게이션 업체가 당신 회사의 룸미러 사업에 매우 큰 매력을

느낄 수 있다. 룸미러, 블랙박스, 네비게이션은 모두 자동차와 관련되어 있기 때문에 판매하는 방법이 유사하다. 자동차 메이커에게 팔거나, 차량 용품점에 팔거나 할 것이다. 물론 인터넷 온라인 쇼핑몰을 통해 팔 수도 있다. 판매하는 방법이 같으므로 판매비용이 거의 추가되지 않은 상황에서 매출이 확대될 수 있다. 이러한 경우를 두고 경영학에서는 '범위의 경제 (Economy of Scope)' 또는 '시너지(Synergy)'라고 부른다.

사업을 매각하면 얼마를 받아야 할까? 자주 일어나는 거래가 아니므로 인터넷을 검색해 봐야 소용없다. 결론부터 이야기하면 파는 사람과 사는 사람의 합의에 의해 가격을 정하는 것이다. 보통의 경우이다. 늘 그렇지는 않다.

그렇다면 당사자간 합의 이외에 어떤 요소를 고려해야 할까? 당사자끼리 합의하더라도 양수사와 양도사가 '특수관계인(特殊關係人)'인 경우에는 공신력 있는 외부기관 (보통은 회계법인이다)의 감정을 받아야 한다. 특수관계인이라 함은 사장끼리 친족인 경우 등이다. 특수관계인에 대해 대한민국 국세청은 다음과 같이 설명하고 있다.

- 일반적으로 회사의 대주주와 특수관계에 있는 사람을 말한다. 법인세 법상 특수관계인이라 함은 주주 1인과 친족관계에 있는 자, 당해 주주가 법인인 경우에는 당해법인이 50% 이상을 출자하고 있는 법인과 당해법에 50% 이상을 출자하고 있는 법인이

나 개인, 당해 주주가 개인인 경우에는 당해 개인과 그 친족이 50% 이상을 출자하고 있는 법인, 당해 주주와 그 친족이 이사의 과반수이거나 출연금의 50% 이상을 출연하고 그 중 1인이 설립자로 되어 있는 비영리법인을 말한다. 한편 증권회사의 자산운용과 연관하여서도 특수관계인을 규정하고 있다.〈 국세청 용어사전 〉

양수사와 양도사의 사장끼리 합의하면 그만이지, 왜 외부기관의 감정이 필요할까? 어느 한쪽이 손해를 보든 말든 무슨 상관일까? 이는 기업의 사회적 책임과 관련된 문제이다. 공정하지 못한 가격, 즉 어느 한 쪽(사는 쪽일 수도 있고 파는 쪽일 수도 있다)에게 매우 유리하게 결정된 가격으로 인해 피해를 보는 제3의 이해관계자가 있을 수 있다.

가령, 과도하게 싼 가격으로 양도하는 경우는 양도사가 특수 관계에 있는 양수사를 부당지원하는 경우이다. 양도사도 손해를 보겠지만, 양도사의 일반 주주들도 피해를 본다. 양수사와 양수사의 주주들이 득을 보았으니 합쳐서는 큰 문제가 아니라고 하면 안 된다. '공정하지 못하다는 것' 자체가 문제이다.

나는 주식이 없으니 피해가 없다고 할 수도 없다. 세금의 문제가 있다. 양도사의 매각수익은 다른 이익(사업이익 등)과 합쳐져서 과세대상이 된다. 누군가 덜 낸 세금을 당신이 충당할 수도 있다.

터무니없이 비싼 가격에 매각하여도 같은 문제가 발생한다. 이 또한 부당지원이며, 양수사의 주주들이 피해를 볼 수 있고 양수사의 세금이 부당하게 줄어들 수 있다.

비단 특수관계인이 아니더라도 사업의 규모가 크면 세무당국에게 정당한 거래임을 소명할 수 있도록 근거 자료 확보 차원에서 외부기관의 감정을 받는 것이 바람직하다. 사실, 양수사와 양도사가 적절한 가격을 합의하는 것도 쉽지 않으므로 외부기관의 감정 평가가 필요하기도 하다. 감정 가격에서 적절한 조건을 가감하여 결정하면 된다.

또한, 다수의 사업자를 대상으로 경쟁 입찰을 통해 매각할 수도 있다. 입찰로 결정된 가격은 그야말로 공정한 시장가격이므로 파는 쪽과 사는 쪽의 불만이 있을 수 없으며, 부당지원이나 불공정거래와 같은 규제 리스크도 해소될 수 있다. 다만, 사업의 양수도는 비밀리에 진행되는 경우가 많아서 공개적인 경쟁 입찰을 실행하기 어렵다는 문제점이 있다. 이런 경우 양수사 후보로 적절한 사업자를 두세 개 지정하여 경쟁 입찰을 실시할 수도 있다. 이러한 경우를 '지정 경쟁 입찰'이라고 부른다. 반면에 특정한 자격만 제시하고 아무나 참여할 수 있는 경우는 '공개 경쟁 입찰'이라고 부른다.

사업 매각이 범죄도 아닌데 왜 비밀리에 진행되는 것일까? 이는 사업철수 실행방안이 결정되어 있지 않은 상황에서 사업철수 정보가 외부에 유출될 경우, 사업 수행에 어려움이 있기 때문이다. 여기서 외부라 함은 고객, 경쟁사, 협력사 등이다. 고객은 기존 계약이 제대로 마무리될 수 있을지 불안하다. "걱정마세요!"라는 호언장담은 제대로 된 사고방식을 갖고 있는 고객에게 무의미하다. 대책방안을 설명해서 고객을 이해시켜야 한다. 다음은 고객이 그나마 수긍할 수 있는 대책방안이다.

- 당사는 사업을 철수하여 신규 주문은 받지 않습니다. 하지만 기존에 체결한 계약은 틀림없이 정상적으로 완료합니다.
- 당사는 사업을 철수하여 신규 주문은 받지 않습니다. 고객님께서 승인해 주신다면 기존에 체결한 계약은 'ABC社'로 이관하고자 합니다. ABC社가 제대로 계약을 완료할 수 있도록 자산 양수도는 물론 임직원의 전직과 기술 지원을 포함하여 필요한 모든 조치를 다 취할 것입니다. 고객님께서 요청하실 경우 저희가 해당 계약이 제대로 완료될 것을 보증해 드릴 수도 있습니다. 즉 계약은 이관하더라도 저희가 끝까지 책임을 지는 것은 변함이 없습니다.

대책방안이 결정되기 전까지는 외부에 알릴 수 없다. 고객이 사업철수에 대해 문의하는 것은 앞으로 어쩔 것이냐에 관한 것이다. 그때 "어찌 어찌 하겠습니다."라는 내용을 설명할 수 없거나, 또는 "어찌 하겠습니다."가 자꾸 바뀌면 멀쩡하게 진행되던 계약도 불필요한 어려움을 겪을 수 있다.

경쟁사가 회사의 사업철수를 알게 되면 상황은 더욱 어려워질 수 있다. 당신이 경쟁사의 사업철수 정보를 알게 되면 모르는 척하고 넘어갈 것 같은가? 경쟁사는 당신 회사의 철수 소식을 최대한 활용할 것이며, 확인하기 어려운 정보까지 보태서 악용할 수도 있다. 고객이 회사의 사업철수에 관한 소식을 언론 등 다른 경로로 알게 되어도 곤란하기는 마찬가지이다. 고객에게 철수 사실을 숨기라는 것이 아니다. 철수 여부 및 방안이 확정된 이후에 알릴 필요가 있을 경우 알려야 한다는 것이다. 매각과 같이 고객 승인이 필요한 경우는 고객이 상황을 정확히 이해하고 판단할 수 있도록 적절한 시점에 정확한 내용을 설명해야 한다.

매각은 크게 검토와 실행의 두 가지 과정을 거쳐 진행되며, 자세히 분류하면 다음과 같이 여덟 단계로 세분화할 수 있다.

(1) 검토: ① 양수 후보사업자 검토 → ② 법무 검토 →
　　　　③ 사업가치 평가 (Valuation) →
(2) 실행: ④ 양수도 협상 → ⑤ 고객 승인 →
　　　　⑥ 협력사 등 이해 관계자 협의 →
　　　　⑦ 양수도 계약 체결 → ⑧ 양수도 실행

매각 검토 이후 실행에 앞서 분사, 중단 등과 같은 다른 철수 방안을 함께 비교하여 최적의 철수 방안을 선택한다. 철수 방안의 선정은 제3장의 제4절에서 설명한다. 매각이 선택되고 난 이후에 비로소 매각 방안을 실행한다. ④ ~ ⑧의 매각 실행은 제4장 철수 실행에서 설명한다.

① ~ ⑧의 순서는 진행 순서의 의미도 있지만 설명의 단위이기도 하다. 검토 과정에서 ① ~ ③의 세 단계는 통상 동시에 진행될 수 있다. 보통은 단계별로 업무 담당자도 다르다. 후보사업자 검토는 사업팀이, 법무검토는 법무팀이, 가치평가는 재무팀이 수행하

는 것이 일반적이나 회사마다 다를 수 있다.

　절차가 복잡해 보이겠으나, 절차상의 모든 활동은 ⑤번 고객승인 단계를 위하여 진행된다고 생각해도 될 정도로 고객승인이 중요하다. 모든 활동은 고객 승인을 중심으로 판단하고 실행하면 혼란이 줄어들 것이다.

　각 단계별로 어떤 활동을, 왜 수행하는지 살펴보자.

3.1.1 매각 – 양수 후보 사업자 검토

철수하는 사업을 구입할 회사를 알아보는 것이다. 사업철수는 통상 공공연하게 진행하기 어렵다. 신문이나 인터넷에 'ABC 사업 사실 분'과 같이 광고할 수 없다.

　그러면 어떻게 알아보아야 할까? 해당 사업을 5년 이상 수행한 담당자라면 쉽게 대안을 제시할 수 있다. 경쟁사와 협력사는 언제나 유력한 양수 후보 사업자이다. 이 밖에도 해당 사업이 속해 있는 시장과 산업군에서 관련 사업자가 사업 확대를 목적으로 당신 회사의 철수사업에 관심을 가질 수 있다. 경쟁사와 협력사는 파악하기 쉬우나, 관련 사업자는 상당한 수준의 업무 경험과 시장에 대한 이해가 있어야 양수 사업자로 생각해 낼 수 있다.

　당연히 양수사 후보는 여러 개일 수 있다. 그렇다면 여러 후보 중에서 어떤 사업자를 선택해야 할까? 양수 후보 사업자로 다음과 같은 회사가 있다고 생각해 보자. 당신은 어떤 회사를 양수사로 선택하겠는가? 기타 조건은 모두 동일하다고 가정한다. 순위까지 생각해보자.

(a) 해당 사업을 확대 중이어서 양수도 대가를 많이 지불할 회사
(b) 인지도가 높고 처우가 좋아서 임직원의 전직이 용이한 회사
(c) 안정적인 경영으로 고객설득이 용이한 회사

앞에서 고객승인이 중요하다고 설명을 해두었지만, 문제를 조금 더 쉽게 바꾸어 보겠다.

(a) 대가를 많이 지불할 회사
(b) 전직이 용이한 회사
(c) 고객 설득이 용이한 회사

기타 조건이 동일하다는 가정 자체가 현실성이 없으므로 제시된 조건만으로 판단하는 것이 무의미하지만, 고객승인의 중요성을 재차 강조하기 위해 다소 무리한 질문을 하였다. 정답이라고 할 수는 없겠지만, 출제의 의도는 (c) → (b) → (a)의 순서이다. (b)의 임직원 전직이 (a)의 매각수익 보다 우선순위가 높은 이유도 고객설득에 유리하기 때문이다. 임직원의 전직이 순조롭게 진행되어야 고객도 사업의 이관을 승인할 수 있다. 핵심 임직원이 전직을 기피하는 회사를 고객이 수용할 것이라고 기대할 수는 없다.

주의할 것은 매각을 추진할 경우, 모든 고객에 대해서 승인을 받아야 한다는 것이다. 고객 중 절반은 승인하고 절반은 거부한다면, 자산을 양도하기도 어렵고 임직원을 나누기도 애매하다. 고객의 절반만 남으면 매출이야 반 토막이 되겠지만 비용까지 반 토막일 리는 없다.

이는 양수사도 마찬가지이다. 전체 사업을 양수받을 것으로 예상하고 사업의 가치를 계산했는데 사업규모가 반으로 줄어들면 매출이 반으로 줄어드는 것은 물론, 이익도 적자로 전환될 수 있다. 규모의 경제에 역행하는 상황이어서 손실이 대폭 확대될 수 있다. 손실도 손실이지만 무엇보다도 인력을 나누기가 곤란하여 양수사와 양도사 모두 사업 실행 자체가 불가할 수도 있다.

대부분의 고객이 이관을 승인하였으나, 소수의 일부 고객만 이관을 거부한다면 하도급 계약으로 해결될 수도 있다. 특히, 계약기간이 얼마 남지 않은 고객들이 계약 변경을 거부하기 쉽다. 이러한 경우에는 계약을 유지한 상태에서 양수사에게 하도급 계약을 추가로 체결하여 실제 업무를 양수사가 수행하는 방법이 있다. 그러나 이러한 하도급 계약의 변경도 고객승인이 필요하다. 이는 계약이 유지되어 당신 회사가 일차적으로 책임을 지는 상황이므로 계약변경을 거부하던 고객도 하도급 변경은 승인할 수 있다. 고객 계약시에 하도급 변경 조항이 있다고 해도 하도급 변경이 당신 회사의 당연한 권리가 아니므로 고객에게 충분히 설명하여 설득하여야 한다. 특정 업종은 하도급에 대한 규제가 있다. 예를 들어 정보통신사업이 그러하다. 아래의 관련 법규 사례를 살펴보자.

> 정보통신 공사업법 제31조 (하도급의 제한 등)
>
> ① 공사업자는 도급받은 공사의 100분의 50을 초과하여 다른 공사업자에게 하도급을 하여서는 아니 된다. 다만, 다음 각 호의 어느 하나에 해당하는 경우에는 공사의 전부를 하도급하지 아니하는 범위에서 100분의 50을 초과하여 하도급할 수 있다.
>
> 1. 발주자가 공사의 품질이나 시공상의 능력을 높이기 위하여 필요하다고 인정하는 경우
> 2. 공사에 사용되는 자재를 납품하는 공사업자가 그 납품한 자재를 설치하기 위하여 공사하는 경우
>
> ② 하수급인은 하도급받은 공사를 다른 공사업자에게 다시 하도급을 하여서는 아니 된다. 다만, 하도급금액의 100분의 50 미만에 해당하는 부분을 대통령령으로 정하는 범위에서 다시 하도급하는 경우에는 그러하지 아니하다.

① 항은 공사 금액의 절반을 초과하여 다른 사업자에게 하도급을 할 수 없다는 것이다. 그러나 예외 조항이 있으므로 고객이 승인하면 절반 이상의 하도급을 할 수 있다. ② 항은 재하도급에 관한 규제이다. 재하도급은 더욱 엄격하다. 당신 회사가 하도급을 수행하는 상황이면 하도급 변경도 쉽지 않다.

앞의 사례는 정보통신 공사업에 해당하는 내용이다. 철수하려는 사업이 어떤 사업면허를 필요로 하는지, 해당 사업면허는 어떤 법령의 규제를 받는지 살펴보아야 한다.

따라서 이러한 규제까지 미리 염두에 두고 양수사를 물색해야 한다. 그렇다면 어떤 회사가 고객승인에 유리할까? 다음의 정보들이 판단에 도움이 될 수 있다.

- 회사 개요: 대표이사명, 설립시기, 자본금, 시가총액, 임직원수, 주요 사업
- 경영 실적: 최근 3개년의 매출, 영업이익, 당기순이익, 자산, 부채
- 사업 전략: 주요 사업 전략, 해당 (철수) 사업 관련 전략

자료 목록만 보면 분석이 부담스러울 수 있다. 그러나 다음의 사례를 보면 그리 어려운 조사가 아님을 알 수 있다.

① 회사 개요
 - 대표이사: 홍길동
 - 설립시기: 20yy년 11월
 - 자 본 금: 685억
 - 시가총액: 208억 (株當 5,480원, 20yy년 11월 상장)
 - 인 력 수: 2,252명
 - 주요사업: 건설, 철도, 교통, 철강/제조, 발전에너지, 환경, 국방, 공공
 - 신용등급: AA

② 경영 실적 (최근 3개년)

(단위: 억원)

구분	20yy년 (3년전)	20yy년 (재작년)	20yy년 (작년)
매출	3,844	3,692	1,576
영업이익	-113	172	25
당기순이익	-787	-712	16
자산	1,454	634	1,787
부채	733	567	974

③ 사업 전략 (5~10줄 내외)
 - 주요 사업 전략 (2~3줄 내외)
 - 해당 사업 (당신 회사가 철수하려는 사업) 전략 (2~3줄 내외)

금융감독원은 전자공시시스템(http://dart.fss.or.kr)을 통해 국내 대부분의 기업에 관한 정보를 제공하고 있다. 전자공시시스템의 사업보고서를 조회하면 앞에서 열거한 자료들을 대부분 반나절 내에 손쉽게 정리할 수 있다. 신용등급에 관한 정보는 회사 내에 채권추심 업무를 담당하는 부서(보통은 재무부서, 또는 경리부서이다)에 문의하면 방법을 알 수 있을 것이다.

다만, ③의 사업전략 중에서 당신 회사가 철수하려는 사업에 대한 양수 후보사의 사업전략은 감사보고서에 언급되어 있을 가능성이 적다. 이 부분은 해당 사업에서 충분히 연륜을 갖춘 실무자가 평상시에 파악하고 있는 내용을 기술한다. 당연히 추정이 필요하며 틀릴 수 있다. 그러나 해당 사업을 5년 이상 경험하였으면 가히 업계 전문가 의견이라 하여도 손색이 없다. 해당 사업의 연륜 있는 실무자도 잘 모르는 기업을 양수사 후보로 검토할 수는 없다.

양수사를 알아보는 것이 그렇게 간단한 것인가에 대해 의아할 수 있다. 어찌되었건 간단하다. 지금 단계에서 결정하는 것은 양수사 후보이기 때문이다. 양수사와 협상을 하고 실사를 하는 치열한 과정이 남아 있지만 후보 사업자를 알아보는 것은 간단하다. 사업을 양수받아 수행할 만한 자격을 갖추었는지를 파악하고, 양수 의향이 있는가를 추측하는 것이 이 단계의 중요한 활동이다. 모든 중요한 활동이 어렵거나 시간이 많이 걸리는 것은 아니다.

양수 후보사를 알아보는 것은 간단하지만 매우 중요한 업무이다. 일차적으로 고객이 사업의 이관을 수긍할 만한 회사인가를 알아보는 것이다. 매출액이 당신 회사의 10%도 안 되고, 몇 년째 적자가 지속되고 있으며, 부채가 늘어나는 회사라면 실무자 검토 단계에서 제외해야 한다. 또한, 양수 후보사가 해당 사업의 인수를 희망할 것인지에 대한 판단도 필요하다. 협상 대상자로 선정하고 막상 만났는데, 관심 없다는 이야기를 듣게 되면 실무자는 망신스럽다. 망신도 망신이지만 불필요하게 업계에 소문이 나서 업무가 불편해질 수 있다.

해당 사업팀에서 5년 이상 근무한 실무자의 의견이라면 추측이라도 충분히 권위를 갖춘 것이다. 해당 실무자는 양수 후보사업자로 선정한 이유를 설명할 수 있을 것이다.

"작년에 그 회사가 홍길동 기술이사를 영입했다. 올해 ABC 팀도 신설했다는 이야기를 들었다."와 같은 내용이면 해당 사업에 관심이 있는지 여부를 충분히 파악할 수 있다. 이러한 내용에 근거 자료를 요청할 수는 없다. 공문으로 문의할 상황도 아니며, 인터넷이나 신문 기사를 뒤져도 나오지 않을 것이다. 그저 회의록으로 남겨두면 충분하다.

해당 실무자의 의견을 조사할 때는 거부감 없이 편하게 의견을 밝힐 수 있도록 주의해야 한다. 서류 양식을 메일로 보내면서 기재해 달라고 요청하면, 없다고 대답하기 쉽다. 본인이 작성한 보고서에 책임을 지도록 교육을 받아왔기 때문에 보수적으로 판단하는 것이다. 본인이 추천한 사업자와 매각이 성사되지 않으면 책임져야 한다고 생각하는 것이다. 해당 실무자의 책임감에 대해 이야기하는 것이 아니다. 적절한 방법으로 조사하는 것이 중요하다는 이야기이다.

그렇다면 어떻게 조사하는 것이 적절한 조사방법일까? 물론 당신이 해당 업계의 전문가라면 별 어려움 없이 작성할 수 있을 것이다. 그러나 다른 실무자에게 문의해야 하는 상황이라면 조심스럽게 접근해야 한다.

양수사 현황 조사 중에서 사업실적과 같이 외부자료를 통해 조사할 수 있는 내용은 뒤로 미루어 두고, 바로 실무자에게 해당 사업을 인수할 만한 곳이 있는지를 인터뷰 형식으로 물어보는 것이 적절하다. 전화나 메신저와 같이 격식 없는 방법이 좋다. 다른 현황 자료를 조사하던 중에 추가로 문의하는 것도 좋은 방법이다. 회사 이름이 바로 나오면 이유를 물어본다. 모르겠다고 하면 조금 더 생각해 보라고 요청한다. 그 다음날 정말 없는지 다시 한 번 물어본다.

이와 같이 조사하여 알게 된 내용은 문서나 메일로 정리하여 담당자에게 확인한다. "어제 해주신 말씀을 아래와 같이 요약하였는데, 오류 또는 누락이 있는지 확인해 주시기 바랍니다."라고 문의하면 훨씬 수월하게 조사할 수 있다. 매우 많은 실무자들이 이야기는 잘 해주더라도 글을 쓰는 것은 부담스러워 한다. 양수사의 사업전략은 해당 사업 인수 의향을 추측하는 것이므로 길게 쓸 필요가 없다.

매각하는 사업의 규모가 크다면 투자은행에 자문을 받는 것도 대안이 될 수 있다. 물론 소정의 자문 수수료를 지급해야 한다.

개별 양수 후보사업자에 대한 조사가 끝나면 협상 우선순위를 감안하여 한 페이지 분량으로 요약한다. 보통은 우선순위가 높은 양수사를 먼저 기술한다. 양수사 후보가 다섯 개를 초과할 경우,

적절한 기준으로 구분하면 경영진이 쉽게 이해할 수 있다. 아래의 사례는 양수 후보 사업자를 경쟁사, 협력사, 관련 사업자의 세 가지 기준으로 구분하였다.

경쟁사와 협력사는 통상 유력한 양수 후보 사업자이다. 관련 사업자라 함은 철수하는 사업과 관련이 있는 사업을 하는 사업자로서 해당 사업을 인수할 경우 두 사업에서 상승효과가 기대되는 경우이다. 예를 들어 자동차용 네비게이션 사업자가 블랙박스 사업을 인수하는 경우가 관련 사업자로 검토될 수 있다.

[양수 후보 사업자 현황]

구분	업체명	현황 (억원)	양수 의향 (추정)	비고
경쟁사	가나다	- 매출 1,672, 손익 27(1.6%) - 신용등급 BBB	높음 (사업 확대 중)	협상지연 또는 정보유출시 사업가치 하락
	나다라	- 매출… - 신용등급…	보통(유통망에 관심)	인수시 시장 점유율 50% 초과(독과점 규제 검토 필요)
협력사	다라마	- 매출… - 신용등급…	높음 (경쟁사 양수시 사업 위축)	-
	라마바	- 매출… - 신용등급…	보통 (사업 확대 희망하나, 설립 초기로 경영 안정화에 주력)	양수도 대가 지불능력 확인 필요
관련 사업 전개	마바사	- 매출… - 신용등급…	보통 (사업 확대 희망하나, 해당 사업 경험 없음)	-
	바사아	- 매출… - 신용등급…		-

양수 후보 사업자 현황 요약표까지 작성하면 매각 진행절차의 첫 번째 단계인 '양수 후보 사업자 검토'가 완료된 것이다. 첫 번째 단계는 생소하여 복잡해 보이겠으나 의외로 간단한 업무이다. 사업팀 실무자가 적극적으로 협조하고 이 업무만 수행한다면 하루 이

틀 안에 정리할 수 있다.

3.1.2 매각 – 법무 검토

매각 진행의 전체 절차는 다음과 같다.

 (1) 검토: ① 양수 후보사업자 검토 → ② 법무 검토 →
  ③ 사업가치 평가 (Valuation) →
 (2) 실행: ④ 양수도 협상 → ⑤ 고객 승인 →
  ⑥ 협력사 등 이해 관계자 협의 →
  ⑦ 양수도 계약 체결 → ⑧ 양수도 실행

법무 검토를 설명하기 전에 제2장의 사업현황에서 검토한 내용을 다시 한 번 살펴보자. 사업현황에는 다음의 내용이 포함된다.

- ① 사업개요 ② 사업실적 ③ 시장분석 ④ 고객현황
  ⑤ 영업현황 ⑥ 협력사 현황 ⑦ 관련 외부기관 (정부 등)
  ⑧ 인력현황 ⑨ 자산현황 ⑩ 계약현황 ⑪ 기타

⑩번 계약현황 점검을 통해 당신 회사가 체결한 계약서의 법적 의무사항을 일차적으로 검토하였다. 그 계약서들을 매각의 관점에서 살펴보아야 한다. 계약 기간 중에 제3자에게 양도할 수 있는지, 양도받는 사업자가 갖추어야 할 조건이 있는지 등을 검토한다. 계

약서의 분량이 상당하여 일일이 검토하는 것이 엄두가 안 날 수 있다. 그러나 의외로 검토 시간은 오래 걸리지 않는다. 계약의 중도 해지, 양수도 등에 관한 조항만 찾아보면 되기 때문이다. 보통은 해당 조항이 계약서에 포함되어 있지 않은 경우가 많고, 포함되어 있더라도 양자가 동의해야 한다는 내용 정도가 서너 줄로 기술되어 있을 것이다. 아무리 두툼한 계약서라 하더라도 매각의 관점에서 한 건을 검토하는데 10여 분이면 충분하다. 물론 애매한 계약이 있어 판단이 쉽지 않을 수도 있다. 이러한 계약은 법무팀 등 법무 전문가가 검토해야 하며, 변호사라 하더라도 애매한 경우가 있을 수 있다. 대부분의 경우는 계약 상대방과 사전 협의를 통해 해결할 수 있으므로 지나치게 걱정할 필요는 없다.

그러나 법무검토의 어려운 점은 계약서의 내용이 당신 회사가 책임져야 할 의무사항의 전부는 아니라는 것이다. 그렇다면 또 어떤 의무사항이 어디에 숨어 있을까?

기업은 계약서 이외에도 여러 가지 법의 적용을 받는다. 개인도 마찬가지이겠지만, 당신 회사도 고객사도 소비자도 모두 이런저런 다양한 법의 적용을 받는다. 법을 통해서 당신 회사가 보호받는 부분이 있고, 책임져야 할 의무사항이 있다. 누군가가 법을 통해 보호받는다는 것은 결국 다른 누군가를 법이 규제한 결과이다.

즉, 매각을 추진하는 과정에서 수행하는 법무검토는 당신 회사가 체결한 계약서뿐만 아니라 매각과 관련 있는 법에 대한 검토이다. 수많은 계약서를 모두 찾아서 들춰보는 업무도 수월하지 않지만 수많은 법률까지 들춰보는 것은 사업팀 실무자가 수행하기에는 한계가 있다. 회사의 법무팀 또는 외부 법무법인의 자문을 받아야 할 것이다.

계약서 검토 이외의 법무 검토는 두 가지로 구분될 수 있다. 하나는 매각 가능 여부에 대한 검토이고, 두 번째는 세금을 최적화할 수 있는(합법적으로 가장 적게 낼 수 있는) 거래의 형태 등과 같은 실행 단계의 검토이다. 두 번째 법무 검토는 매각이 결정되고 난 이후에 실행 단계에서 검토하면 된다. 매각으로 결정되지 않거나 매각 추진 중에 중단될 가능성도 있기 때문이다. 조세 문제 등으로 인해 사업철수가 취소되거나 매각이 불가한 상황은 현실적으로 일어나기 어렵다.

그렇다면 매각 가능성과 관련한 법무 검토란 무엇일까?

일반적으로 매각이라 함은 고객 승인을 전제로 사업의 모든 권리와 의무를 양수사에게 양도하는 것이다. 즉, 양도사-고객-양수사의 3자가 협의하면 매각이 가능하다. 물론, 협력사 계약도 이관해야 하므로 엄밀히 말하면 4자간 협의가 필요하다. 하지만 협력사는 매각을 통해 사업이 유지될 경우 통상 별다른 이의를 제기하지 않기 때문에 고려대상에서 제외한다.

고객은 양수사가 양도사만큼 우량한 사업자인지를 검토한 이후에 계약이관을 승인할 것이다. 이 과정에서 고객설득이 필요하며 경우에 따라 고객은 양도사의 보증을 요구할 수도 있다.

고객이 민간 기업이라면 내부의 적절한 의사결정을 통해 계약이관을 승인하겠지만, 고객이 공공기관일 경우, 계약이관에 관한 절차가 법령으로 규정되어 있을 수 있다. 시행령 또는 시행규칙 등

하위 법령으로 계약의 양수도 조건을 규제할 수 있으므로 관련 법령을 미리 검토해야 한다.

아래의 방위사업청 예규 사례를 살펴보자.

방위사업청 예규 제155호: 계약변경 업무 처리지침

제4조 (계약인수의 요건) 계약인수는 허용되지 아니한다. 다만, 합병·포괄 영업양도 또는 그 밖에 계약인수 업체와의 수의계약이 불가피한 경우로서 다음 요건을 모두 충족하는 경우에는 그러하지 아니하다.

① 기존 계약상대자에게 계약이행을 계속할 수 없는 부득이한 사유가 존재하여야 한다.
② 기존 계약상대자가 일부 이행한 부분을 일관성 있게 이어나갈 분명한 필요가 있어야 한다.
③ 계약인수업체는 국가계약법시행령 제12조의 경쟁 입찰 참가자격은 물론, 계약이행을 수행할 여건을 갖추어야 한다.
④ 사전 법무검토 결과 계약인수가 가능하다는 판단을 받아야 한다.

조항 중에서 ①번 항목의 '계약인수 업체와의 수의계약이 불가피한 경우'가 충족하기 어려운 조건이다. 양수사가 당신 회사보다 규모도 크고, 경영실적도 좋으며, 보다 우수한 기술력을 갖추었다고 하더라도 수의계약이 불가피한 사유는 아니다. 이미 당신 회사도 해당 계약을 충분히 잘 수행할 것으로 평가받았기 때문에 치열한 경쟁을 뚫고 선정되었을 것이다.

회사가 파산하는 경우라면 수의계약이 불가피한 경우에 해당될 수 있을 것이다. 그러나 당신 회사가 파산하기는커녕, 매우 우량한 회사일 것이다. 사업철수를 전략적으로 판단하고 사전에 리스크를 점검하는 주도면밀한 회사이기 때문이다.

규제가 지나치게 경직된 것이 아닌가 하는 의구심이 들 수도 있다. 그러나 계약변경이 간편하게 진행될 때 발생할 수 있는 문제점도 결코 사소하지 않을 것이다.

사업팀 실무자가 계약서 이외의 법적 규제에 관한 내용을 생각해내거나 조사하는 것은 어렵다. 매각을 추진하는 과정에서 고객을 접촉할 때 비로소 고객이 알려줄 것이다. 그동안 고객과 충분히 관계를 잘 유지해 왔으면 별 문제가 없을 것이다. 하지만, 고객이 당신 회사가 철수하는 것을 알게 되면 관계가 어려워질 수 있다. 제대로 계약이 완료될 것인가에 대한 불안이 생기기 때문이다.

사례의 방위사업청 예규는 엄밀하게 이야기하자면 국회의 입법 과정을 거쳐 공포된 법령은 아니다. 고객으로서 정부기관의 내부 규칙이다. 계약을 많이 체결하다 보니 공통적인 사항을 별도로 모아둔 것이다.

물론, 법이 아니라고 하여 무시할 수는 없다. 이미 고객과의 계약에 관련 내용은 예규를 따른다는 단서 조항이 포함되어 있을 것이고, 당신의 회사는 예규를 보았든 안 보았든 계약서에 싸인을 하였을 것이다. 꼼꼼한 실무자가 그 두툼한 예규까지 검토하였을 수는 있겠으나, 계약의 양도와 같은 조항은 제목만 보고 넘겼을 것이다. 사업을 수주하면서 중도에 그만 둘 것을 생각하기 어렵기 때문이다. 설령 꼼꼼히 살펴 읽었다고 한들, 양수도가 거의 불가능하니 계약을 체결할 수 없다고 할 리도 없다.

특히, 정부, 공사, 지방자치단체 등과 같이 공공기관이 고객인 경우는 계약변경을 까다롭게 검토하는 경향이 있다. 철수하는 사업이 어떤 산업에 속하는지, 어떤 고객인지에 따라 관련 규제가 다를 것이므로 법률 전문가의 조언이 필요하다. 해당 고객의 중요성과 사업의 규모를 고려하여 미리 법무법인을 통해 계약변경에 대한 가능성을 검토하면 비용이 다소 들겠지만 고객관계가 악화되는 리스크는 피할 수 있다.

법무 검토는 법률 전문가에게는 간단한 작업이지만, 사업팀 실무자에게는 매우 난감한 업무이다. 외부에 자문을 구해야 하므로 내부 보고와 외부 협의에 시간이 필요하다. 외부의 법무법인이 검토하는 시간은 사안에 따라 다르겠으나, 의뢰부터 회신까지 일주일 정도 소요될 것이다.

3.1.3 매각 – 사업가치 평가 (Valuation)

매각의 전체 진행 절차는 다음과 같다. 세 번째 단계인 '사업가치 평가'는 매각 검토의 마지막 단계이다.

(1) 검토: ① 양수 후보사업자 검토 → ② 법무 검토 →
　　　　③ 사업가치 평가 (Valuation) →
(2) 실행: ④ 양수도 협상 → ⑤ 고객 승인 →
　　　　⑥ 협력사 등 이해 관계자 협의 →
　　　　⑦ 양수도 계약 체결 → ⑧ 양수도 실행

그러면 사업가치 평가는 무엇이고, 왜 하는지 살펴보자.

사업가치 평가는 해당 사업을 매각할 경우, 그 대가로 얼마를 받을 것인가에 관한 것이다. 즉, 사업의 가격이다. 그렇다면 사업의 적절한 가격은 어떻게 정해질까? 자주 발생하는 거래가 아니므로 가격을 정하기 어렵다. 앞부분에서 매각 당사자인 양수자와 양도자간 합의에 의해 가격을 결정하는 것이 가장 기본적인 원칙이라고 설명하였다. 그렇다고 하더라도 양자가 적절한 선에서 합의하기 위해서는 사업의 가치에 대해 수긍할 수 있는 보편타당한 평가 방법이 필요하다.

사업가치 평가의 대표적인 방법은 앞으로 발생할 이익의 합이다. 앞으로 발생할 이익이므로 예측이 필요하다. 내년 7월의 날씨가 궁금할 때 작년 7월의 날씨를 참조하듯이, 사업의 미래 실적도 과거 자료를 참조하여 전망한다. 과거 3개년의 평균 매출과 이익, 추세가 늘어나는지 줄어드는지, 특이하게 이익이 높거나 낮은 회계 연도는 무슨 일이 있었는지 등등을 분석한다. 이러한 내용은 제2장 사업현황의 사업실적에서 살펴본 내용이다. 사업의 철수여부를 판단할 때도 필요한 자료이지만 매각할 때 사업의 가치를 산정하기 위해서도 필요하다.

사가는 쪽도 사업의 가치를 계산해야 한다. 파는 쪽이 부르는 가격을 지불할 수는 없다. 따라서 양도사가 실사할 수 있도록 협상단계에서 관련 자료를 제공한다. 자세한 내용은 '제4장의 철수 실행 – 매각 실행 – 양수도 협상 (실사)' 부분에서 설명한다.

물론 매각 검토 단계에서 알아보는 사업 가치는 협상을 위한 내부 기준이 될 수는 있어도 강제성이나 권한이 있지는 않다. 물론 양수도 협상 대상자에게 공개할 필요도 없다. 수완 좋은 협상자라면 그보다 더 많이 받을 수도 있고, 양수사 형편에 따라 덜 받을 수도 있다.

그럼에도 불구하고 매각 검토 단계에서 사업 가치를 알아보는 이유는 매각 이외의 다른 철수 방안, 즉, 분사 또는 중단과 비교하는 것이 일차적인 목적이다. 분사를 하거나 사업을 중단하면 발생하지 않을 수익이 얼마 정도 예상된다는 측면을 고려하기 위해서이다.

사업가치 평가는 회계 전공자에게는 크게 어렵지 않은 업무이다. 회계 전공자에게 사업의 내용과 시장에 대해 설명해 주면 예상 수익을 현재 가치로 환산하는 방법으로 사업의 가치를 평가할 수 있다. 사업을 어떻게 전망하느냐에 따라 사업가치가 크게 달라질 수 있으므로 최소한 세 가지 시나리오를 가정하여 분석한다. 시나리오의 분석의 사례는 다음과 같다.

- 낙관 전망: 시장점유율 5% 상승, 제품가격 유지, 2년 후에 신상품 투자 10억
- 중도 전망: 시장점유율 현행 유지, 제품가격 매년 2% 인하, 3년 후에 신상품 투자 5억
- 비관 전망: 시장점유율 5% 하락, 제품가격 매년 5% 인하, 신상품 투자 없음

물론 시장점유율, 제품가격, 투자비 이외에도 수익에 영향을 미치는 요인이 여러 가지 있을 것이다. 요인별로 두세 가지 경우만 고려하더라도 경우의 수는 쉽게 수십 ~ 수백 가지를 넘을 것이다. 모든 요인들이 비관적이거나 모든 요인들이 낙관적일 가능성 또한 희박하므로 적절한 수준에서 다른 요인들이 동일하다는 가정을 하며 분석한다.

사업팀 실무자와 회계 실무자가 충분히 협력한다면 2~3일 내에 사업 가치를 계산할 수 있다. 사업의 규모가 크든 작든 가치 평가에 소요되는 시간에는 큰 차이가 없다. 사업이 여러 국가에서 진행되는 경우와 같이 수익 구조가 복잡하면 사업의 내용을 이해하기 위해 시간이 더 소요될 수 있다. 지나치게 다양한 시나리오를 검토하기 위하여 시간을 지체할 필요는 없다. 어차피 협상이라는 길고도 험난한 과정이 남아 있으며, 지금 알아보는 평가 금액으로 사업이 거래되는 것은 아니다.

사업을 매각한다는 것은 사업의 권리만 이관하는 것이 아니라, 사업의 의무도 같이 이관한다. 결국 사업의 가치는 해당 의무 사항을 이행하는 대가로 받게 되는 금전적인 보상이다. 권리와 의무를 분리할 수 없기 때문에 권리만 양수사로 넘어가고 의무만 양도사에 남을 수 없다. 통상 의무를 수행하기 위한 비용보다 그로 인한 보상, 즉 매출이 더 크기 때문에 사업의 가치는 '0' 보다 크다. 특별한 경우, 의무 이행을 위한 비용이 더 커서 양수도 대가를 양도사가 양수사에게 지급하는 경우도 있을 수 있다. 이러한 경우에도 사업의 거래는 양측이 모두 만족할 수 있다. 예를 들어 양도사가 해당 사업의 의무를 이행하기 위한 비용보다 사업을 양도하면서 지급하는 비용이 더 작은 경우이다. 양수사 또한 그 정도의 비용을 받으면 해당 사업의 의무를 이행하는데 충분할 경우 해당 사업의 거래가 성립될 수 있다.

왜 같은 의무를 이행하는데 양수사의 비용이 양도사의 비용보다 작을까? 이는 양사의 비용구조가 다르기 때문이다. 우선 양수사의 인건비가 저렴한 경우를 생각해 볼 수 있다. 또한 양도사가 경쟁사일 경우, 이미 유사한 생산설비 또는 사업체계를 운영하고 있기 때문에 양도사가 철수하는 사업의 의무를 이행하기 위한 추가 비용이 미미할 수 있다. 즉, 양수사에게 사업 인수를 통해 규모의 경제 효과가 발생하는 경우이다.

매각의 전체 진행절차는 다음과 같다. 지금까지 매각 진행 절차 중 검토 부분의 세 가지 활동(①~③)을 살펴보았다. 매각 실행을 위한 다섯 가지 활동(④~⑧)은 제4장 철수 실행 부분에서 설명한다.

(1) 검토: ① 양수 후보사업자 검토 → ② 법무 검토 →
　　　　　③ 사업가치 평가 (Valuation) →
(2) 실행: ④ 양수도 협상 → ⑤ 고객 승인 →
　　　　　⑥ 협력사 등 이해 관계자 협의 →
　　　　　⑦ 양수도 계약 체결 → ⑧ 양수도 실행

3.2 분사

　분사는 해당 사업을 담당하던 임직원이 중심이 되어 회사('분사사'라고 한다)를 설립한 후에 사업을 이관하는 것이다. 새로 회사를 설립하면 분사사는 별도의 사업자가 되므로 이후의 절차는 매각과 유사하다. 즉 분사사를 설립하고 분사사에게 사업을 매각한다고 이해하면 된다.

　분사가 매각과 다른 점이 있다면, 매각의 경우 복수의 후보 사업자 중에서 우선 협상 대상자를 선정하고 협상을 진행한다. 협상이 결렬되면 다음 사업자와 협상을 진행할 수 있으나, 분사의 경우는 협상이 결렬된다는 것을 생각하기 어렵다. 회사 설립을 취소하고 임직원을 본사로 원복시키는 것은 바람직하지 않다. 해당 임직원들은 사업 수행의 필수 인력들인데, 사기 저하 등으로 인해 멀쩡한 사업도 차질을 빚을 우려가 있기 때문이다.

　언뜻 생각하면 협상이 결렬되면 안 되기 때문에 실행하기 어려울 것처럼 생각될 수 있으나 의외로 분사사와의 협상은 어렵지 않다. 분사에 참여하는 당사자들이 해당 사업의 손익 등과 같은 기초자료를 잘 파악하고 있으므로 사업의 가치에 대한 저울질이 쉽기 때문이다. 즉, 사업에 대한 이해가 부족하여 느끼는 불안이 없다. 회사 측 경영진과 분사사 측 경영진간에 충분히 협의를 한 후에 분사사를 설립한다.

　회사가 분사를 결정하기 어려운 이유는 협상이 아니라 분사사의 초기 경영안정이 우려되기 때문이다. 초기 자금은 충분히 확보할 수 있는지, 장기적으로는 손익이 양호하더라도 현금 흐름의 일시적인 어려움으로 인해 흑자 부도가 발생하는 것은 아닌지, 고객들이 중소기업이라고 등을 돌리는 것은 아닌지, 여러 가지 걱정이 떠오른다.

분사한지 얼마 안 되어 도산하면 분사에 참여한 임직원 개개인의 어려움으로만 그치는 것이 아니다. 분사 초기에는 모회사도 철수 사업에 대한 의무 사항이 남아있을 가능성이 높다. 철수 사업을 모회사가 수행할 경우에는 다른 사업의 수익으로 해당 철수 사업의 손실을 보완할 수도 있고, 소송 등과 같은 법적 분쟁에 대해서도 중소기업인 분사사와는 비교할 수 없는 방어 능력을 갖추고 있다. 그러나 분사를 하게 되면 손실을 지원할 수도 없고 소송도 대신할 수 없다.

즉, 분사 초기에는 모회사가 사업에 대한 리스크는 유지한 채, 경영권이 없는 상태가 된다. 사실, 경영권이 전혀 없다고 할 수는 없다. 왜냐하면, 분사 초기에는 모회사와 분사사간에 거래가 있기 쉬우며, 계약이행 보증 같은 문제가 있기 때문에 모회사가 분사사에 상당한 영향력을 행사할 수 있다. 그러나 그 영향력이라는 것이 실적평가와 인사발령의 권한이 있는 내부 조직에 비교될 수는 없다.

모회사는 분사 후 2~3년이 지나 분사사가 자생력을 갖출 때까지, 그리고 모회사의 잔여 의무사항이 해소될 때까지 노심초사할 수밖에 없다. 결혼한 자식들이 아이 낳고 오손도손 잘 살 때까지 오만 근심 다하는 부모의 심정과 크게 다르지 않다.

모회사가 신설 분사사에 어느 정도 자본을 투자하여 자회사와 같은 계열사로 운영하는 방법도 생각해 볼 수 있다. 보통의 경우, 분사사는 모회사의 지분 투자를 희망한다. 모회사가 보호하고 있다는 메시지를 시장에 전달함으로써 사업의 연속성을 강조할 수 있기 때문이다. 물론 초기 자본금 확보의 어려움도 해소할 수 있다.

그러나 이러한 방법은 사업철수의 취지에는 부합하지 않는다. 분사사에 10%의 지분을 투자한다는 이야기는 사업을 90%만 철수한다는 이야기와 다름없는 애매한 상황이다. 사업을 철수한 것인지 지속하는 것인지 애매하여 생기는 부작용도 만만치 않다. 10%의 지분을 투자한 것으로 경영권을 행사할 수도 없을 것이며, 손실을 지원할 수도 없다. 잘못하면 부당지원이라는 공정거래 위반 리스크가 있으며, 시장은 계열사 형태로 사업을 유지한다는 오해를 할 것이다. 분사 초기의 어려움을 모회사의 지분투자로 해소하려는 것은 분사의 리스크를 근원적으로 해소하는 것이 아니며, 오히려 사업철수 리스크를 장기적으로 유지하는 부작용이 더욱 크다.

사업철수가 완전히 결정되어 번복되지 않을 것이며, 뒤도 돌아보지 않겠다는 결연한 의지가 있을 경우에는 지분투자가 바람직하지 않다. 사업철수 의사결정이 애매하여 향후 추이를 보겠다면 지분투자가 대안이 될 수 있겠으나, 이는 경영효율화의 일환으로 검토된 것으로 해석해야 하며, 사업철수와는 다른 의사결정이다. 즉, 자회사 형태의 지분 투자는 사업철수 관점에서 신중하게 접근하라는 것이지, 경영 효율화를 위한 자회사까지 부적절한 것은 아니다. 중요한 것은 분사사의 경영 안정이 우려되어 지분투자를 하거나 이런저런 지원조치를 취하면 안 된다는 것이다. 그 정도로 분사사의 사업 기반이 취약하면 분사를 실행할 수 없다. 분사사가 독자적이고 지속적으로 수익을 창출할 수 있으며 사업을 모회사와 동일하게, 또는 그 이상으로 잘 수행할 수 있다는 확신이 없다면 분사하지 말아야 한다.

분사사에 대한 배려는 독자생존 능력에 대한 확신 이후에 법이 허용하는 범위 내에서 검토되어야 한다. 분사사를 과도하게 지원한다는 것은 흘러가는 물 퍼주기가 아니다. 누군가 다른 사람이 받아야 할 몫을 알게 모르게 조금씩 떼어서 준 것이다. 이 과정에서 실무자 또는 의사결정자가 분사사로부터 부당한 대가를 전혀 받지 않더라도 문제가 될 수 있다. 공정하지 못하다는 것 자체가 문제이다.

수년간 고락을 같이 해왔고, 형편을 뻔히 알고 있으며, 남의 일 같지 않다고 하여 정당한 범위를 넘어서 지원하는 것은 인지상정이 아니다. 모회사에 소속되어 분사를 진행하는 실무자와 의사결정자가 조심해야 할 부분이다. 나쁜 의도를 갖지 않더라도 충분히 주의를 기울이지 않으면 본인도 모르게 부당한 지원을 하게 될 수도 있다.

회사가 분사를 결정한다는 것은 임직원 중심의 신설회사에게 사업을 팔아 매각수익을 극대화하겠다는 선택이 아니다. 매각수익을 극대화하기 위해서는 분사보다 매각이 적절하다. 분사는 해당 사업을 수행한 인력의 비전과 사업에 대한 애착 등을 감안하여 선택하는 것이다.

　분사를 하게 되면 해당 사업 임직원들의 상당수가 분사에 합류하여 업무를 지속할 수 있다. 그 업무라는 것은 해당 임직원들이 전문성을 가지고 남들보다 잘 할 수 있어서 이 사회에 기여하기 때문에 만족도가 높다.

　사업을 중단하면 전문 인력들이 회사 내에서 다른 업무를 하게 된다. 또는 다른 회사로 전직을 하여 하던 업무를 계속할 수도 있다. 다른 회사는 주로 경쟁사일 것이다. 사업이 번창할 때야 좋은 조건의 영입 제안이 들어올 것이다. 그러나 철수하는 시점은 전문 인력이 고용시장에 초과 공급되는 상황이므로 좋은 처우를 기대하기 어렵다.

　임직원의 입장에서 분사를 희망하는 또 다른 이유는 종업원 지분 투자에 대한 수익을 기대하기 때문이다. 분사를 결정했다는 것은 사업의 성공에 대한 확신이 있는 경우이며, 이는 분사사에 대한 투자수익이 장기적으로 우량하다는 것을 의미한다. 분사사의 전망이 밝지 않다고 판단하면 분사에 참여하지 않을 것이다. 이러한 부정적인 전망이 우세하다면 분사 자체가 불가하다. 분사 이후에 사업을 성장시켜 주식시장에 상장할 경우 수년 내에 상당한 투자수익을 기대할 수 있다. 모회사에 잔류하거나 다른 경쟁사로 전직하는 경우에는 발생하기 어려운 기회이다.

　철수하는 사업과 크게 관련이 없는 일반 업무를 담당했던 임직원은 해당 업무를 지속한다는 것에 크게 매력을 느끼지 못할 수 있다. 주로 신입사원이 그러하다. 이러한 임직원은 보통 분사에 참여할 필요성을 적게 느낀다. 분사 이후에 분사사가 신규로 채용할 수도 있기 때문이다. 해당 신입사원도 모회사에 잔류하여 다른 업무로 전환하는 것을 선호할 것이다. 물론 일반 업무라도 평소에 매우 깔끔하게 처리하여 분사사 대표가 꼭 영입하고 싶은 임직원이 있을 수 있다. 이러한 임직원의 거취는 분사사 대표와 해당 임직원이 협의하여 결정하면 될 것이다.

분사 진행의 전체 절차는 다음과 같다.

(1) 검토: ① 분사 의향 확인 → ② 법무 검토 → ③ 분사 계획 수립 →
(2) 실행: ④ 분사 참여 인력 확정 → ⑤ 고객 승인 →
　　　　　⑥ 협력사 등 이해 관계자 협의 → ⑦ 분사사 설립 →
　　　　　⑧ 양수도 계약 체결 → ⑨ 양수도 실행

분사의 첫 번째 단계부터 어떤 활동을 왜 하는지 살펴보자.

3.2.1 분사 의향 확인

분사를 추진하기 위해서는 해당 사업을 잘 아는 사업팀장의 의향이 가장 중요하다. 해당 사업팀장은 분사사가 수익을 창출할 수 있다는 판단과 함께 분사사의 경영을 책임지겠다는 의지를 확고히 갖고 있어야 한다. 아직 전체의 의견은 아니겠지만 사업팀장이 분사에 자신감을 갖고 의지를 피력하는데서 분사가 시작된다.

반드시 팀장이라는 보직 간부일 필요는 없다. 분사를 주도할 리더는 임원급 또는 고참 부장급일 것이며 사업수행 경험, 고객대응 능력, 분사 참여 임직원을 지휘할 수 있는 지도력 등을 겸비한 인물이어야 한다. 분사 리더는 향후 분사사의 CEO가 될 것이며, 모회사와 협상을 하고, 분사에 참여하도록 임직원을 설득하는 역할을 주도한다.

물론 분사 결정 이후에는 분사 실행도 분사 리더가 주도한다. 회사를 설립하고, 고객과 협력사를 설득한다. 정부 기관의 승인이 필요한 경우도 있다. 회사의 조직을 구성하고, 생산 또는 서비스 제공에 차질이 없도록 관리한다.

대부분의 업무는 늘 하던 업무이므로 실무자들이 잘 수행할 것이나, 상황의 변화에 따라 새로 발생하는 업무는 분사 리더가 기민하게 대응한다. 이러한 업무는 대부분 일회성 업무일 가능성이 크다. 각각의 업무는 사소하여 분사 리더가 일일이 대응하기 번거롭다는 느낌이 들것이다. 그렇지만, 모두들 희망 반 불안 반을 가슴에 품고 새로운 환경에 적응해야 하는 예민한 시점이므로 분사 리더는 포용력을 발휘하여 일일이 보살펴야 한다. 이것이 위기의 순간에 빛을 발하는 지도력이다. 지도자는 아무도 어찌해야 할지 모르는 상황에서 판단해야 한다. 이 시기의 분사 대표에게 가장 필요한 덕목은 신속한 판단과 업무 위임이다. 분사 리더의 손발이 바쁘면 안 된다. 분사 리더의 주요 업무는 파악하고, 생각하고, 판단하는 것이다. 자세한 내용은 제4장의 분사 실행에서 설명한다.

분사에 참여하는 후배 사원들은 안정적인 모회사(보통은 대기업일 것이다)를 떠나 창업의 급류에 몸을 던져야 하는 상황을 맞이하여 고민이 많다. 회사를 바꾸는 결정보다 중요한 순간이 인생에서 과연 몇 번이나 되겠는가? 이 때 분사 참여를 결정할 수 있는 유일한 동기는 리더에 대한 신뢰와 존경이다. 이러한 신뢰와 존경은 평소에 리더가 보여준 사업수행 능력과 지도력의 축적에 의해서만 가능하다.

대기업인 모회사에 잔류할 것인가, 중소기업인 분사사에 참여할 것인가의 기로에서 임직원들은 다음과 같은 불안으로 고민한다.

- 모회사에 잔류할 경우의 불안
  - 이 사업을 철수하면 나는 회사에 남아서 어떤 일을 하게 될 것인가?
  - 새로운 부서에서 업무 능력이 뒤처지는 것은 아닐까? 그로 인해 승진이 더 어려워지지는 않을까?
  - 지금 분사에 참여하면 지분도 받을 수 있고 창립 멤버로 성장의 기회도 있는데, 나중에 참여하면 분사사가 받아주기는 할까?

- 분사사에 참여할 경우의 불안
  - 내년에 분사사가 도산하지는 않을까?
  - 가족들에게는 어떻게 이야기할 것인가?
    고향의 부모님들은 내가 대기업 다닌다고 동네방네 자랑하시던데…
    아이들도 학교에서 아빠(또는 엄마) 회사 자랑하던데…
    아내(또는 남편)는 내가 회사에서 밀려나는 것으로 오해하지는 않을까?

분사 참여 대상 임직원들이 이러한 고민을 하고 있는데, "우리 한 번 멋지게 해보자!"라며 주먹을 불끈 쥐고 결의를 다져봐야 분사 참여 의사결정에 별 도움이 안 된다. 분사 리더는 분사사의 비전, 중장기 사업전략, 그리고 연간 경영계획을 수립해야 한다. 매년 세웠던 경영목표와는 사뭇 다를 것이다. 그야말로 사업을 어떻게 키울 것인지 고민하게 된다.

회사의 비전이라 함은 "내가 다니는 회사가 앞으로 이러한 회사가 되면 좋겠다."에서 '이러한'에 해당하는 부분이다. 가족들에게 자랑할 수 있는 내용이면 충분히 훌륭한 비전이라 할 수 있다. 멋들어진 문구에 집착하여 비전이 남의 이야기처럼 들리면 안 된다. 정말 그렇게 될 것 같다는 생각이 들어야 한다.

회사의 비전, 중기전략, 성장전략, 해외시장 확대전략, 신제품 개발 전략, 마케팅 전략, 경영계획… 그동안 이런 것 작성하는 시간에 고객을 한 번 더 만나는 것이 훨씬 더 중요하다면서 투덜거린 기억들이 어렴풋이 날 것이다. 하지만, 이제 분사 리더는 그런 자료를 스스로 만들게 된다. 지시하는 사람은 없지만 그 바쁜 와중에 분사사의 경영계획을 수립한다. 그것이 없으면 본인도 분사를 판단할 수 없고, 다른 사람이 분사에 참여하도록 설득할 수도 없기 때문이다.

수십 장 분량의 두툼한 전략 보고서는 분사사에게 필요 없다. 시장분석 자료 한 장, 과거 실적분석 자료 한 장, 향후 5개년 경영계획 한 장, 모두 합쳐서 세 장이면 충분하다. 경영계획에 포함된 성장 및 손익구조에 대해서는 별도로 한두 장 정도 근거 자료를 마련해 두면 좋고, 없으면 구두로 설명해도 될 것이다. 중요한 것은 분사 리더의 머릿속에 근사한 생각이 있느냐에 관한 것이다. 근사한 생각이라 함은 절대 화려한 수식어로 가득 찬 구호가 아니다. 근사한 생각은 솔깃할 뿐만 아니라 타당해야 한다.

- 근사한 생각 (나쁜 예): 누구도 흉내낼 수 없는 프리미엄급 케이블 TV 부품을 제조하여 전세계 시장을 석권하겠음. 상호 신뢰를 기반으로 창조적이고, 유연하며, 수평적인 조직문화를 구축하여 신바람 나는 회사를 만들겠음.

- 근사한 생각 (좋은 예): 과거 3년간 연평균 매출액은 300억 원이고 한계이익은 50%이나, 영업이익은 작년에 적자로 전환되었음. 이는 중국 공장 투자 직후 위엔화 절상에 따른 효과로 내년까지 손익에 영향을 미칠 것임. 국내시장은 일천억 원 규모로 성장이 정체되어 있으나, 경쟁사들이 퇴출됨에 따라 시장점유율은 소폭 오르고 있음. 그러나 가격경쟁이 치열하여 판매단가가 지속적으로 인하됨에 따라 매출은 정체 상태임. 분사시 간접비 축소로 인해 5 ~ 10% 수준의 영업이익 흑자전환이 예상됨. 영업이익의 4분의 1만 성과급으로 지급해도 여러분들은 매년 자동차를 바꿀 수 있음. 작년에 우즈베키스탄에서 기술 투자 요청이 있었으나, 회사 경영진의 반대로 무산되었음. 전략기획팀은 사업성이 양호하다고 분석하였으나, 중동지역 신규 사업에 집중하기 위해 투자를 유보하였음. 분사하면 우즈베키스탄 시장을 필

두로 카자흐스탄 등 독립국가연합 시장에 진출하여 3년 내에 매출을 세배로 키울 수 있음. 우즈베키스탄 지점장에 관심 있는 분은 지금 손들기 바람. 이와 동시에 국내시장에서는 타 중소기업과 결합상품을 개발하여 시장을 확대하고 공동 마케팅을 통해 경비를 절감할 수 있음. 이 역시 모회사에서는 브랜드 정책에 의해 실행할 수 없었으나, 분사사에게는 유력한 경쟁력 강화 방안이 될 것임. 상품개발 팀장과 마케팅 팀장에 관심 있는 분은 지금 손들기 바람. 해외시장 진출과 국내 결합상품의 두 가지 성장 전략 중에서 하나라도 진전이 있으면 5년 내에 주식시장에 상장할 수 있을 것임. 나는 상장 후 일 년 이내에 은퇴하고 배당소득으로 지구여행을 다니다가 캘리포니아의 와이너리 하나 인수하여 글로벌 귀농하겠음. CEO에 관심 있는 분은 그때 손들기 바람.

솔깃한가? 타당한가? 그렇다면 근사한 생각이다. 근사한 생각에는 구체적인 내용이 포함된다. '과일을 팔겠다.'와 '칠레에서 포도를 킬로그램당 1,200원에 수입하여 수도권 지역의 대형 유통점에 킬로그램당 4,500원에 팔겠다.'는 많이 다르다. 길게 쓴다고 구체적인 것은 아니다. 구체적인 내용에는 고유명사와 수치가 포함된다.

분사 리더가 경영 교과서와 같은 근사한 생각을 제시한다 하더라도 이직과 같은 중차대한 사항은 쉽게 결정되지 않는다. 해당 실무자들도 삼삼오오 모여 주판알을 튕겨볼 것이다. 후배들이 리더인 자신의 말을 안 믿고 자기들끼리 모여 소곤소곤 이야기하는 것을 알게 되면 속이 상할 수 있다. 기분은 착잡하겠지만 이는 매우 바람직한 검증 과정이다. 그들이 소곤댄 결과 분사가 무산되면 이 또한 분사가 불가능하다는 결정적인 근거가 될 수 있다. 물론 분사 리더의 인품에 대한 평가가 포함된다. 분사 참여를 망설이는 그들의 불안을 해소할 수 있는 유일한 방법은 사실에 입각한 정보를 투명하게 공개하는 것이다.

앞에서 근사하다는 사례로 설명한 정도의 내용은 굳이 경영학을 전공하지 않더라도 해당 사업에 대한 연륜과 안목이 있으면 하루 이틀 안에 쓸 수 있다. 그러한 내용이 머릿속에 없는데 분사 리더를 자처하고 나서는 것은 적절하지 않다. 물론 이런저런 검증 과정에서 걸러질 것이다. 검증은 소중한 것이다.

핵심 임직원을 분사에 참여하도록 설득하는 것은 분사 성공의 첫 번째 관문이다. 영업과 개발의 핵심 임직원을 참여하도록 설득하지 못하면 분사사가 지속적으로 성장할 가능성은 급격히 줄어든다. 이들을 설득할 수 있는 유일한 방법은 사업의 비전이다. 제품이 고객으로부터 인정받고 있으며, 기술 경쟁력을 갖추어 다른 사업으로 확대하거나, 해외 시장으로 진출할 자신감이 있다면 핵심 임직원이 분사에 참여하는 것을 손쉽게 설득할 수 있다. 최소한 모회사에서 받던 월급 정도는 벌 수 있다는 자신감이 들어야 분사 참여를 결정할 수 있다.

분사 대표는 무리한 약속을 해서라도 핵심 임직원을 영입하고 싶은 욕심이 생길 수 있다. 대표적으로 범하기 쉬운 실수는 특정 임직원에 한정하여 특별 처우를 비밀리에 약속하는 것이다. 예를 들면 다음과 같다.

- "다른 사람은 모두 지분을 2%씩 받는데, 너에게는 대표이사의 지분 1%를 추가로 주겠다. 다른 사람에게 이야기하지 마라."
- 너에게는 자동차와 유류비를 지급하겠다. 보험료도 지급한다. 다른 사람에게 이야기하지 마라."
- "이사 비용과 전세금 차액을 지급하겠다. 2년 이내에 퇴사하지 않으면 반납할 필요 없다. 다른 사람에게는 이야기하지 마라."

제안의 내용에는 별 문제가 없으나, 다른 사람에게 이야기하지 말라는 것이 문제이다. 자신의 입도 자신의 뜻을 안 따르는 경우가 많다. 하물며 다른 사람의 입이 내 뜻대로 되겠는가?

특별 처우에 대한 제안을 들은 임직원은 감지덕지하지 않는다. 다른 사람들은 어떤 제안을 받았을 것인가를 궁금해 할 것이고, 삼삼오오 모였을 때 확인할 것이다. 물론 아무에게도 이야기하지 말 것을 서로 다짐하며 물어볼 것이다. 확인한 결과, 본인만 특별 제안을 받았다면 화합의 문제가 생길 것이며, 대부분이 대동소이한 제안을 받았을 경우에도 신뢰의 문제가 발생할 것이다. 비밀유지 약속을 지키지 않았다는 신의성실의 문제가 아니다. 투명하지 못하여 불신의 계기를 제공했다는 것이 문제이다.

공개할 수 없는 묘책은 사용할 수 없다. 특별한 대우가 정말 필요한 경우라면 다른 사람들도 동의할 것이니 공개하고 양해를 받아야 한다. 그 임직원이 분사에 참여해야 사업에 도움이 될 것이라고 공감할 것이기 때문이다. 투명하게 공개하더라도 특정 임직원의 실명을 거명하며 제공하는 특혜는 바람직하지 않다. 이러이러한 인력은 적절한 처우를 추가로 제공하겠다는 인사 원칙이 바람직하다. 예를 들면 다음과 같다.

- 특허를 출원한 인력은 주택자금을 추가로 지원함 (딱 한 명일 수 있다)
- 매출액의 30%를 차지하는 고객을 담당하는 영업직원은 자동차와 필요 경비를 지원함

인사 원칙은 다음 해에 바꾸지 않도록 보편타당하고 간단한 기준으로 수립되어야 한다. 자주 바꾸면 권위에 손상이 온다. 자주 바뀔 가능성이 높은 원칙은 긴 문장으로 쓰여 있어서 고칠 곳이 많은 원칙이다. 임직원들이 이미 수긍하고 있는 모회사의 인사 원칙을 참조하는 것도 방편이 될 수 있다.

분사 진행의 전체 절차는 다음과 같다.

(1) 검토: ① 분사 의향 확인 → ② 법무 검토 → ③ 분사 계획 수립 →
(2) 실행: ④ 분사 참여 인력 확정 → ⑤ 고객 승인→
⑥ 협력사 등 이해 관계자 협의 → ⑦ 분사사 설립→
⑧ 양수도 계약 체결 → ⑨ 양수도 실행

두 번째 단계인 법무 검토에 대해서 살펴보자.

3.2.2 법무 검토

3.1.2절의 매각 시 법무 검토와 동일하다. 분사는 결국 회사를 새로 설립하여 사업을 매각하는 것이기 때문이다.

세 번째 단계인 분사 계획 수립에 대해서 살펴보자.

3.2.3 분사 계획 수립

분사 계획은 곧 창업 계획이다. 모회사에 속해 있을 때에는 해당 사업에 국한하여 사업계획을 수립하였겠지만, 분사는 회사를 설립하는 것이다. 인사 제도 등과 같이 평소에 주의를 기울이지 않았던 여러 가지 제도에 대해서도 고민을 해야 한다.

창업계획에는 다음과 같은 사항들이 포함된다.

- 사업계획, 조직구성, 분사조건, 인사제도, 정보시스템, 법인설립

사업계획과 조직구성은 사업팀장에게 별 어려움이 없다. 사업의 내용과 조직을 구성할 인력에 대해서 속속들이 파악하고 있기 때문이다. 다만, 모회사에 속해 있을 때와 다른 상황을 추가로 감안해야 한다.

사업계획은 기존의 사업계획을 상황에 맞게 수정해야 한다. 신설 중소기업이라 불리한 점도 있겠지만, 모든 면에서 불리한 것은 아니다. 분사가 결정되었다는 것은 모회사가 수행하기에 적절하

지 않았기 때문일 수도 있다. 브랜드, 신뢰도, 인지도 이러한 측면에서는 불리해지나, 유연하고 신속한 경영으로 시장의 변화에 기민하게 대응할 수 있다는 장점도 있다.

당신 회사가 해당 사업을 분사한다 하여 시장규모가 바뀌지는 않을 것이다. 그러나 분사로 인해 상품의 가격은 인하될 수 있다. 모회사에 비해 신설 분사사는 인지도가 낮을 수밖에 없다. 이러한 인지도의 저하가 상품가격의 인하로 귀결될 수 있다. 또한 고객은 늘 가격인하를 요구하여 왔고, 분사가 되었다고 하여 늘 요구하던 가격인하를 생략할 리도 없다.

분사로 인해 시장점유율은 달라질 수 있으나, 꼭 떨어진다고 볼 수는 없다. 가격인하로 인해 점유율이 오를 수도 있으며, 그동안 모회사에서 지지부진 했던 마케팅을 마음 놓고 하다보면 점유율이 오를 수도 있다.

성장전략 부분도 모회사의 전략과 분사사의 전략이 다를 수 있다. 모회사는 인수합병과 같은 확대전략을 모색할 수 있으나 궁색한 초기 자본금으로 인해 노심초사하는 분사사가 인수합병을 생각하는 것은 어렵다. 그러나 모회사에서 주저하던 신제품 개발이나, 다른 기업과의 전략적 제휴는 과감하게 실행할 수 있다.

평소에 사업팀장이 원대한 사업계획을 수립하여 경영진에게 보고하였으나, 승인받지 못했던 부분을 분사사는 실행할 수 있다. 물론 실행한다는 것과 성공한다는 것은 다른 이야기이므로 투자에 대해서는 신중을 기해야 할 것이다. 모회사의 경영진이 주저했던 이유를 사소하게 보면 안 된다. 늘 투자를 가로막는 경영진에 대해 불만을 토로했던 사업팀장도 분사 대표가 되면 모회사의 경영진보다 더욱 보수적으로 판단할 수 있다. 매우 바람직한 현상이다. 휘하의 실무자들은 팀장이 달라졌다며 당황할 수 있으나, 분사 대표가 사업팀장에서 CEO로 거듭나는 것이다. 축배를 들어야 할 일이다.

분사사의 사업계획은 기존의 사업계획에서 분사로 인해 달라지는 부분을 반영하여 수정하는 것으로 일단락 지을 수 있다. 물론 늘 그랬듯이 목표에는 의지가 포함될 것이다. 익숙한 업무이나, 손익구조가 바뀌고 여러 가지 변동 요인을 예측해야 하므로 일주일 정도 소요될 것이다. 모회사의 경영진과 분사 참여 임직원을 설득하기 위해서 가장 공을 들여야 하는 업무이다.

사업계획은 미래의 일이므로 불확실성이 포함된다. 이럴 경우 저럴 경우 등, 너무나 많은 시나리오를 분석하는 것이 심도 있게 분석하는 것은 아니다. 낙관/중도/보수의 세 가지 시나리오를 가정하여 사업계획을 수립하면 무난하다. 비용 요소를 누락하지 않는 것이 중요하다.

사업계획을 수립할 때, 사실을 기반으로 경영진과 분사 참여자들이 수긍할 수 있도록 수립해야 한다. 목표를 포함하되, 최대한 정확하게 전망해야 한다. 그러나 분사 대표는 다음과 같은 불필요한 고민을 할 수 있다.

- 손익 전망이 너무 좋으면 경영진이 사업 양수도 대가를 많이 요구하지는 않을까? 분사사는 자금이 부족하니 다른 사업자에게

매각을 추진하지는 않을까?
- 손익 전망이 안 좋으면 모회사가 이런저런 지원을 해주지 않을까? 사업물량을 보장해 주지는 않을까?'
- 손익 전망이 안 좋으면 직원들이 분사에 참여하지 않을 것 같은데, 실무자 설득용 사업계획을 별도로 만들까?

결론부터 이야기하면 사업계획 본연의 목표에 충실하게 수립해야 한다. 목표를 포함하되 최대한 정확하게 전망해야 한다. 신의성실의 원칙에 입각하여 착하게 살라는 이야기가 아니다. 불순한 의도로 인해 정확하지 않은 정보가 포함될 경우 리스크 점검에 공백이 생긴다. 지금 수립하는 사업계획은 모회사의 재무관리 부서에서 검증을 해야 한다. 분사팀이 보고하는 것을 그대로 수용할 수 없다. 이러한 검증 과정을 통해 분사사의 단기 생존 가능성, 지속성장 가능성, 경영 안정성을 종합적으로 판단한다. 병원으로 치면 정밀 종합 건강 검진을 받는 것이다. 사업계획을 검토하기 위해 재무팀 실무자가 이런저런 추가 근거 자료를 요청할 것이다. 번거롭게 느껴지겠지만 건강검진을 위해서 피를 뽑고, 혈압을 재고, 엑스레이를 찍는 과정이니 성실하게 협력해야 한다.

앞에서 언급한 불순한 사업팀장의 선부른 고민이 얼마나 어리숙한지 하나하나 살펴보자.

- 사업팀장의 고민: 손익 전망이 너무 좋으면 경영진이 사업 양수도 대가를 많이 요구하지는 않을까? 분사사는 자금이 부족하니

다른 사업자에게 매각을 추진하지는 않을까?'

경영진의 생각: 손익이 너무 좋다니 일단 믿을 수 없다. 철저하게 검증했는데도 사실이라면 다행이다. 어차피 매각이 불가하여 분사를 추진하는데 다행이다. 사업양수도 대가는 사업을 보수적으로 전망하여 산정한다. 법이 허용하는 범위 내에서 분사사에게 부담이 되지 않도록 산정한다.

- 사업팀장의 고민: 손익 전망이 안 좋으면 모회사가 이런저런 지원을 해주지 않을까? 사업물량을 보장해달라고 요청해 볼까?

  경영진의 생각: 손익이 안 좋으면 분사사는 장기적으로 생존할 수 없다. 분사하여 경영이 어려워지면 모회사는 속수무책이다. 분사는 불가하다.

- 사업팀장의 고민: 손익 전망이 안 좋으면 직원들이 분사에 참여하지 않을 것 같은데, 실무자 설득용 사업계획을 별도로 만들까?

  실무자의 생각: 어느 것이 진짜인지 믿을 수 없다. 어차피 사업팀장은 정년도 가깝고 다른 부서로 가기도 어려우니 회사를 그만둘 것 같은데, 우리까지 끌어들이는 것 같다.

경영진의 생각 중에서 매각이 불가하여 분사를 추진한다는 부분에 의문이 생길 수 있다. 경영진은 매각과 분사 중에서 매각을 선호한다. 두 가지 방법 모두 가능하다면 매각을 선택할 가능성이 높다. 매각을 하면 매각수익도 기대할 수 있지만, 경영 안정성도 분사사 보다는 양호하여 걱정이 줄어든다. 분쟁이 발생해도 양수사와는 책임 소재로 다툴 수 있지만 분사사와는 다투기 곤란하다. 경영진은 분사를 결정했기 때문에 그 결정에 대해 책임을 진다.

중고차를 팔 때는 모르는 사람에게 팔고 싶은 것과 같은 맥락이다. 아는 사람에게 돈을 더 받을 수도 없을 것이며, 양도 이후에 타이어와 같은 소모품을 교환하더라도 괜히 물어줘야 할 것 같은 부담이 생긴다. 행여 고장이나 사고라도 나면 구매자의 책임임에도 불구하고 판매자가 그 사실을 인지하는 것 자체가 괴롭다. 모르는 사람에게 팔았으면 알 수 조차 없는 상황들이다. 중고차를 구매한 사람이 별 탈 없이 잘 쓰고 있으면 아무 이야기도 안 들릴 것이다. 분사를 결정한 경영진의 속내는 한결같다. "무소식이 희소식!"

그럼에도 불구하고 분사를 결정하는 것은 두 가지 경우 중의 하나이다. 매각이 불가능한 경우와 매각이 가능함에도 분사를 결정하는 경우이다.

매각이 불가능한 경우의 대표적인 사례는 마땅한 양수자가 없는 경우이다. 인수해 주었으면 하는 회사는 손사래를 치고, 경영이 불안하여 도저히 양도하기 어려운 회사는 팔라고 조르는 경우이다. 결혼 적령기를 넘긴 자녀의 배우자를 물색할 때의 딜레마와 같다. 아무나 보쌈이라도 해 갔으면 좋겠다는 생각을 하다가도 막상 배우자 프로필을 받아보고 나서 사람을 무시 하냐며 씩씩대는 부모의 마음과 같다.

매각이 가능한데도 분사를 결정하는 경우는 해당 사업 임직원에 대한 배려가 판단의 밑바탕에 깔려 있다. 십여 년 이상 해당 사업을 하면서 쌓인 애증을 경영진이 이해하는 것이다. 원한다면, 그리고 가능하다면, 하던 일을 계속할 수 있도록 배려하는 것이다. 평소 주인의식을 갖고 열정적으로 사업에 매진하라고 독려했던 부분에 대해 책임을 지는 것이다. 매각을 해도 양수사로 이직하여 하던 업무를 계속 할 수는 있겠지만, 임직원이 지분을 투자하여 회사를 설립하는 분사와 비할 수는 없다.

분사 방안에서 조직을 구성하는 것도 크게 어려움이 없다. 각자 늘 하던 업무를 계속 수행하는 것이기 때문이다. 주의해야 할 것은 총무와 정보시스템 운영 등 지원 성격의 업무를 담당할 직원을 정해야 한다는 것이다. 사업팀 내에는 해당 업무에 대해 경험이 있는 직원이 없을 수도 있다. 그동안 존재조차 몰랐던 업무지원 부서가 운영하고 있기 때문이다. 분사 시점에 맞추어 신입사원을 채용할 수도 있다.

조직의 구성은 분사사 대표에게는 중요한 업무이지만 철수방안 검토 단계에서 시급한 사안은 아니다. 심지어 지금은 분사할지 안 할지도 모르는 상황이다. 향후에 분사가 결정되었을 때 고민하여도 늦지 않다. 다만, 모회사의 경영진은 분사에 몇 명이 참여하고 몇 명이 잔류하는지에 대해서는 관심이 많으므로 분사 방안에 반드시 포함해야 한다.

분사에 참여하는 인력에 대해서는 퇴직 절차를 준비해야 하고, 모회사에 잔류하는 인력에 대해서는 업무 전환과 부서 재배치를 준비해야 한다. 경영진은 한 명 한 명의 인력관리에 매우 큰 관심을 갖고 고민한다.

분사 방안 중 인력계획은 다음의 사례와 같이 작성하면 될 것이다.

- 분사사 인력계획 (단위: 명)

	1차년	2차년	3차년	4차년	5차년
분사 참여	20	-	-	-	-
신규 채용	10	5	5	5	5
계 (누적)	30	35	40	45	50

* 잔류 인력 15명은 분사 시점에 타부서(BCD 개발 13명, CDE 영업 2명)로 전환 예정

인력계획은 사업계획의 인건비에 반영되므로 사업계획과 동시에 수립한다. 부서원의 담당 업무를 잘 파악하고 있는 사업팀장이라면 하루 이틀 고민하여 작성할 수 있다. 인력계획은 정답이 있는 것이 아니라 사업팀장이 CEO의 입장에서 내리는 의사결정 사안이다. 사업을 확대하겠다면 인력도 늘려야 할 것이고, 손익 관리 중심으로 내실을 다지겠다면 인력을 동결 내지는 축소할 것이다. 내후년의 인력계획은 목표이지 약속을 지켜야 하는 계약이 아니다. 그때 가서 계획을 수정할 수 있으므로 지금 전전긍긍할 필요는 없다.

분사 방안에서 가장 중요한 내용은 단연코 사업계획이지만, 분사 리더가 가장 많이 고민하는 부분은 분사조건에 관한 것이다. 분사조건은 분사 리더와 모회사의 경영진이 협상을 통해 결정한다. 보통은 경영진을 대신하여 재무관리 실무자가 협상을 하고 협상 결과를 경영진에게 승인받는다.

분사 조건의 협상은 매각에서 양수도 협상에 해당되며, 차이가

있다면, 양측이 사업의 내용과 실적을 잘 알고 있기 때문에 매각 협상에 비해 수월하다는 것이다. 그러나 매각에 비해서 수월한 것이지 기본적으로 이해관계에 관한 협상이므로 치열하게 진행된다.

분사 조건에는 다음과 같은 내용이 포함된다.

- 양수도 대상: 유형 자산, 무형 자산, 고객 계약, 협력사 계약
- 양수도 대가: 사업의 가치, 자산 가치, 계약상 의무 이행 비용, 대금 지급 방법

낯설지 않은 내용들이다. 대부분이 제2장 사업현황에서 설명하였다. 사업의 가치는 제3장의 매각방안에서 설명하였다.

계약상 의무 이행 비용은 사업을 중단하여도 계약에 의해 이행해야 할 의무에 관한 비용이다. 예를 들어 제품 생산을 중단하여도 해당 제품의 부품을 정해진 기간 동안 공급하기 위해서 생산설비와 인건비를 유지하는 비용이 대표적이다.

사업의 가치와 자산의 가치는 모회사가 받는 돈이며, 의무 이행 비용은 모회사가 분사사에게 지급하는 비용이다. 유형 자산의 가치는 평소에도 감가상각을 반영하여 장부가격으로 관리하고 있으므로 산정하기 쉽다. 산정 기준이 명확하므로 협상도 쉽다. 반드시 장부가격으로 거래해야 하는 것은 아니지만, 향후 부당지원이나 조세문제 측면에서 소명이 용이하므로 자산 가치로 장부가격을 적용하는 것은 무난한 방법이다. 분사사도 구입가를 알기 때문에 장부가 거래에 큰 불만이 없다.

유형 자산을 평가하는 다른 방법으로는 외부기관의 감정을 받는 방법도 있으나 소소하더라도 감정평가 비용이 발생할 것이다. 비용이 다소 들더라도 외부기관의 감정을 받아두면 향후 세무 문제나 부당지원 등에 관한 리스크가 해소될 수 있다.

계약상 의무 이행 비용은 과거의 실적으로부터 해당 비용을 추정하는 산정 기준이 있으므로 이 역시 큰 어려움이 없다. 다만 양측(모회사와 분사사)의 실무자들이 실사하는 과정에서 '특정 업무를 수행하는데 세 명이 필요하네, 두 명이면 충분하네.' 하면서 옥신각신할 수는 있다. 그러나 합의를 도출하는데 별 어려움이 없으며 하루 이틀이면 비용을 산정하고 합의까지 마칠 수 있다. 이러한 비용 역시 외부기관의 감정을 받을 수 있다.

분사 조건 중에서 합의가 가장 어려운 부분이 사업 가치에 대한 평가이다. 고객에 대한 영향력, 제품의 품질관리 능력, 개발자들의 숙련 정도, 브랜드 가치 등을 포함한다. 제3장 철수방안의 매각 부분에서 설명하였듯이 앞으로 발생할 이익을 추산하는 방식이므로 미래의 불확실한 요소를 어떻게 가정하느냐에 따라 사업의 가치는 크게 변한다.

이 부분을 실무자가 합의하기는 어렵다. 외부의 기관을 이용한다 하여도 합의가 어렵기는 마찬가지이다. 매출과 비용의 추정 과정에서 의견이 갈리기 때문이다. 사업가치 평가방식에 대해서는 미리 모회사의 경영진이 협상 원칙을 제시할 필요가 있다. 예를 들면 다음과 같다.

"법이 허용하는 범위 내에서 분사사의 부담을 최소화하도록 협상할 것."

부당지원과 조세 문제 등에 관한 리스크를 미리 파악하여 나중에 행정기관으로부터 문제가 되지 않는 범위 내에서 분사 조건을 협상하라는 것이다. 이러한 수준의 경영진 지침이 있으면 사업가치의 평가와 합의는 어렵지 않다.

사실, 분사를 결정하면서 매각 수익을 기대하는 것은 현실적으로 수긍하기 어렵다. 협상은 소모적인 언쟁으로 점철될 것이고, 감정의 골만 깊어진 끝에 분사는 지지부진하다가 결국 실패할 것이다. 매각 수익이 목적이라면 분사 말고 타사업자 매각을 알아보아야 한다.

대금 지급 방법은 양수도 대가를 어떻게 지급할 것인가에 관한 내용이며, 분사라 하여 특별히 다르지는 않다. 자산과 같은 일회성 거래는 양도되는 시점에 맞추어 일시불로 지급하면 될 것이고, 서비스 제공과 같이 지속적으로 발생하는 거래는 월 단위로 지급하면 될 것이다. 거래되는 내용에 따라 선금, 중도금, 잔금의 형태일 수도 있다.

분사를 자주 하지는 않겠지만, 일반적인 거래는 하루에도 수십 차례 발생할 것이다. 그러한 거래와 동일하게 대금지급 방법을 결정하면 된다. 다만, 분사의 경우에는 초기 자본금을 넉넉하게 모으는 것이 어려우므로 원활한 현금흐름을 위해 대금지급 방법을 조정할 수 있다. 가령 자산 양도 대금을 양수도 시점에 지급받는 것이 일반적이지만 분납 또는 유예하는 조건으로 협상할 수 있다. 통상 모회사가 분사사 보다는 운영자금에 여유가 있을 것이므로 충분히 협의하여 결정할 수 있다. 그러나 분납이나 유예를 통해 대금을 지급받을 경우 적절한 수준의 이자를 받아야 한다. 그렇지 않으면 이자에 해당하는 금액이 증여로 해석되어 세금문제가 발생할 수 있다. 이러한 방법들은 분사에만 적용할 수 있는 특별한 대금지급 방법이 아니므로 재무담당 실무자가 상황에 따른 적절한 방법을 잘 알고 있다. 대금지급 방법 또한 협상 원칙(법이 허용하는 범위 내에서 분사사의 부담을 최소화)을 적용하면 실무자들이 쉽게 판단할 수 있다.

분사조건에 임직원의 전직에 대한 내용이 포함될 수 있다. 다만, 임직원은 자산과 달리 각자의 판단이 중요하므로 분사 리더와 모회사 경영진의 합의만으로 결정할 수 없다. 회사마다 사업마다 인력에 관해서는 이슈가 다양할 것이므로 일반적인 원칙을 제시하는 것으로 방안을 갈음하고자 한다. 아래의 인사 원칙에서 상황에 따라 첨삭이나 변형을 하면 무난할 것이다.

〈임직원의 분사 참여 원칙〉
- 분사에 필요한 임직원의 참여는 분사 대표가 설득한다. 모회사는 특정 임직원의 참여를 권유하지도 않으며, 제지하지도 않는다.
- 분사사 대표를 포함하여 분사사의 조직 구성은 분사사가 결정한다. 급여, 직급 등과 같은 분사사의 임직원에 대한 처우는 분사사 경영진이 결정한다.
- 모회사 잔류가 결정된 임직원의 인사발령은 모회사가 판단한다.
- 분사에 참여하는 임직원은 모회사를 퇴사하고 분사사에 입사한다.

모회사의 근무 경력에 대한 인정은 분사사가 판단한다.
- 핵심 임직원이 모회사에 잔류하여 분사에 어려움이 있을 경우 기술지원 등을 위하여 합리적인 기간에 한해 적절한 대가를 받고 파견근무를 결정할 수 있다.
※ 합리적인 기간은 수개월 수준이다. 1년을 넘어가면 해당 임직원이 분사에 참여하지도 않고 퇴사할 수도 있다.

분사 방안에는 분사사의 인사제도, 급여제도, 정보시스템 구축, 법인 설립 등에 관한 내용이 포함되나, 분사사의 고민이지 모회사의 경영진은 관심이 없다. 알아서 잘 할 것이라고 믿고 있으며, 실제로 알아서 잘 한다. 다만, 경영진이 호기심 수준에서 사무실의 위치에 관해 질문할 수 있다.

이러한 사항은 미리 준비하지 않을 경우 초기에 실무자가 불편함을 겪을 수 있으나, 이러한 부분이 미흡하다고 하여 분사사가 도산하는 리스크는 생각하기 어렵다. 분사 실행에서 언급할 내용이지만, 미리 준비해 두라는 취지로 분사 방안에 언급해 두었다.

인사제도, 급여제도와 같은 회사운영 방침은 모회사의 운영방침을 참조하여 분사사의 형편에 맞게 개정하면 무난할 것이다. 이미 분사에 참여할 임직원들이 모회사의 운영방침에 익숙해있기 때문이다.

이러한 사항은 매각의 경우에는 고민할 필요가 없다. 양수사에는 이미 이러한 제반 운영방침들이 작동하고 있기 때문이다.

분사 조건의 윤곽이 정해지면 현금흐름(Cash Flow) 분석을 통해 초기 자본금의 규모를 산정할 수 있다. 분사사가 장기적으로 수익을 창출하며 지속 성장이 가능한가를 판단하기 위해 사업계획을 검토하였다면, 분사사가 단기적으로 생존이 가능한지, 초기 자본금이 적절한지 여부를 판단하기 위해 현금흐름을 분석한다. 경영계획은 연 단위로 수립하지만, 현금흐름은 월 단위로 분석한다. 일년을 합쳐서는 흑자라 하더라도 특정 시기, 특히 사업개시 초기에는 일시적으로 적자가 발생할 수 있기 때문이다. 따라서 현금흐름은 수입과 지출을 월 단위로 계산하여 분석한다.

늘 하던 사업이므로 현금흐름 분석의 수입 부분은 산정하기 쉬울 것이다. 분사사의 경영계획을 수립할 때 연간 매출규모를 예상해 두었을 것이다. 월 매출은 연간 매출을 12개월로 나누는 것이 일반적이나, 계절에 따라 매출변화가 큰 사업은 계절성을 감안하여 조정한다. 이 역시 과거 실적이 있으므로 특정 월의 매출을 계산하는 것이 어렵지 않다.

늘 발생하던 지출도 계산하기 쉬울 것이다. 재료비, 영업비, 물류비 등이 그러하다. 인건비는 기존과 다를 수 있다. 임직원 수가 줄어들 수도 있고, 상대적으로 저렴한 신규 채용인력으로 대체할 수도 있다. 분사사의 인력계획을 반영하여 인건비도 월 단위로 추정한다.

분사로 인해 새로 발생하는 비용에 대해서는 꼼꼼하게 조사해 두어야 한다. 대표적인 것이 앞 부분에서 설명한 모회사와 주고받을 양수도 대가이다. 그 밖에 사무실 임대비용, 사무실 공사비용, 사무용품 비용, 정보시스템 구축 비용, 이사비용, 법인등록비용,

각종 중개수수료, 법무행정대행 수수료, 인지대 등이 발생한다. 이러한 비용들은 사업개시 초기에 일회성으로 발생하기 때문에 충분히 주의를 기울이지 않으면 나중에 운영자금이 부족하여 급전을 마련하느라 허둥댈 수 있다.

항목이 많다고 겁낼 필요는 없다. 요령 좋은 실무자가 전문가(법무사, 회계사, 공인중개사 등)를 고용하여 큰 어려움 없이 진행할 수 있다. 물론 전문가 수수료가 발생한다. 다만, 창업에 일반적으로 발생하는 비용은 외부 전문가의 도움을 받을 수 있으나, 사업의 속성에 따라 발생하는 비용은 사업팀 실무자 외에는 알 수 없다. 개발, 생산, 영업, 판매, 구매, 물류 등 기능별로 숙련된 담당자들이 매우 신중하게 검토하여 각종 비용들을 산출해야 나중에 곤란한 일을 피할 수 있다.

월 단위로 현금흐름을 분석하여 부도가 나지 않도록 자본금을 확보해야 한다. 초기 자본금을 '0'으로 하면 사업 초반 몇 개월은 월말 보유 현금이 적자일 것이다. 가장 저점일 때의 적자 금액과 적절한 규모의 여유 자금을 합한 금액이 대략적인 초기 자본금의 규모이다. 처음부터 그만큼을 가지고 시작하면 현금이 부족한 상황을 피할 수 있다는 이야기이다. 통상 사업개시 초반 2~3개월 시점에 저점을 기록하고, 이후에 현금 보유량이 증가할 것이다. 물론 사업의 특성에 따라 월말 현금 저점의 시점과 규모는 다를 수 있다.

현금 보유량이 적자라는 얘기는 누군가에게 주어야 할 돈을 못 주는 상황이다. 인건비일 수도 있고, 협력사 부품 대금일 수도 있다. 돈을 주기로 한 약속을 못 지키는 상황, 그것이 기업의 부도이다. 받을 돈이 아무리 많아도 지금 돈이 부족하면 부도를 피할 수 없다.

현금흐름은 수입과 지출을 보수적으로 예상하여 예상치 못한 추가비용으로 당황하는 일이 없도록 분석한다. 사업 개시 이후 1~2년이 지나 기술개발 투자 등으로 인해 현금흐름이 줄어드는 것은 그 때 가서 고민할 일이다. 필요하면 자본금을 다시 모으든지, 금융권에서 대출을 받든지, 개발투자를 연기하든지 여러 가지 선택이 있기 때문이다. 지금 검토하는 초기 자본금은 분사에 필요한 최소한의 비용과 운영 자금에 관한 것이다.

보통 초기투자비와 3개월 운전자금을 확보하면 무난하겠으나, 사업마다 차이가 있을 것이므로 꼼꼼하게 계산해야 한다. 분사 대표가 사업관리 실무자와 함께 현금흐름을 분석하되, 모회사 재무관리 실무자가 현금흐름을 검증해야 한다. 분사 하자마자 부도가 나면 현금흐름을 검증했던 모회사의 실무자는 책임질 각오를 해야 한다.

분사사의 사업계획과 조직구성, 분사조건, 현금흐름 분석까지 완료되면 분사방안의 검토가 완료된 것이다. 다소 혼란스럽겠지만 아직까지는 모회사와 분사조건의 협상이 완료되지 않았을 것이다. 분사조건은 대략적으로 가정해야 한다. 이 정도 수준을 가정하였을 때 분사가 가능하다는 내용으로 작성한다. 합리적인 수준으로 분사조건을 가정해야 분사 의사결정이 쉽다.

분사의 전체 진행절차는 다음과 같다. 지금까지 분사 진행 절차 중 검토 부분의 세 가지 활동(①~③)을 살펴보았다. 분사 실행을 위한 여섯 가지 활동(④~⑨)은 제4장 철수 실행 부분에서 설명한다.

   (1) 검토: ① 분사 의향 확인 → ② 법무 검토 → ③ 분사 계획 수립 →
   (2) 실행: ④ 분사 참여 인력 확정 → ⑤ 고객 승인 →
          ⑥ 협력사 등 이해 관계자 협의 → ⑦ 분사사 설립 →
          ⑧ 양수도 계약 체결 → ⑨ 양수도 실행

3.3. 중단 (점진적 철수, Fade Out)

사업철수 세 번째 방법인 중단에 대해서 살펴보자. 매각, 분사와 함께 사업 중단이라는 세 가지 방안을 모두 검토하여 최적 방안을 결정한다. 최적 방안의 선정에 관한 내용은 3.4절에서 설명한다.

  중단은 사업을 그만두는 것이다. 제조 회사는 제품 생산을 중단하고 기존 재고를 소진한다. 경우에 따라 일부 또는 전체 재고를 폐기할 수도 있다. 서비스 회사는 서비스 제공을 중단한다. 이 과정에서 기존에 체결한 계약은 모두 이행한다. 이행이 불가한 계약은 적절한 협의와 보상을 통해 계약을 해지한다. 관련 자산은 매각하거나 폐기한다. 컴퓨터, 트럭 등과 같은 범용 자산은 다른 사업에 사용할 수 있다. 특허 등과 같은 지적재산권만 별도로 매각할 수도 있다. 해당 사업을 수행하는 임직원은 잔여 업무 일정에 맞추어 다른 업무로 전환한다. 경우에 따라서 회사를 그만두고 다른 회사로 옮길 수도 있다.

경영진은 이러한 철수방법에 대해 점진적 철수 또는 페이드 아웃(Fade Out) 이라고 부르기도 한다. 개인별로 익숙한 용어가 다르므로 실무자가 경영진의 선호에 맞추는 것이 무난하다.

사업을 중단한다니 어감상으로는 매우 과격하게 느껴지겠지만, 사실은 대체적으로 리스크가 작아 경영진이 선호하는 철수방법이다. 엄밀하게 이야기하자면 리스크가 장기간에 걸쳐 발생하므로 일시적인 충격이 완화되는 효과가 있다.

생산 중단은 즉시 가능할 것이다. 미리 만들어둔 재고는 폐기할 수도 있고 판매를 통해 소진할 수도 있다. 어느 쪽이라도 통상 수개월 이내에 정리될 것이다. 이후에 애프터서비스와 같은 의무사항이 5년 정도 남아 있을 것이다. 물론 제품에 따라 의무기간이 다르다. 이 기간은 수리비용을 받더라도 매출이 매우 적은 상태에서 비용이 지속적으로 발생하는 기간이다. 적자가 얼마나 발생할 것인지 미리 계산해 보고 생산중단 시점을 판단해야 한다.

서비스 중단은 생산 중단에 비해 상대적으로 까다롭다. 서비스라 하면 고객 계약이 있을 것이고, 계약에는 제공하는 서비스의 내역, 그 대가로 받는 서비스료, 계약 만료기간 등이 명시되어 있을 것이다. 신규 가입은 중단하더라도 기존에 체결한 계약은 만료까지 서비스를 제공해야 한다. 약속을 했으니까 지켜야 한다.

경우에 따라 고객과 합의를 통해 중도에 계약을 해지할 수도 있다. 합의 과정에서 보상금이 발생할 수 있다. 계약을 계속 유지하는 비용과 비교하여 작은 쪽을 선택할 수 있다.

이 과정에서 고객이 점점 줄어드는 것에 비례하여 매출도 줄어들 것이나, 의외로 비용은 잘 안 줄어들 수 있다. 대규모 기반시설(인프라) 투자로 규모의 경제를 달성한 서비스 사업의 경우가 특히 그러하다. 철수할 때야 답답하겠지만 역으로 사업을 확대할 때는 매출 증가에 비해 비용이 얼마 늘지 않아 당신 회사에게 고수익을 신나게 안겨주었던 사업이다.

예를 들어, 백만 원에 10회의 마사지를 제공하는 서비스를 생각해 보자. 마사지는 노동력에 의존하는 서비스이므로 고객이 줄어드는 만큼 인건비도 줄어들 것이다. 마사지 서비스는 변동비 비중이 큰 사업이다. 그러나 목욕탕과 같은 서비스를 생각해 보자. 1명이 오든 100명이 오든 물 끓이는 연료비의 차이는 많아야 두세 배에 불과할 것이다. 목욕탕 사업은 상대적으로 고정비가 큰 사업이다.

이동통신 서비스도 대표적인 인프라 사업으로서 만 명이 이용하든 천만 명이 이용하든 전국에 무선통신 기지국을 설치해야 하고, 기지국과 서비스 센터를 유선망으로 연결해야 하고, 서비스센터에는 교환기와 같은 통신 장비를 설치해야 한다. 모든 장비는 주기적으로 정비를 해야 하며, 고장이나 수명이 다할 경우 수리 또는 교체를 해야 한다. 만 명이 이용할 때와 천만 명이 이용할 때의 투자 비용이 같지는 않겠지만 천배일 리는 만무하다. 이러한 대규모 인프라 서비스 사업은 중단할 경우 누적 적자가 과도할 것이므로 매각 등의 방법으로 사업이 지속되는 것이 바람직하다. 2000년대 초반에 한국의 이동통신 시장이 5개 사업자에서 3개 사업자로 재편될 때 합병을 통해 매각된 사례가 있다. 사양 사업이어서 아무도 안 사간다면 운영비용을 지급하고 매각하는 방안도 생각해 볼 수 있다. 회사마다 비용구조가 다르므로 당신의 회사보다 더 적은 비용으로 운영할 수 있는 회사가 있을 수 있다.

이러한 인프라 사업의 중단이 불가피할 경우 중단 시나리오를 잘 설계해야 한다. 일시에 서비스가 종료되도록 계약 종료시점을 맞추어야 한다. 쉽지 않을 것이다. 소수의 고객이 남아서 서비스를 유지해야 할 경우 다른 사업자로 전환하도록 잘 설득해야 한다. 경우에 따라 보상금을 지급할 수도 있다. 거꾸로 다른 사업자에게 인센티브를 제공하여 그 사업자가 당신 회사의 고객을 전환하도록 설득할 수도 있다.

"저쪽으로 가시면 상품권 10만원을 드리겠습니다."라는 설득보다는 "이쪽으로 오시면 무료서비스 10만원을 제공하겠습니다."라는 설득이 훨씬 유리할 것이다. 이러한 경우 고객정보 관리에 대해 주의해야 한다.

매각과 분사의 경우에도 고객 설득이 가장 중요하지만, 중단의 경우에도 다르지 않다. 사업이 곧 고객과의 관계이기 때문이다.

사업 중단에 따른 일반적인 리스크는 다음과 같다.

- 장기 누적 적자, 철수사업 임직원의 이탈, 협력사 사업 축소

장기 누적 적자부터 살펴보자.

[장기 누적 적자]
사업을 중단하면 매출은 급격히 줄어들지만 비용은 서서히 줄어

든다. 순식간에 적자로 전환되어 모든 계약이 종료될 때까지 적자가 누적될 것이다. 어쩌면 이미 적자 상황에서 적자폭이 확대되는 상황일 수도 있다. 모든 계약이 종료되어 더 이상 매출도 없고, 비용도 발생하지 않는 종료시점을 예측하고 그때까지 들어가는 손익을 계산한다. 경우에 따라서 5년 이상 장기간에 걸쳐 비용이 발생할 수 있다. 보통은 적자폭이 서서히 줄어들어 '0'으로 수렴할 것이다. 사업팀은 비용구조를 알고 있으므로 큰 어려움 없이 연도별 손익을 계산할 수 있다. 중요한 것은 사업을 중단할 때 장기 누적 적자를 알고 판단해야 한다는 것이다.

사업을 중단한다고 하여 반드시 손익이 악화되는 것은 아니다. 특별한 상황이기는 하지만 사업을 중단하면서 손익이 개선되는 경우도 있다. 다음과 같은 상황을 생각해보자.

서로 연관성이 큰 A 사업과 B 사업을 수행하다가 A 사업만 중단한다. 서로 연관성이 크다 함은 생산방식이 비슷하거나 판매방식이 비슷한 경우, 또는 두 가지가 모두 비슷한 경우이다. 따라서 A 사업을 중단하여 매출이 줄어들더라도 B 사업과 생산 체계 또는 판매 체계를 공유하기 때문에 A 사업의 비용부담이 크지 않다. 오히려 A 사업을 중단함에 따라 신규 고객을 유치하기 위한 판매비가 줄어들어 손익이 개선될 수 있다. 이러한 경우 A 사업은 서둘러 계약을 종료하기 위해 노력할 필요가 없다. 신규 고객 유치를 중단한 상태에서 기존 고객의 자연감소를 느긋하게 기다리면 된다. 경우에 따라서는 연장 계약을 체결할 수도 있다.

억지로 무리한 상황을 가정한 것이 아니다. 경영학에서는 이러한 상황을 추수(Harvest)라고 설명한다. 예를 들어 통신 서비스 사업의 경우, 소비자가 보기에는 전혀 다른 서비스로 보이지만 기술적으로는 유사한 서비스가 있을 수 있다. 대표적으로 전화 서비스와 인터넷 접속 서비스는 소비자들이 보기에 전혀 다르지만 통신망이라는 공통 인프라를 사용하고 판매 방법이 비슷하다. 이때 여러 가지 통신 서비스 중에서 일부를 중단할 경우 추수가 발생할 수 있다.

하지만 이러한 추수 과정이 영원히 지속되는 것은 아니다. 중단하는 사업에만 발생하는 비용이 전혀 없지는 않을 것이므로 매출이 특정 규모 이하로 줄어들면 손익이 적자로 전환될 것이다. 이쯤을 전후하여 소수의 잔여 고객을 해지시키기 위한 설득이 필요하다.

[철수사업 임직원의 이탈]

사업 중단에 따른 일반적인 리스크 중에서 임직원의 이탈에 대해 살펴보자.

사업을 중단한다고 하여 사업철수가 바로 완료되지는 않는다. 최종 계약기간이 종료될 때까지 해당 사업 임직원의 업무가 줄어들기야 하겠지만 바로 없어지는 것은 아니다. 업무가 줄어든다는 것은 해당 임직원이 줄어든다는 것을 의미한다. 사업을 중단하게 되면 해당 사업의 임직원은 다음과 같은 고민으로 불안하다.

'내가 언제까지 이 일을 하게 될 것인가?'
'어느 부서로 가는 것이 좋을까? 그 부서에 자리는 있을까?'

'내년에 승진해야 하는데 철수하는 사업으로 실적을 낼 수 있을까?'
'같이 일 해보자던 선배는 지난달에 경쟁사로 옮긴 후에 연락이 없다. 기다려야 하나?'
'하루라도 빨리 이 부서를 벗어나서 회사가 최근에 주력하고 있는 사업팀에 합류하고 싶다.'

회사는 이러한 고민을 하고 있는 임직원에게 사업철수 업무를 맡겨야 한다. 회사는 최대한 신속하게 철수사업의 임직원을 최소화하기 위해 업무를 전환할 것이다. 매각이나 분사의 경우에는 상당수의 임직원이 해당 사업을 인수하는 회사로 전직하겠지만, 사업 중단의 경우에는 단체로 전직할만한 회사가 없다. 업계에서 능력을 인정받는 일부 임직원에 한해 경쟁사 또는 관련 기업으로 전직할 것이나, 그러한 경우는 그리 많지 않을 것이다. 대부분의 임직원이 수개월 이내에 다른 사업의 업무로 전환되겠지만, 소수라도 끝까지 해당 업무를 담당해야 하는 직원이 필요하다. 1년 이상 장기간에 걸쳐 철수 사업을 담당해야 하는 직원은 다른 사업의 업무를 병행하는 인사발령도 생각해 볼 수 있다.

경영진은 사업 중단 이후 3개월만 지나도 철수가 끝난 것으로 알고 있을 것이다. 담당 실무자는 실적으로 등록하기도 애매한 귀찮은 업무를 하면서 애를 태울 수 있다. 철수하는 사업에 실적 목표가 있을 리 없기 때문이다. 결국 책임감 강한 직원이 철수 업무를 마무리할 것이다.

업무 전환의 경우 대리급이나 과장급의 젊은 직원은 심각한 결격 사유가 없는 한 어느 부서에서든 환영받을 것이다. 신입사원도 어차피 새로 업무를 배워야 하는 입장이므로 부서를 바꾸는데 큰 어려움이 없다. 다른 부서에서도 신규 채용을 기다리는 것보다는 이미 입사한 신입사원을 더 선호할 것이다. 문제는 차장이나 부장과 같은 고직급 직원이다. 새로운 부서에서 새로운 업무를 하다보면 당분간은 후배 직원보다 배경 지식이 부족하여 어려움을 겪을 수 있다.

회사마다 나름대로의 인사 원칙에 입각하여 발령을 하겠으나 사업을 중단할 경우 이러한 어려움이 있다는 것을 감안해야 한다. 세심하게 관리하지 못 하여 해당 사업 임직원의 대규모 이탈이라도 발생하면, 임직원의 고충도 클 것이고 회사도 사업철수를 완료하는데 어려움이 있다.

[협력사 사업 축소]
사업 중단에 따른 일반적인 리스크 중에서 협력사 리스크에 대해 살펴보자.

사업을 중단하면 매출과 함께 구매도 줄어들 것이다. 부품 구매일 수도 있고, 용역 구매일 수도 있다. 해당 부품 또는 용역을 공급하던 협력사에게 당신 회사의 사업철수는 날벼락이다.

우선 협력사와 체결한 계약서를 살펴보아야 한다. 구매계약서, 공급계약서, 업무협약서 등의 제목으로 이런저런 계약들이 체결되어 있을 것이다. 제대로 계약이 체결되어 있다면 계약 기간, 공급 가격, 대금지급의 시기 및 방법 등이 기술되어 있을 것이다. 계약서의 의무사항을 종료 기한까지 이행하는 것이 당연하겠으나, 경우에 따라 협의를 통해 계약을 중도에 해지하거나 변경해야 할 수도 있다. 중도해지나 변경의 경우에는 보상을 해주어야 할 수도 있다.

용역을 공급하는 협력사는 통상 재계약 시점 이전에 미리 철수 사실을 알려주면 실망이야 하겠지만 큰 피해 없이 대책을 마련할 수 있다. 계약기간이 많이 남아 있는 경우라면 적절한 수준의 보상을 통해 해지할 수도 있다. 거꾸로 협력사 계약을 고려하여 사업 중단의 시점을 조정할 수도 있다. 사업 중단의 최적 시점은 바로 지금이 아닐 수 있다.

부품을 공급하는 협력사의 경우에도 사업철수 사실을 미리 알려주면 협력사가 피해를 줄일 수 있다. 협력사가 재고와 재료를 소진할 수 있도록 최종 주문량과 공급 기간을 조율한다. 협력사 역시 협력사의 재료 구매처와 협의가 필요할 수 있다. 시멘트와 같이 여기저기 팔 수 있는 재료는 언제든지 구매를 중단할 수 있을 것이다. 그러나 당신 회사의 자랑스러운 로고가 새겨져 있는 부품은 다른 곳에 팔 수도 없다.

제대로 된 계약서에는 '해지 3개월 이전에 해지 사실을 통보한다.'와 같은 해지 조건이 포함되어 있을 것이다. 해지 조항이 없더라도 신의성실의 원칙에 입각하여 사전에 알려주는 것이 바람직하다.

또한 제조 협력사의 경우, 공급 단가를 인하하기 위하여 여러 가지 노력을 기울였을 수 있다. 재료의 대량 구매, 생산설비 증설, 생산설비 자동화, 인건비가 저렴한 해외 생산법인의 설립 등이 그러한 노력의 일환이다. 협력사는 당신 회사와의 거래가 천년만년은 못 가더라도 투자가 회수될 수 있는 2~3년 동안은 유지될 것이라는 판단으로 그러한 투자를 하였을 것이다. 협력사가 투자를 하면서 당신 회사와 별도의 물량에 대한 계약을 체결하였을 수도 있지만, 단순히 당신 회사 구매팀 실무자의 낙관적인 사업전망에 자신감을 얻고 과감하게 실행했을 수도 있다. 당신 회사도 모든 투자를 고객으로부터 구매 확약서를 받은 이후에 실행한 것은 아닐 것이다.

"저희 회사도 올해 초에 베트남에 판매 지사를 설립했어요. 현지인도 여섯 명 채용했습니다." 협력사 사장이 당신 회사에 대해 이와 같은 소식을 듣게 되면, 그는 고급 정보로 분류하고 당신 회사와 명운을 함께 할 생각으로 베트남에 공장을 설립할 수 있다. 그러나 명운을 함께 하지는 못한다. 당신 회사는 베트남 지사를 철수할 수 있겠지만, 협력사는 베트남 공장의 철수로 인해 국내 공장까지 위태로울 수 있다.

계약의 내용에 따라 다르겠지만, 협력사의 폐업이 전적으로 당신 회사의 책임인 것은 아니다. 당신 회사라고 하여 천년만년 잘 먹고 잘 살 자신이 있는 것도 아닐 것이다. 심지어 당신 역시 사업 철수로 인해 회사를 언제까지 다닐 수 있을지 불안한 상황이다. 각자가 각자의 판단에 책임질 뿐이다.

상황은 답답하고, 묘안은 떠오르지 않는다. 그러나 대책이 없다

하여, 또는 책임이 없다하여 덮어두고 넘어갈 수는 없다. 중요한 것은 사업을 중단할 때 이러한 협력사의 사정을 경영진이 알고 판단해야 한다는 것이다. 실무자는 알고 있겠지만 경영진은 보고받지 않으면 알 수가 없다. 경영진이 물어보지 않았다 하여 보고의 책임이 없는 것은 아니다. 법적인 책임이 없다 하여 묻어둘 수 있는 사안이 아니다. 사업 중단으로 인해 특정 협력사가 폐업할 수도 있다는 것을 경영진에게 알려주어야 한다. 법적인 책임 여부는 물론 이런저런 해결방안을 모색해 보았으나 적절한 방법을 찾지 못하였다는 것까지 보고해야 한다.

문제의 해결은 문제의 인식에서 출발한다. 문제를 해결할 수 없다 하여 문제의 인식을 생략할 수 없다. 눈을 감는다고 하여 날아오는 돌멩이가 사라지는 것은 아니다. 협력사 존폐에 관한 리스크는 엄중하게 관리되어야 한다. 협력사의 존폐 문제는 손익이 악화되는 실적 문제와는 확연히 구분된다.

실무자가 해결할 수 없다 하여 회사도 해결할 수 없는 것은 아니다. 경영진의 난처한 모습을 걱정할 필요 없다. 경영진의 심기 불편한 반응은 당신의 무능함을 탓하는 것이 아니다. 경영진도 난감한 상황을 만나면 속이 상하는 법이다. 실무자는 실무자가 할 일을 하고, 경영진은 경영진이 할 일을 한다. 실무자는 모든 문제를 파악하여 해결책을 찾고 경영진에게 보고한다. 해결책이 없는 것은 없다고 보고한다. 경영진은 상황을 파악하고 판단한다. 경영진이 명확하게 파악하는 것까지가 실무자의 책임이다. 실무자가 알고 있는 모든 것을 경영진에게 알릴 필요는 없다. 실무자가 대처할 수 있는 사안은 경영진 보고 자료에서 제외하거나 별첨 자료에 언급해 둔다.

소송과 같은 법적 분쟁, 언론을 통한 사회적 이슈화, 임직원 진로 관련 이슈, 협력사 폐업 가능성 등은 경영진 보고 자료에 반드시 포함되어야 한다.

사업 중단의 전체 진행 절차는 다음과 같다.

(1) 검토: ① 손익 전망 → ② 리스크 검토 → ③ 중단 계획 수립 →
(2) 실행: ④ 영업 중단 → ⑤ 생산 중단 및 재고 소진 →
⑥ 잔여 의무 이행 → ⑦ 계약 해지 또는 종료

첫 번째 단계부터 살펴보자.

3.3.1 손익 전망

사업 중단 실행 이후부터 중단이 완료될 때까지 손익을 전망한다. 매출은 급격하게 줄어들 것이나 비용은 꽤 오랜 기간 동안 발생할 수 있다. 대표적인 비용이 판매한 제품에 대한 애프터서비스 비용이다. 예를 들어, 제품 판매 후 1년 동안은 하자가 생길 경우 무상으로 수리를 해주고, 1년이 지난 시점부터는 유상으로 수리해주겠다는 약속을 하는 경우 등이다. 물론 무상 수리 기간과 유상 수리 기간은 제품마다 다를 수 있다. 자동차와 같이 고가의 제품은 부품별로 무상 수리 기간이 다를 수도 있다. 개별 구매 고객과 계약서를 체결하지는 않았겠지만, 제품과 함께 보상되어 있는 품질보증서 또는 서비스 이용 약관에 그러한 내용이 포함되어 있다.

　사업철수 기간 중에도 수리비 명목으로 매출이 발생하겠지만 제품 판매를 통한 매출이 없으므로 수리를 위한 비용이 수리비 매출보다 클 것이다. 사업철수가 완료될 때까지 발생한 적자를 누적하면 생각보다 커서 당황할 수 있다. 생산과 판매가 이루어지는 동안에는 생산 기술자가 수리도 담당하기 때문에 수리비용의 부담이 작다. 모든 제품에 적용되는 것은 아니겠지만 대체로 생산 시스템과 수리 시스템에는 인력 이외에도 비용을 공유하는 부분이 크다. 그래서 대부분의 비용을 생산비용으로 반영하기 때문에 수리비용은 작을 것이다.

　또한 수리만 할 경우에는 부품의 구매 비용도 증가한다. 생산이 이루어질 때에는 한 달에 만 개씩 구매하던 부품도 생산이 중단되면 한 달에 수십 개 수준으로 줄어들 것이다. 만 개씩 구매할 때와 수십 개씩 구매할 때의 단가는 많이 다르다.

　제품의 경우에만 철수 비용이 발생하는 것은 아니다. 용역 서비스와 같은 상품도 철수가 진행됨에 따라 물량이 축소되어 비용 구조가 악화되는 것이 일반적이다. 예를 들어, 각각 다른 영역의 전문가 8명이 모인 설계팀을 생각해보자. 이들이 1년에 10개의 프로젝트를 수행하는 것이 손익분기점이고, 이 팀은 1년에 최대 20개까지 프로젝트를 수행할 수 있다. 사업을 중단하면 수행하는 프로젝트는 점점 줄어들 것이고, 9건이 되는 순간부터는 적자로 전환될 것이다. 각각 다른 기술을 갖고 있기 때문에 1건의 프로젝트를 수행하더라도 8명이 모두 필요하다. 해당 기술자들이 20건의 프로젝트를 수행할 때 보다 한가하다 하여 임금을 20분의 1로 줄일 수 없다. 최종 완료 프로젝트를 하루라도 앞당겨 끝내는 것이 손해를 줄일 수 있는 방법이다.

　프로젝트의 종료가 기한으로 명시되어 있지 않고 조건으로 명시되어 있는 경우는 언제 끝날지 조차 예측하기도 어려울 수 있다. 예를 들어, 대형 건물의 전기 배선 공사는 기반을 다지는 토목공사와 건물을 짓는 건축공사 이후에 진행될 것이다. 전기선을 콘크리트에 섞어서 건물을 올릴 수는 없다. 따라서 전기 배선 사업자는 공사 총괄 사업자와 계약을 체결할 때 'ㅇㅇ공사가 완료된 이후 전기 배선 공사를 시작하여 6개월 이내에 완료한다.'와 같은 조항이 포함될 수 있다. 전기 배선 공사가 여러 건이 진행되고 있을 때에는 언제 시작하더라도 크게 문제가 안 되겠지만, 사업을 철수하는 시점에서는 언제 시작할지도 모르는 배선 공사를 위해 사업을 유지해야 할 수도 있다.

　전기 배선은 특정 업체만 수행할 수 있는 고도의 기술이 아니므로 다른 사업자에게 계약을 양도하는 것이 크게 어렵지 않을 것이다. 그러나 소프트웨어 개발과 같은 용역이라면 다른 업체가 수행하기 어려워 양도가 불가할 수도 있다.

　사업을 중단할 때 손익을 전망하는 이유는 생각보다 누적 손실이 클 수 있으므로 미리 살펴보라는 것이다. 사업을 철수하는데 그렇게 오래 걸릴 줄 몰랐다거나, 비용이 그렇게 많이 발생할 줄 몰랐다거나 하는 상태에서 사업 중단을 결정하면 안 된다. 사업을 중단하더라도 돈 계산을 먼저 해보고 판단해야 한다.

 손익 전망에는 인건비가 포함될 것이므로 연도별 인력 계획도 수립해야 한다. 보통은 해당 사업의 임직원이 점점 줄어들어 종국에는 아무도 남지 않을 것이다. 사업팀 실무자는 비용구조를 잘 알고 있으므로 철수하는 사업의 연도별 손익을 하루 이틀 이내에 전망할 수 있다. 손익에는 사업이 중단되어 필요가 없어진 자산의 처분도 반영한다. 당장 팔 것과 나중에 팔 것이 구분될 수 있다. 비용을 들여 폐기해야 하는 자산도 있을 수 있다.

 사업 중단의 전체 진행 절차는 다음과 같다.

  (1) 검토: ① 손익 전망 → ② 리스크 검토 → ③ 중단 계획 수립 →
  (2) 실행: ④ 영업 중단 → ⑤ 생산 중단 및 재고 소진 →
     ⑥ 잔여 의무 이행 → ⑦ 계약 해지 또는 종료

두 번째 단계인 리스크 검토에 대해 살펴보자.

3.3.2 리스크 검토

리스크 검토는 사업을 중단할 때 발생할 수 있는 리스크를 미리 예측해 보는 것이다. 보통의 경우 사업 중단을 염두에 두고 사업을 수행하지 않기 때문에 중단할 경우 생각지 못했던 리스크가 발생할 수 있다.

 철수하는 사업에 오래 동안 몸담은 숙련자라 하더라도 "ABC 사업을 중단하면 어떤 문제점이 있겠습니까?"라고 물으면, 그 누구도 쉽게 대답하지 못한다. 포괄적으로 질문하면 담당자에 따라 답이 달라질 수 있으며 누락이 발생할 수 있다. 리스크를 요소별로 검토하여 누락이 없도록 하는 것이 중요하다. 검토 과정에 중복이 없으면 효율적이겠지만, 중복을 우려할 상황은 아니다. 효율은 자주 반복되는 업무에서 중요하지만, 사업철수처럼 자주 경험하기 어려운 업무에서는 효율보다 안전이 중요하다.

리스크를 요소별로 검토하기 위해서는 해당 사업의 이해 관계자별로 검토하는 것이 적절하다. 결국 리스크는 누군가의 불만에서 시작된다. 그러므로 해당 사업의 이해 관계자를 모두 열거하고 사업 중단에 대한 반응을 하나하나 예상해야 한다. 당연한 이야기이지만 이해 당사자에게 직접 물어볼 수 없다. 아직은 사업철수 방안이 결정되지 않았기 때문이다.

이해 관계자의 범위에 대해 궁금할 수 있다. 이해 관계자라 함은 해당 사업을 수행할 때, 꼭 만나야 하는 사람(회사)들이며 보통은 계약서가 있을 것이다. 대표적인 이해관계자는 고객과 협력사이다. 제2장의 사업현황에 해당 사업의 이해관계자가 모두 설명되어 있다. 제2장 전체의 구성은 다음과 같다. 밑줄 친 항목(④, ⑥, ⑦, ⑧)이 이해 관계자이다.

- ① 사업개요 ② 사업실적 ③ 시장분석 ④ <u>고객현황</u> ⑤ 영업현황 ⑥ <u>협력사 현황</u> ⑦ <u>관련 외부기관</u> (정부 등) ⑧ <u>인력현황</u> ⑨ 자산현황 ⑩ 계약현황 ⑪ 기타

사업팀 실무자는 특정 이해 관계자의 리스크를 어렵지 않게 예상할 수 있다. 이해 관계자를 빠짐없이 검토하는 것이 어렵지 특정 이해관계자의 반응을 예측하는 것은 어렵지 않다.

다음의 질문을 비교해 보자.

- 질문 (나쁜 예): ABC 사업을 중단하면 어떤 문제점이 있겠습니까?
- 질문 (좋은 예): ABC 사업을 중단하면 A 협력사는 어떤 문제점이 있겠습니까?

포괄적으로 문의하면 "글쎄…"하던 사람도 협력사 실명을 제시하면 대답이 달라질 수 있다. 생각의 방향을 제시해야 한다. 관점이라고 표현하기도 한다. 관점을 제시하고 문의해야 구체적으로 생각할 수 있다. 앞의 질문 사례에서 관점은 A 협력사이다. 당신 회사 사업철수에 대해 A 협력사 사장의 생각을 예상하는 것이다.

앞의 질문은 A 협력사와 만나서 업무를 진행하는 실무자만이 대답할 수 있다. 즉, 여러 실무자가 각자 담당하는 이해 관계자의 리스크를 검토해야 한다. 적절한 담당자에게는 매우 쉬운 일이나, 다른 사람은 아무리 고민해도 답을 낼 수 없다.

사업을 중단하더라도 고객 계약은 이행할 것이므로 고객 리스크는 특별한 것이 없을 것이다. 추가 사업을 제안 받아도 거절해야 하는 어려움 정도가 있으나, 실무자가 무난하게 대응할 수 있다.

사업을 중단하기 위해 정부기관의 승인이 필요할 수도 있다. 이러한 내용은 해당 실무자가 잘 파악하고 있다. 사업을 시작할 때

정부의 인허가를 받아야 하는 경우, 사업을 중단할 때도 정부의 승인이 필요할 수 있다. 단순히 신고하는 경우도 있겠지만, 정부기관이 상황을 파악하고 판단하여 승인해야 하는 경우도 있다. 해당 사업의 철수로 인해 국민생활에 미치는 파급효과가 클 경우 정부가 관련 법령을 근거로 규제한다. 정부기관 설득에 장기간 소요될 경우 리스크에 포함하여 관리한다.

사업을 중단하면 협력사는 매출이 감소되므로 괴롭다. 손실 규모가 심각한 경우 별도의 리스크로 관리한다.

협력사의 매출 감소 이외에도 특별한 문제점이 없는지 개개 협력사별로 검토한다. 계약서에는 없더라도 사업팀의 실무자가 구두 또는 메일로 부당한 압력을 행사했을 수도 있다. 거래가 유지될 때는 협력사가 부당한 압력을 꾹 참았겠지만, 거래가 중단되면 상황이 달라진다. 이 부분은 파악하기 어렵다. 해당 실무자가 사실대로 이야기하기 쉽지 않다. 실무자가 부당한 행위를 감출 수도 있으며, 부당하다는 것을 인지하지 못할 수도 있다. 협력사 사장이 울분을 참고 환한 미소로 대했던 것을 자신의 능력이나 인격으로 착각하는 것이다.

리스크 검토 단계에서 부당행위를 알릴 경우 최대한 선처할 것이며, 사업 중단 실행 이후에 발각되는 부당행위에 대해서는 엄중하게 책임을 묻겠다는 것을 명확히 밝혀야 한다. 실무자의 부당행위는 실적을 위한 의욕의 부작용일 수 있다. 부당행위를 일삼은 실무자가 평소에는 매우 능력 있는 직원으로 평가받았을 수 있다.

부당행위가 개인적인 비리일 경우에도 사업 중단 실행 이전에 미리 파악하는 것이 중요하다. 미리 알면 훨씬 더 쉽게 수습할 수 있다. 사소한 리스크도 서면으로 작성하여 기록을 남겨두어야 한다. 없으면 없다는 기록을 남겨서 '리스크 없음'이라는 의견에 대해 책임을 져야 한다.

사업을 중단하면 해당 사업의 임직원이 줄어들어 최종적으로는 아무도 안 남을 것이다. 다른 회사로 전직하였거나, 다른 업무로 전환되었을 것이다. 개인별로 언제 다른 부서로 발령을 낼 것인지 계획을 미리 세워둔다. 1년 이상 철수 사업에 잔류하여 업무를 수행하는 임직원에 대해서는 각별한 관리가 필요하다. 업무에 대한 만족도가 떨어지므로 타부서로 전환을 희망할 것이며, 퇴사를 고민할 수도 있다. 1년 이상 사업철수를 담당하는 인력이 다른 업무를 병행할 수 있도록 조치하는 것도 대안이 될 수 있다.

1년 정도 지나면 철수 사업의 매출도 많이 줄어들고 이슈도 대부분 해소되어 부서장들의 업무 목록에서 철수 사업의 우선순위가 떨어질 것이다. 조직 개편 등으로 임직원의 업무가 조정될 때 해당 철수사업의 관리에 공백이 생기지 않도록 주의해야 한다.

사업 중단의 전체 진행 절차는 다음과 같다.

(1) 검토: ① 손익 전망 → ② 리스크 검토 → ③ 중단 계획 수립 →
(2) 실행: ④ 영업 중단 → ⑤ 생산 중단 및 재고 소진 →
　　　　　⑥ 잔여 의무 이행 → ⑦ 계약 해지 또는 종료

세 번째 단계인 중단 계획 수립에 대해 살펴보자.

3.3.3 중단 계획 수립

사업 현황을 파악하고, 사업 중단의 리스크 검토까지 완료되면, 사업 중단이 완료될 때까지 어떠한 업무들을 해야 하는지 알 수 있다. 결국 손익 리스크(3.1절)를 포함하여 전체 리스크(3.2절)를 최소화하도록 조치를 취하는 것이다. 리스크의 속성이 다양하므로 동일한 계량 단위로 통합하는 것은 어렵다. 가령 소송 리스크의 경우 발생 여부도 예측하기 어렵고, 승소 여부는 더욱 예측하기 어렵다. 철수과정에서 발생하는 불미스러운 사건으로 인해 기업의 이미지가 실추되는 것도 그 손실을 계량화하기 어렵다. 이러한 정성적인 리스크와 손익과 같은 정량적인 리스크를 더하거나 곱하는 산술식으로 환산하기 어렵다. 따라서 우선순위를 정하여 상위 리스크를 우선하여 해소하는 방안을 수립하는 것이 관건이다. 일반적으로 소송 리스크와 이미지 실추는 기업에게 매우 중대한 리스크이다. 개인도 크게 다르지 않을 것이다. 사업철수 방안으로 사업의 중단을 선택한 경우, 소송이나 이미지 실추와 같은 중대 리스크 측면에서 상대적으로 안전하다. 계약의 이행을 전제로 철수를 실행하기 때문이다.

사업 중단은 매각이나 분사와 달리 사업철수가 완료될 때까지 기존의 사업 체계가 유지되므로 하던 업무를 계속하면 된다. 그러나 신규 영업과 생산이 중단되어 해당 사업의 업무가 점점 줄어들 것이다. 물론 담당 임직원도 줄어들 것이다.

다만, 영업과 생산이 중단되면서 새로 발생하는 업무들을 추가로 고려해야 하는데, 이들 업무의 대부분은 앞에서 검토한 리스크를 해소하는 것이다. 당신 회사가 사업을 중단하면 손해를 보게 되는 이해 관계자를 만나서 협의한다. 특별한 법적 의무가 없다 하더라도 사안이 심각한 경우는 미리 통보하여 대비할 수 있도록 한다. 미리 알려주기만 해도 큰 도움이 될 수 있다. 조치를 취하기 위해서는 보통 시간이 필요하며 급하게 대비할 경우 훨씬 더 큰 비용이 발생할 수 있다. 제품의 경우, 최종 주문 물량과 주문 시기에 대해 협력사와 협의하는 것으로 많은 문제점을 해소할 수 있다. 당신 회사는 물론 협력사도 불필요한 재고를 보유하지 않도록 중단 일정을 조율한다. 여러 이해 관계자가 관여되어 있으므로 조율이 쉽지 않다.

　이해 관계자 협의에 순서를 정해야 할 수도 있다. 보통은 '정부 → 고객 → 협력사'의 순서로 협의하는 것이 일반적이나 사업에 따라 다를 수 있다. 정부 승인이 필요 없는 경우는 정부 협의가 생략될 것이며, 사업 중단의 경우에는 고객 협의도 생략될 수 있다. 사업을 중단하더라도 고객과 기존에 체결한 계약은 이행할 것이기 때문이다.

　보통은 협력사도 여럿일 것이므로 협력사 협의에도 순서가 필요할 수 있다. 판매 협력사와 먼저 협의한 이후에 제조 협력사와 협의하는 것이 일반적이다. 최종 주문 물량을 계산해야 하기 때문이다.

　협의 과정에서 최종 주문 물량을 최소화하는 노력이 필요하다. 사업철수 최종 완료시기가 '최종 유통 이후 몇 년'과 같이 결정되기 때문이다. 사업이 중단된 상태에서 사업철수가 완료될 때까지 보통은 적자가 누적되며, 임직원 관리도 쉽지 않다. 이러한 이유로 서비스 품질이 저하될 수도 있다.

사업 중단으로 피해가 큰 곳부터 협의하는 것이 전체 피해 규모를 줄일 수 있는 일반적인 요령이다. 피해가 큰 것과 피해가 치명적인 것은 다를 수 있다. 이에 대한 우선순위는 사업팀의 판단이 중요하며, 보편적인 기준은 생각하기 어렵다. 피해가 큰 곳부터 협의하면 이후의 다른 이해 관계자와 협의할 때 판단의 기준으로 삼을 수 있다. 전화, 전자 메일 또는 공문과 같이 단순 통보로 협의가 완료될 수도 있지만, 여러 차례의 설명과 설득이 필요할 수도 있다.

협의에는 시간이 많이 걸리더라도 통보는 가능한 한 동시에 진행하여 당신 회사의 사업철수 소식을 신문이나 경쟁사 등과 같은 다른 경로로 알게 되지 않도록 한다.

업무가 줄어들면서 담당 임직원을 줄이는 인력 계획도 순서와 시기를 미리 계획한다. 임직원의 개인적인 특성과 업무 속성을 감안하여 인력 계획을 수립한다. 철수 사업의 임직원을 어떤 부서로 발령을 낼 것인지도 정해둔다. 인력 계획은 계약이 아니므로 실행 과정에서 상황에 따라 조정될 수 있다.

사업 중단 계획을 요약하면 다음과 같다.

- 모든 계약과 의무가 종료될 때까지 하던 사업을 하던 대로 차질 없이 완료한다. 이것이 가장 중요한 기본 업무이며, 늘 하던 업무이므로 별다른 어려움이 없다.
- 사업이 중단됨에 따라 새로 발생하는 업무를 추가하고 각각의

순서와 담당자를 정한다. 사업 중단으로 추가되는 업무는 임직원의 업무 전환 계획을 수립하는 것과 이해 관계자별로 리스크를 해소하는 것이다. 대부분의 이해 관계자별 리스크는 협의를 통해 해소할 수 있으며, 상황에 따라 협의를 생략해도 되는 이해 관계자가 있을 수 있다. 일반적인 협의 순서는 '정부 → 고객 → 판매 협력사 → 제조 협력사'의 순서이다.

사업 중단의 전체 진행 절차는 다음과 같다.

(1) 검토: ① 손익 전망 → ② 리스크 검토 → ③ 중단 계획 수립 →
(2) 실행: ④ 영업 중단 → ⑤ 생산 중단 및 재고 소진 →
⑥ 잔여 의무 이행 → ⑦ 계약 해지 또는 종료

사업 중단의 검토 단계인 세 가지 절차인 '① 손익 전망 ② 리스크 검토 ③ 중단 계획 수립'에 대해 살펴보았다. 사업 중단을 실행하기 위한 네 가지 활동(④ ~ ⑦)은 제4장 철수 실행에서 살펴보고자 한다. 미리 간단히 설명하자면 앞에서 수립한 중단 방안을 그대로 실행하는 것이다.

3.4 철수 방안의 선정

제3장의 3.1절부터 3.3절까지 사업철수 방안의 세 가지를 살펴보

왔다. 각각의 리스크와 장단점을 비교하여 최적의 철수 방안을 선정한다. 철수 방안을 선택하는 것은 통상 덜 괴로운 방안을 선택하는 과정이다. 다음과 같이 두 개의 표로 요약하면 경영진이 판단하기 좋을 것이다.

< 철수 방안 비교 - 사례 >

	매각	분사	중단
방안 개요	• 타 사업자에게 사업의 권리와 의무를 이관 • 이관 대상: 유형자산, 무형자산 (특허, 브랜드 등), 인력 등	• 종업원 지주회사를 설립하여 사업의 권리와 의무를 이관	• 생산중단 → 재고소진 → 애프터서비스(5년)
전제 조건	• 인력이관 필요 (3~7명) - 경쟁사에게 매각할 경우 3명 (기술 2, 유통 1) - 신규 사업자에게 매각할 경우 7명(기술 4, 유통 2, 기획 1) • 완제품 사업 및 부품 사업 일체를 이관 • 기 판매분에 대한 애프터서비스 의무 이관	• 인력이관 필요 (12~15명) - 기술 6, 유통 3, 기획 1, 관리 2, 관리 1 • 초기 운영자금 확보 필요(20억 원)	해당 사항 없음
고려사항 (리스크 등)	• 협상지연, 정보유출 시 사업가치 하락(경쟁사 악용)	• 사업초기 경영 안정화 (초기 자본금 조달)	• 5년간 누적 적자 40억 원 • 철수 완료까지 최소 인력 (2명) 유지

< 철수 방안별 장단점 비교 - 사례 >

	매각	분사	중단
철수 완료 기간	○ 양호 (수개월 소요)		X 나쁨 (제품 단종 후 5년간 수리 의무)
예상 수익	○ 양호 (매각수익 10~50억)	△ 보통 (자산 매각 10억)	X 나쁨 (향후 5년간 누적 적자 40억 원)
고객 리스크	△ 보통 (고객 동의 필요)		○ 양호 (제품 수리 의무 이행시 문제없음)
회사 부담	○ 양호 (우량 사업자에게 매각을 전제로)	△ 보통 (매각대금 상환 유예 등 초기 사업 운영 지원 필요, 사업 정상화까지 추적관리 필요)	X 나쁨 (누적손실, 장기간 인력 유지)
임직원 비전	△ 보통 (사업 연속)	○ 양호 (사업 연속, 종업원 지분 투자)	X 나쁨

협력사 리스크	△ 보통 - 경쟁사 매각 시: 제조 협력사 매출 30% 축소, 판매 협력사 매출 20% 축소 - 협력사 매각 시: 사업 구도가 유지되어 협력사 매출 변동 없음	○ 양호 (사업구도가 유지되어 협력사 매출 변동 없음)	X 나쁨 (제조협력사 매출 30% 축소, 판매협력사 매출 20% 축소)
	※ 사업 중단과 관련하여 계약상의 의무조항은 없음 (단, 3개월 이전에 (재)계약 중단 통보 필요)		

실무자는 사업 현황부터 이해 관계자별 리스크까지 매우 많은 자료를 작성하고 검토하였으나, 경영진은 두 번째 표인 장단점 비교 한 장으로 의사결정을 할 것이다. 실무자는 다소 허탈할 수 있다. 이 표 한 장만 작성하면 될 것을 왜 그렇게 고생했나 싶은 생각이 들 수 있다. 그러나 실무자의 노력은 헛된 것이 아니다. 빈틈없이 모든 리스크를 다 점검하였다는 사실이 중요한 것이다. 생각나는 몇 가지 리스크만 분석하는 것이 아니라 다소의 중복이 있더라도 누락 없이 리스크를 점검하는 것이 중요하다. 실무자가 뒤지고 뒤져서 백 개의 리스크를 분석하였다면 경영진은 서너 개 정도의 중대 리스크를 검토하여 판단한다. 실무자가 백 개의 리스크를 분석한 것이 일차적인 공로이고, 그 중에서 서너 개를 선정하는 것 또한 중요한 공로이다.

경영진은 리스크 중에서 '고객 리스크 → 회사 부담 → 임직원 비전 → 협력사 이슈'의 순서로 고민을 할 것이다. 고객 리스크가 방안별로 차이가 나면 경영진은 다음 이슈를 쳐다보지도 않고 결정할 것이다. 경영진은 고객 리스크를 가장 중시한다. 회사 부담과 임직원 비전은 비슷한 비중으로 검토된다.

철수 방안으로 매각이나 분사가 결정되면 이 정보를 아는 임직원들이 조심해야 될 사항이 있다. 향후 양수사가 결정되거나 분사사가 설립되었을 때 해당 업체의 주식이나 지분을 취득하면 안 된다. 현행법을 위반하는 행위이다. 관련 법률은 '자본시장과 금융투자업에 관한 법률'이다. 해당 법률의 제174조에 '미공개 중요정보의 이용행위 금지'에 관한 조항이 있다. 공개되지 않은 정보를 이용하여 공정하지 못한 이득을 취하면 안 된다는 것이 해당 법률의 취지이다. 또한, 분사 업체의 지분을 취득할 경우, 자금, 기술지원, 인력 등의 혜택을 제공하려는 유혹을 받을 수 있어 업무처리의 공정성을 잃을 수 있다. 상세한 내용은 제6장의 기타 고려사항에서 설명한다.

04 철수 실행

사업철수의 실행은 다음과 같이 세 가지로 구분된다.

   (1) 매각 실행
   (2) 분사 실행
   (3) 사업 중단 실행

제3장에서 설명한 세 가지 철수방안에 따라 각각의 실행 방법이 다르다. 철수 방안으로 매각이 결정되었으면 매각을 실행하고, 분사가 결정되었으면 분사를 실행한다. 사업을 중단하기로 결정하였으면 사업 중단을 실행한다.

  매각과 분사는 사업이 유지되고 사업을 양수도 한다는 공통점이 있으므로 실행 과정에서도 유사한 점이 있다.

  제3장에서 철수 방안을 수립할 때는 아직 철수 방안이 결정되어 있지 않으므로 세 가지 방안 모두를 검토한다. 경영진 보고를 통해 철수 방안이 결정되면 해당 방안의 실행 방법만 이해하면 될 것

이다. 즉, 매각이 결정되면 제4장에서는 '(1) 매각 실행' 부분만 읽으면 된다. '(2) 분사 실행'과 '(3) 중단 실행'은 읽을 필요가 없다.

세 가지 철수 실행 방법 각각에 대해서 살펴보자.

4.1 매각 실행

매각은 사업을 파는 것이다. 당신 회사가 사업을 양도하고 양수사가 사업을 인수한다. 매각의 전체 진행 절차는 다음과 같다.

(1) 검토: ① 양수 후보사업자 섬토 → ② 법무 검토 →
　　　　　③ 사업가치 평가 (Valuation) →
(2) 실행: ④ 양수도 협상 → ⑤ 고객 승인 →
　　　　　⑥ 협력사 등 이해 관계자 협의 →
　　　　　⑦ 양수도 계약 체결 → ⑧ 양수도 실행

매각의 전체 진행 절차에서 검토 단계의 세 가지 활동(① ~ ③)은 제3장 제1절의 매각 방안 수립에서 설명하였다. 이제 실행의 다섯 가지 활동(④ ~ ⑧)에 대해서 살펴보자.

4.1.1 양수도 협상

당신 회사는 사업을 팔기로 결정하였다. 해당 사업을 구매할 상대방을 찾아야 한다. 신문이나 인터넷을 통해 매각 계획을 공개하고 양수 희망자를 물색할 수도 있겠으나, 비밀리에 매각을 진행해야 하는 경우가 일반적이다. 해당 사업의 철수 소식이 알려지면 고객이 불만을 가질 수 있기 때문이다. 매각을 공개하더라도 고객 계약을 이행할 자격과 능력을 갖춘 우량한 사업자를 선정한 이후에 공개하여 고객이 불안하지 않도록 해야 한다.

양수 희망 사업자를 공개적으로 물색할 수 없으니, 사업팀 담당자들이 해당 사업을 살 것 같은 사업자를 추측해야 한다. 제3장의 철수 방안 중에서 3.1절의 매각 검토 단계에서 다음과 같이 여러 양수 후보사업자를 조사해 두었다.

[양수 후보 사업자 현황]

구분	업체명	현황 (억원)	양수 의향 (추정)	비고
경쟁사	가나다	- 매출 1,672, 손익 27(1.6%) - 신용등급 BBB	높음 (사업 확대 중)	협상지연 또는 정보유출시 사업가치 하락
	나다라	- 매출 … - 신용등급 …	보통 (유통망에 관심)	인수시 시장 점유율 50% 초과 (독과점 규제 검토 필요)
협력사	다라마	- 매출 … - 신용등급 …	높음 (경쟁사 양수시 사업 위축)	-
	라마바	- 매출 … - 신용등급 …	보통 (사업 확대 희망하나, 설립 초기로 경영 안정화에 주력)	양수도 대가 지불능력 확인 필요
관련 사업 전개	마바사	- 매출 … - 신용등급 …	보통 (사업 확대 희망하나, 해당 사업 경험 없음)	-
	바사아	- 매출 … - 신용등급 …		-

양수 후보 사업자 현황에 관한 자료를 바탕으로 협상 우선순위를 정하여 순차적으로 협상을 시도한다. 상황에 따라 여러 양수 후보

사업자와 동시에 협상을 진행할 수도 있다. 협상 대상자가 정해지면 다음의 절차와 같이 협상을 진행한다.

① 의향 타진 → ② 기밀유지협약 체결 → ③ 실사 →
④ 양수도 조건 확정

협상 절차를 각 단계별로 살펴보자.

1) 의향 타진

양수 후보 사업자에게 해당 사업을 인수할 의향이 있는지 물어보고 대답을 듣는 것이다. 밑도 끝도 없이 사업을 인수할 것이냐고 물어볼 수는 없다. 상대방에게 사업에 대한 최소한의 정보를 제공해야 한다. 자세히 알려주지 않고 최소한의 정보를 제공하는 이유는 매각의 성사가 불확실하기 때문이다. 더군다나 지금은 기밀유지협약도 체결하지 않은 상황이다.

사업의 기밀 자료를 모두 제공한 상태에서 매각에 실패할 경우, 상대방이 당신 회사의 중요 내부 정보를 활용하지 못하도록 통제할 수단이 없다. 심지어 협상 대상자는 경쟁사일 수도 있다. 제공한 자료를 모두 폐기해 달라거나, 모두 잊어 달라는 부탁은 상대방이 매우 착하거나 바보이기만을 바라는 것과 같다. 상대 회사의 실무자 또한 당신처럼 유능하며 실적에 시달리는 고달픈 인생을 살고 있다.

대략 다음과 같은 정도의 정보는 의향 타진을 위해 알려주어야 할 것이다. 상대방 실무자도 경영진에게 긴급 현안으로 보고해야 하는데 기초적인 정보조차 별도로 조사하거나 추측할 수는 없다.

- 시장 현황: 과거 3개년 시장규모, 향후 3개년 시장전망, 필요할 경우 시장을 세분화
- 사업 실적: 과거 3개년 매출 실적 및 손익
- 인력 현황: 영업 몇 명, 기술 몇 명, 전체 인력과 필수 인력을 구분
- 협력사 현황: 판매 협력사 몇 개, 제조 협력사 몇 개, 협력사별 역할

글씨를 조금 작게 쓰고, 설명을 생략하면 한 페이지로 정리할 수 있다. 당연하게도, 제2장에서 조사한 사업현황의 일부 내용이다. 물론 회사마다 상황이 다르고 사업마다 특성이 다르므로 앞에서 제시하는 정보 제공의 범위에서 적절하게 가감하면 될 것이다. 나중에 협상에 진전이 있으면 기밀유지협약을 체결하고 필요한 정보를 상세하게 제공할 것이므로 지금 단계에서 조급하게 처신할 필요가 없다. 많이 알려준다고 인수 가능성이 높아지는 것이 아니다. 나중에 해당 정보가 어찌어찌하여 유출되더라도 크게 곤란한 일이 없는 범위 내에서 정보를 제공하면 된다.

만나서 협의를 할 때에도 가능한 한 구두로 설명하고 문서를 주지 않도록 한다. 상대회사의 실무자가 간곡히 요청하면 못 이기는 척하고 회의 말미에 넘겨주되, 기밀을 철저히 유지하겠다는 다짐을 두 번 세 번 받아둔다. 문서를 넘겨줄 상황을 대비하여 문서에는 고유명사를 기재하지 않는다. 당신 회사명은 물론이고, 사업명

도 기재할 필요가 없다. 보고서에 늘 쓰던 제목과 날짜도 필요 없다. 문서를 넘겨주는 순간 상대편 실무자가 연필로 협의 일시와 참석자를 허겁지겁 기재할 것이다.

양수 의사 타진을 위한 협의 자료의 사례는 다음과 같다.

*시장 (억원)

	20yy년 (3년전)	20yy년 (2년전)	20yy년 (작년)	20yy년 (올해)	20yy년 (내년)	20yy년 (2년후)	20yy년 (3년후)
계							
제품 A							
제품 B							

*실적 (억원)

	20yy년 (3년전)	20yy년 (2년전)	20yy년 (작년)	20yy년 (올해 전망)
매출				
한계이익				

* 인력
- 전체 인원: 60명 (영업 10, 개발 20, 운영 30)
- 필수 인원: 25명 (영업 8, 개발 10, 운영 7)

* 협력사
- 대리점: 12개
- 기판 제작 1개사, 부품 조립 1개사, 기구물 제작 1개사

특별히 더 쓸 내용은 없으나, 회사마다 사업마다 차이가 있을 수 있다. 협상 대상자가 이미 오래전부터 협력관계가 있는 상황이라면 내용이 달라질 수 있다.

실적에서 매출은 별 논란이 없을 것이다. 재료비 성격의 한계이익도 누가 사업을 수행하든지 당신 회사의 한계이익과 별 차이가 없을 것이다. 물론 대단한 혁신을 통해 원가를 극적으로 줄일 수도 있겠지만, 사업을 인수하는 시점에서 기대하기는 어렵다. 이 밖에 영업이익을 추가로 알려줄 수도 있으나, 회사마다 간접비의 구조가 다르므로 당신 회사의 영업이익 흑자가 반드시 양수사에게도 흑자를 보장하는 것은 아니다. 거꾸로 당신 회사의 영업이익이 적자라고 해도 양수사는 흑자일 수 있다. 나중에 양수사가 양수 의사를 명확히 밝힌 후에 실사 과정에서 논의될 것이므로 지금 단계에서 서두를 필요는 없다.

인력은 전체 인원과 필수 인원을 구분하였으나, 필수 인원은 나중에 알려주어도 무방하다. 전체 인원이 60명인데 필수 인원이 25명이면 나머지 35명은 어떤 임직원인가 궁금할 수 있다. 한가롭게 놀고 있는 임직원이라는 것은 아니다. 상대방도 사업팀장 정도의 연륜을 갖고 있으면 쉽게 이해할 수 있을 것이다. 필수 인력이라 함은 해당 사업이 양수사에게 매각된 이후에도 원활하게 서비스 품질을 유지하기 위해서 꼭 전직해야 하는 임직원이다.

고객을 직접 만나서 고객을 설득할 수 있는 영업직원, 제품 개발을 주도적으로 수행하여 설계도를 빈 종이에 새로 그릴 수 있는 기술직원, 그리고 장비 운영을 수년 이상 담당하여 소리만 듣고도 어떤 부품을 교체할 때가 되었는지를 알고 있는 운영직원들이 필수 인력들이다. 나머지 임직원들은 이들 필수 인력을 중심으로 보조하면서 사업을 수행하고 있을 것이다. 즉 필수 인력만 전직하면 그 인력이 양수사 직원의 도움을 받아서 사업을 지속할 수 있다. 경우에 따라 양수사가 해당 사업을 담당할 임직원을 새로 채용하거나 양수사에서 다른 업무를 담당하고 있는 임직원이 양수한 사업으로 업무를 전환할 수도 있다.

통상 필수 인력은 전체 인력의 절반이 안 될 것이며, 양수사의 상황에 따라 달라질 수 있다. 양수사가 동종업계의 경쟁사라면 중복되는 기능을 수행하는 임직원이 이미 있으므로 필수 인력은 최소화된다. 반대로 신규로 진출하는 경우에는 필수인력의 규모가 클 것이다.

임직원의 전직은 양수도 결정에 있어서 손익만큼이나 중요한 요소이다. 즉, 인력 이관 자제가 양수도 협상에서 중요한 조건이다. '전직을 희망하는 임직원은 모두 이관 받음'과 '필수 인력에 한해 이관 받음'은 매우 다른 양수도 조건이다.

양수사가 사업을 인수하기로 결정하면 필수 인력을 이관받아야 하는데 이 또한 쉽지 않을 수 있다. 양수사는 물론 당신 회사도 전직을 명령할 수 없기 때문이다. 통상 양수사가 주도적으로 핵심 인력의 전직을 설득한다. "저쪽으로 가세요."라는 설득보다는 "이쪽으로 오세요."라는 설득이 모양새도 좋고 효과도 좋다. 물론 양도하는 회사의 협조도 필수적이다. 알음알음으로 연결된 선후배 동료들이 "전직하지 말고 남아서 나랑 같이 일하자."고 제안하면 전직을 결정하기 쉽지 않다. 이와 같이 공사의 구분이 애매한 의사소통을 근원적으로 차단할 수는 없겠지만, 핵심인력을 다른 부서로 미리 전환하는 것은 매각을 포기하는 것과 같다.

양수사는 필수 임직원을 설득하기 위해 다양한 수단을 동원할 수 있다. 급여를 조정할 수도 있고, 직위를 제안할 수도 있다. 해당 필수 임직원은 전직에 대한 불안도 있겠지만, 잔류했을 경우 해당 사업이 없는 상황에서 어떤 일을 할 것인지에 대한 불안 역시 클 것이다. 해당 사업의 필수 임직원이라 함은 다른 업무에는 적합하지 않을 가능성 또한 크기 때문이다. 의사가 병원에서 진료를 그만두고 회계 업무를 담당하는 상황을 생각해 보면 이해하기 쉽다. 불가능하지는 않겠으나 비효율이 상당하다.

상황에 맞추어 해당 임직원과 회사 간의 적절한 절충이 필요하다. 적절하게 절충하라니 무언가 신통한 방안을 기대했던 당신에게 다소 실망스럽겠지만 그야말로 묘수는 없다. 독립적으로 사고하는 다수의 상대방과의 협상이기 때문이다. 그러나 모든 일이 그러하겠지만 특히 회사 업무라는 것은 늘 상대방을 설득하는 것 아니겠는가. 고객을 설득하고, 경영진을 설득하고, 부서원들을 설득해온 사업팀장은 의외로 어렵지 않게 실마리를 풀 수 있다. 기본적으로 본인이 잘 해온 업무를 지속한다는 것은 본인에게나 주변 사람들에게 모두 바람직한 상황이다. 주변 사람들이라 함은 회사의 동료도 포함되고, 고객도 포함되며, 가족도 포함될 수 있다. '잘 하는 일을 계속 하는 것'과 같이 중요한 요소가 불필요한 불안으로 퇴색되지 않도록 주의해야 한다.

협력사에 대한 정보는 크게 의사결정에 영향을 미치지 않으나 해당 사업의 구조를 이해하는데 도움이 된다. 본사와 협력사가 각각 어떤 역할을 담당하는지를 이해할 수 있으며, 협력사가 체계적으로 운영되고 있으면 훨씬 더 수월하게 사업을 인수할 수 있다. 협력사가 하는 역할을 고민하지 않아도 되기 때문이다. 최적화된 협력사 체계 또한 고객에 버금가는 소중한 자산이다. 적절한 협력사를 찾고 계약조건을 협상하기 위해서 얼마나 많은 공을 들였는지를 떠올리면 이해할 수 있을 것이다.

협력사는 통상 사업 양수도 과정에서 별다른 문제를 제기하지 않는다. 어찌 되었든 사업이 유지될 것이기 때문이다. 양수사가 당신 회사보다 사업을 더 적극적으로 전개하여 주문량이 늘었으면 하는 바람 정도가 있을 것이다.

영업에 경험이 많은 실무자는 인수 합병에 대한 업무 경험이 없더라도 별 어려움 없이 양수 의향을 알아볼 수 있다. 고객에게 제품을 파는 것이나, 양수사에게 사업을 파는 것이나 상대방과 협의하여 설득하는 과정이 유사하기 때문이다. 가능하면 부서장이나 그에 준할 정도로 업무 경험이 풍부한 실무자가 의향 타진 업무를 담당하는 것이 바람직하다.

양수 의향 확인 후의 실사 과정부터는 사업팀 단독으로 진행하기 어렵다. 가치 평가를 할 수 있는 회계팀과 계약을 담당하는 법무팀의 도움이 필요하다. 전체 진행을 누가 담당할 것인지는 회사마다 다를 것이나, 전략팀이나 재무팀이 무난할 것이다.

양수 의향을 타진하기 위한 협의 중에 양수 후보 사업자로부터 반드시 듣게 되는 질문이 있다. "왜 파세요?"

대답은 다음과 같이 다양할 수 있다.

- "핵심 사업에 집중하기 위해서입니다."
- "신규 사업을 확대하기 위해 경영자원을 재배치 중입니다."
- "말레이시아에 공장을 지을 예정입니다. (돈이 필요합니다)"
- "신문지상에서 보셨는지 모르겠습니다만, 작년에 당사 초우량 고객이 도산을 하는 바람에 자금 압박이 심각했었습니다. 급하게 받은 대출을 감당하기 어려워 고육지책으로 사업매각을 결정했습니다."

반드시 상대방이 수긍할 수 있는 이유를 제시해야만 하는 것도 아니다. 다음의 사례는 잘 모르겠다는 말을 정중하게 한 것이다.

- "최근에 경영진이 바뀌면서 회사가 여러 가지 변화를 시도하고 있습니다. 이번 매각도 그 중의 하나입니다. 이번 매각에 반대하는 목소리도 상당합니다. 개인적으로는 저도 아까워하는 사람 중의 하나입니다."
- "송구스럽습니다만, 저도 이번 매각 결정의 배경에 대해서 설명을 들은 바가 없습니다. 사업팀장으로서 자신 있게 드릴 수 있는 말씀은 사업에 문제가 있는 것은 아닙니다."
- "매각 협상이 본격적으로 진행되면 실사과정에서 자연스럽게 설명드릴 기회가 있을 것입니다. 현재로서는 설명 드리기 어려운 상황을 이해해 주시기 바랍니다."

길게 설명할 필요 없다. 심지어 모른다고 대답할 수도 있다. 하지만 미리 준비를 하지 않으면 당황할 수 있다. 우물쭈물하면 무언가 숨기는 것이 있지는 않나 하는 불안이 생길 수 있으니 간단하게라도 답변을 준비해야 한다.

　매각 사유 이외에도 궁금한 점이 많을 것이다. 시장이나 사업에 대한 질문은 객관적인 사실에 한하여 간략하게 대답한다. 매각 조건에 대해서도 질문이 있을 수 있다. 회사가 미리 정한 조건이 있으면 그 내용을 설명한다. 보통의 경우 해당 사업과 관련한 모든 것을 양수도하는 것이 기본적인 조건이다. 모든 것이라 함은 유형자산, 무형자산, 임직원, 고객 계약, 협력사 계약, 기존 계약에 의한 의무 등이다. 모두 제2장의 사업현황에서 조사한 내용이다. 경우에 따라서 다른 사업과 공유하는 자산, 예를 들어 특허 등과 같은 지적재산권은 양수도 대상에서 제외한다든지, 공유한다든지, 사용권을 부여한다든지 등과 같은 다양한 거래 조건이 있을 수 있다.

　양수도 대가, 즉 매각 대금에 대해서도 질문을 받을 수 있으나, 실사 이전에 언급되는 매각 대금은 아무 의미가 없다. 물어보는 상대방도 부르는 대로 지급할 생각이 있는 것이 아니다. 상대방이 사업 거래에 경험이 많지 않을 경우, 어마어마하게 비싼 것은 아닐까 하는 걱정이 있는 것이다. 당신 회사가 양수 후보 사업자를 선정할 때 매각 대금 지불 능력까지 고민한 것을 알아채지 못한 것이다.

　매각 대금에 대해서는 많이 불러서 상대방이 지레 포기하는 것도 바람직하지 않고, 적게 부르면 다음 협상에서 올리기 어려우니 지금 단계에서는 대답하지 않는 것이 적절하다. 오히려 상대방이 양수 의향을 밝힐 때 사업인수 조건과 함께 양수도 대가에 대해서도 제안을 해달라고 요청하면 무난하다. 상대방도 실사 이전에 액수를 미리 밝히는 것이 부담스러울 것이다. 지금 부르는 액수가 협상 과정에서 얼마든지 조정될 수 있다는 것을 알아도 먼저 인수 희망 가격을 밝히기 어렵다.

이런 저런 질문에 대해 모른다고 대답할 수는 있으나, 사실이 아닌 것으로 설명하면 안 된다. 실사 과정에서 드러날 수밖에 없으며, 드러나지 않는다고 해도 정의롭지 못하다. 회사가 당신에게 거짓말을 지시하지 않았을 것이며, 당신의 불필요한 의욕이 매우 어려운 상황을 초래할 수 있다. 사업의 매각은 노련한 사업팀장이라도 자주 경험하는 업무가 아니기 때문에 과도한 의욕이 앞설 수 있다. 이번 매각이 당신 인생에 있어서 최후의 업무는 아니다.

이런 저런 질문에 대해 답변이 곤란한 경우에는 대답을 다음 기회로 미루면 된다.

- "사무실에 들어가서 확인 후에 연락을 드리겠습니다."
- "당사 경영진에게 귀사의 입장을 보고 드린 후에 답변을 드리겠습니다."

이 두 가지 답변만 외우고 있으면 첫 협상을 진행함에 있어 크게 어려움이 없을 것이다.

양수 후보 사업자도 경영진에게 보고하고 진행해야 하므로 생각보다 시간이 많이 소요된다. "관심 있어요?"라는 간단한 질문에 "어디 한번 이야기해 봅시다."와 같은 간단한 대답을 듣기까지 2주

정도 소요될 것이다.

이러한 양수 의향 타진은 순차적으로 진행될 수도 있지만, 여러 양수 후보 사업자를 대상으로 동시에 진행될 수도 있다. 정답이 있는 것은 아니겠지만, 시간을 단축시킬 수 있다는 측면에서는 동시에 진행하는 것이 유리할 것이다.

양수 의향을 물어보는 과정에서 당신 회사가 매각을 서두른다는 인상을 주는 것은 바람직하지 않다. 독촉한다고 빨리 대답할 것도 아니며, 서두르면 충분히 알아보지 못한다는 생각에 보수적으로 판단하기 쉽다. 즉, 양수 제안을 거절할 가능성이 높다. 여러 양수 후보 사업자와 협의 중일 경우, 경쟁을 부추기는 방법도 생각해 볼만하다.

2) 기밀유지협약 (NDA: Non-Disclosure Agreement) 체결

양수 후보 사업자가 양수 희망 의사를 밝히면, 협상을 시작하기 전에 기밀유지협약을 체결한다. 이제부터 당신 회사가 양수 후보 사업자에게 제공하는 정보는 어디 다른데 가서 유출하지 않겠다는 약속을 하는 것이다. 기밀유지협약은 회사에서 매우 빈번하게 체결되는 계약이므로 회사마다 참조할 수 있는 사례를 구하기 쉽다. 이 책에서 길게 설명하는 것보다 법무팀으로부터 사례를 몇 개 구해서 10분만 읽어보면 쉽게 이해할 수 있을 것이다. 문서를 작성하고 서명이 완료될 때까지 하루 이틀이면 충분하다. 상대편 회사도 기밀유지협약의 체결은 생소한 업무가 아니므로 진행이 어렵지 않다.

3) 실사

양수 의향을 확인하고 기밀유지협약(NDA)까지 체결하였으면, 양수사가 인수하려는 사업을 충분히 이해할 수 있도록 양도사가 설명을 하고 자료도 제공한다. 그야말로 사업에 대해서 양수도 협상 대상자가 실제로 조사하는 것이다. 실사 과정에서 당신 회사가 제공하는 자료는 제2장에서 조사한 사업현황의 일부분일 것이다.

양도사가 사업실적, 양수도 대상 유무형 자산, 인력 현황 등과 같은 기초자료를 양수사에게 제공한 이후에 양수사의 질문과 양도사의 답변이 몇 차례 반복될 것이다. 경우에 따라 기술직원 등, 특정 임직원을 대상으로 심층 면담이 진행될 수도 있다.

당신이 성실하게 대응하고 적절한 자료를 제공하여도 상대방은 중요한 자료가 누락된 것은 아닌지, 과장된 것은 아닌지 불안할 수 있다. 서운한 생각이 들 수도 있으나, 상대방이 아무런 고민 없이 덥석덥석 믿는 모습은 더욱 당황스러울 것이다. 자주 경험하지 못한 거래를 진행하면서 예민할 수밖에 없는 상대방을 이해해야 한다. 시간이 걸리더라도 충분히 설명하여 납득시키는 것이 거래를 원만하게 성사시킬 수 있는 지름길이다.

실사 과정에서 반드시 알려주어야 하는 내용 중에 간과하기 쉬운 것은 사업과 관련하여 외부기관, 특히 정부로부터 받은 면허, 허가증, 자격, 인증 등이다. 이 중에는 양수도가 가능한 것도 있을 수 있으나, 양수사가 새로 취득해야 하는 경우도 있다. 양수사가 해당 면허 등이 필요하다는 것을 실사 과정 중에 알려주어야 한다. 여태까지 사업을 해왔던 당신 회사는 해당 내용을 잘 알고 있지만,

양수사는 알려주지 않으면 알기 어렵다. 면허 취득 조건이 까다로워서 양수도가 중도에 무산될 수도 있다.

필요한 면허 및 자격의 종류, 취득 방법, 유지비용 등에 대해 알려준다. 관련 행정기관의 해당 정보가 소개되어 있는 웹사이트 주소 또는 해당기관 담당부서의 전화번호를 알려주면 양수사가 알아서 해결할 것이다.

인증 등과 관련해서는 양수사가 해당 사업을 당신 회사로부터 양도받았다는 근거 자료를 첨부하면 손쉽게 취득할 수 있는 경우도 있다. 나중에 체결할 양수도 계약이 이러한 근거 자료가 될 수 있다. 다만, 양수도 계약에는 자격 및 인증에 관한 내용 이외에도 외부에 공개하기 어려운 합의 내용이 포함되어 있을 수 있다. 이런 경우, 별도로 해당 내용을 확인하는 문서(공문)를 작성하면 된다.

양도사에서 실사 업무를 누가 담당할 것인지에 대해서도 고민할 필요가 있다. 해당 사업 근무 경력이 충분하여 사업의 내용과 이력을 잘 알고 있어서 어지간한 질문은 바로 대답해 줄 수 있는 임직원이라면 실사 업무가 효율적이고 신속하게 진행될 수 있다. 질문을 받을 때마다 여기저기 알아보아야 하는 상황이면 실사가 지체되는 것도 문제이지만, 정보가 제대로 전달되지 않을 수도 있다. 이러한 관점에서 해당 사업팀에서 근무 경력이 충분한 실무자가 실사 대응 업무의 적임자이다.

또한, 매각 협상이 성사될 경우 양수사로의 전직이 확실한 임직원이 실사 대응 업무를 진행하는 것도 고려해 볼 필요가 있다. 양수 후보 사업자는 매각 이후에 같이 근무하게 될 임직원이므로 실사 과정에서 제공받은 정보를 신뢰할 수 있다. 물론 매각 이후에 양수사로 전직이 확실한 임직원은 해당 사업 경험이 많은 필수 인력일 것이다.

  사업팀의 전문 실무자가 실사 업무를 수행하는 것은 정보 제공 측면에서 확실히 효과적이다. 그러나 실사 이후에 매각 협상이 결렬될 수도 있다는 점을 잊지 말아야 한다. 사업팀 실무자는 새로운 회사에서 중요한 직책을 담당하게 될 것이다. 따라서 양수 후보 사업자로부터 공로를 인정받고 싶은 의욕으로 인해 불필요한 정보를 제공할 수도 있다. 해당 실무자는 매각이 당연히 성사될 것으로 예단하고 정보 제공의 범위에 대해 크게 고민하지 않을 수 있다.

  실사 단계에서는 사업을 거래하기 위해 필요한 내용에 한정하여 정보를 제공해야 한다. 일단 정보를 제공하고 나면 기밀유지협약을 체결하였더라도 해당 정보의 부적절한 유출을 통제하기 어렵다. 당신 회사 내의 정보도 통제하기 쉽지 않다는 것을 잘 알고 있을 것이다.

  그렇다면 실사 대응팀을 어떻게 구성하는 것이 적절할까? 전사의 기획팀 실무자는 해당 사업의 전문 지식이 부족하여 정보 제공이 비효율적이다. 사업팀의 전문 실무자는 해당 사업을 잘 알고 있어서 정보 제공은 효율적이나 정보 제공의 범위를 통제하기 어렵다.

  결국 기획팀 실무자와 사업팀 실무자가 협조하여 실사에 대응하는 것이 합리적이다. 다소 시간이 걸리더라도 기획팀 실무자가 양수도 협상 대상자로부터 질문을 접수하고, 해당 내용을 제일 잘 설명할 수 있는 사업팀의 실무자와 협의하여 자료를 제공하는 것이 바람직하다. 물론 매각 업무를 주도하는 부서가 기획팀이 아니라 재무팀이나 사업팀일 수도 있다. 부서와 무관하게 매각 협상이 성사되어 양수도가 실행되어도 양수사로 전직하지 않고 양도사에 잔류하는 임직원이 실사 업무를 총괄하는 것이 바람직하다.

실사를 총괄하는 기획팀 실무자는 어떤 기준으로 양수 후보 사업자에게 정보를 제공하거나 통제해야 할까? 기밀유지협약이 정보유출을 근원적으로 불가능하게 만드는 마법의 조치는 결코 아니다. 단순한 부주의로 유출될 수도 있지만, 협상 대상자가 의도적으로 정보를 유출하는 것도 결코 불가능하지 않다. 양수 후보 대상자는 경쟁사일 수도 있다.

가장 간단하면서도 효과적인 정보 제공 여부의 판단 기준은 제공하려는 정보가 유출될 경우를 가정하는 것이다. 제공한 자료가 신문지상에 보도되거나, 고객에게 전달되는 경우를 가정해보면 판단이 어렵지 않다.

시장 현황과 같이 외부기간이 이미 공개한 자료는 별 고민 없이 제공할 수 있다. 그러나 고객정보가 포함되어 있다든지, 임직원의 실명이 포함되어 있는 자료는 매우 조심해야 한다. 가능한 한 집계 자료 형식으로 제공하며 개별 고객이나 임직원에 관한 자료는 제공하지 않는 것이 바람직하다.

정보 제공 사례를 비교해 보자.

- 정보 제공 (나쁜 예): 고객사 ABC의 연간 매출액 12억 원, 개발팀장 홍길동 부장 45세

- 정보 제공 (좋은 예): 제조업 고객 20개사의 연간 매출액 60억 원, 개발팀장 포함 15명

일단 자료에서 회사명, 임직원명 등과 같은 고유명사만 빠져도 정보유출 리스크는 급격히 감소된다. 사실 양수 후보 사업자가 고유명사를 알 필요가 없다. 매우 중요한 고객이나 임직원이라면 이미 업계에서 다 알고 있다. 부득이한 경우에도 'ㅇㅇ테크'와 같이 실명을 가리도록 한다. 문서 작업이 번거롭겠지만, 크게 어렵지 않다.

실사 과정은 시간이 꽤 소요된다. 양수 후보 사업자가 자료를 파악하고, 부족한 자료를 양도사에게 요청한다. 양도사는 요청받은 자료를 정리하고 제공해도 되는지 검토하고 송부한다. 이러한 과정이 몇 차례 반복되면, 양측 실무진이 실사 업무에만 매진하여도 한두 달은 금세 지나간다. 실무자 입장에서는 매각 진척이 더딘 듯하여 조급해 질 수 있으나 서두를 일은 아니다.

4) 양수도 조건 확정

양수 의향을 타진하고 기밀유지협약을 체결하고 실사까지 마쳤다면, 매각 협상이 마무리 단계에 접어든 것이다. 양측이 양수도 조건을 확정하는 단계이다. 양수도 조건에서 가장 중요한 부분은 사업 매각을 위해 양도할 것과 양도 대가에 관한 것이다. 쉽게 이야기해서 줄 것과 받을 것을 확정하는 것이다.

제2장에서 설명한 사업현황에 양수도 대상이 모두 언급되어 있다. 제2장의 전체적인 구성은 다음과 같다. 밑줄 친 세 항목이 양

수도 대상으로 검토해야 하는 항목이다.

① 사업개요 ② 사업실적 ③ 시장분석 ④ 고객현황 ⑤ 영업현황
⑥ 협력사 현황 ⑦ 관련 외부기관 (정부 등) ⑧ 인력현황 ⑨ 자산현황 ⑩ 계약현황 ⑪ 기타

| 양수도 대상 - 인력 |

사업 매각에서 인력은 가장 중요한 요소이지만 엄격하게 이야기해서 양수도 대상은 아니다. 임직원은 모두 개인별로 당신 회사와 근로계약을 체결하고 있는 이해 관계자이다. 평상시에 부서장이 지시하는 대로 업무를 수행한다고 하여 전직까지 지시할 수는 없다. 양도사와 양수사가 협의한다고 하여 해당 임직원의 전직이 결정되는 것은 아니다. 각각의 해당 임직원이 양수사로 전직할 것을 동의해야 한다.

양수도 조건 확정 단계에서 인력 부분에 대해 양도사와 양수사가 협의하는 내용은 전직이 필요한 담당 임직원의 범위이다. 어떤 경우에는 양도사가 최소한의 인력만 전직하기를 바라는 경우도 있고, 반대로 최대한 많은 인력이 양수사로 전직하기를 바랄 수도 있다. 양수사 역시 최대한 많은 인력을 받고 싶은 경우가 있고, 반대로 최소한의 인력을 받고 싶어 할 수도 있다. 양도사와 양수사간에 이해관계가 일치하면, 예를 들어 양도사는 가능한 한 많은 인력이 전직하기를 바라고 양수사도 가능한 한 많은 인력을 받고 싶어 하면, 인력 이관의 범위에 관한 협상은 순조로울 것이다. 다음의

표는 양도사와 양수사의 입장에 따라 인력이관의 범위에 대한 협의가 쉬울 수도 있고 어려울 수도 있는 경우를 요약한 것이다.

< 인력 이관의 범위 >

양도사의 입장 \ 양수사의 입장	인력을 많이 받고 싶음	인력을 적게 받고 싶음
많은 인력의 전직을 희망	인력 이관의 범위에 대한 협의가 쉬움	인력 이관의 범위에 대한 협의가 어려움
적은 인력의 전직을 희망	인력 이관의 범위에 대한 협의가 어려움	인력 이관의 범위에 대한 협의가 쉬움

물론 개개인이 전직에 대해 동의해야 한다. 양도사와 양수사는 이관 인력의 범위만 정하고 해당 인력 개개인에 대한 설득은 양수사가 주도하여 진행한다. 가라는 설득보다는 오라는 설득이 여러모로 바람직하다.

개개인을 설득해야 한다니 대상 인력이 수십 명을 넘어서면 암담하게 느껴질 수 있다. 섬세하게 접근할 필요는 있으나, 그리 어려운 일은 아니다. 업무 영역별로 지도자 역할을 하는 임직원 몇 명만 설득하면 나머지 인력은 지도자급 인력이 쉽게 설득할 수 있다. 즉, 영업직 지도자급 인력 한두 명, 개발직 지도자급 인력 한두 명 등과 같이 핵심 인력 몇 명을 설득하는 것이 중요하다. 이러한 지도자급 인력은 부서장이 아닐 수도 있다. 실력과 인품을 겸비하여 후배 사원들이 믿고 따르는 임직원이 바로 지도자급 인력이다.

실사 과정에서 전직 대상 인력 모두에 대해 동의를 받을 필요는 없으나, 지도자급 핵심 인력 몇 명에 대해서는 어느 정도 전직에 대해 공감대를 형성해 두어야 한다. 앞서 설명한 핵심인력에 대한 인터뷰 과정에서 양수사는 영입에 대한 의향도 넌지시 확인해 두어야 한다.

핵심 인력이 전직을 결심하게 되는 동기는 여러 가지가 있을 것이다. 급여 등과 같은 처우조건도 동기가 되겠지만, 큰 차이가 나기는 어려울 것이다. 지도자급 핵심 인력이라면 사업에 대한 미래 비전에 큰 비중을 둔다. 양수사가 해당 사업에 대해 어느 정도 의지를 갖고 있는지를 중요하게 생각할 것이다. 지도자급 임직원도 후배 임직원을 설득할 때 양수사의 사업에 대한 의지를 피력할 것이다. 회사도 임직원의 열정을 판단하겠지만, 임직원도 회사의 열정을 판단한다.

"저기 새로운 땅에서 도약의 기회가 우리를 기다리고 있다. 다 같이 우르르 몰려가서 새 역사를 창조하자!" 또는 "우리가 필요한 곳으로 가야 하지 않겠냐?"

지도자급 임직원의 이러한 말 한마디가 매각의 성패를 가른다.

양수사가 개별 임직원에 대해 전직을 설득하는 것도 중요하지만 양도사와 합의를 이루는 것도 중요하다. 양도사가 가라고는 못하지만 가지 말라고 만류하는 것은 매우 쉽다. 지도자급 임직원은 양도사에게도 매우 소중한 자원이다. 회사가 매각을 결정하면 경영진은 해당 임직원의 전직을 당연하게 생각하겠지만 중간 관리자들이 본인의 사업을 위해서 핵심인력을 알게 모르게 붙잡을 수 있다.

결국 성공적인 매각을 위해서는 양도사와 양수사와 개별 임직원의 3자간에 적극적인 협력이 필요하다.

| 양수도 대상 – 자산 |

자산은 크게 유형 자산과 무형 자산의 두 가지로 구분할 수 있다. 양수도 대상을 확정할 때 유형 자산은 별 어려움이 없다. 유형자산은 기계, 금형 등과 같이 눈으로 보이는 실물이 있어서 이해하기도 좋고, 구입가격도 알고, 감가상각이 반영된 잔존가치도 알고 있다. 따라서 거래 가격을 산정할 때 이견의 여지가 적다. 제3자로부터 동의를 받을 필요가 없기 때문에 양도사와 양수사만 합의하면 양수도 대상으로 확정할 수 있다. 경우에 따라 임차한 장비라면 임대인과 협의가 필요할 수 있으나, 임대차 계약의 내용을 유지한다면 협의에 별 어려움이 없을 것이다.

   자산을 양수도 대상으로 확정할 때 주의해야 할 점이 있다. 철수하는 사업과 유지하는 사업이 특정 자산을 공유할 경우, 해당 자산을 어떻게 할 것인지에 대해 현재 단계에서 정해야 한다. 해당 자산이 일반 상용품이어서 구입하기 쉽다면 매각 협상에 큰 어려움이 없을 것이다. 보통은 양수사가 구입할 것이다. 그러나 시중에서 구하기 어려운 장비, 예를 들어 서버에 특별히 개발한 소프트웨어를 설치한 장비라면 무언가 조치가 필요하다. 이러한 자산은 미리 서버를 복제하여 분리해두어야 한다.

   당연히 양수사는 할 수 없는 업무이므로 양도사가 미리 준비해야 한다. 새로 복제된 장비와 기존의 장비를 병행 운영하며 새 장비가 문제없이 작동하는지 테스트까지 마쳐두어야 한다. 이로 인해 추가로 발생하는 비용은 양수도 대가에 반영될 것이다.

   매각 협상이 완료되고 양수도 계약까지 체결하여 실물을 이관하는 과정에서 이러한 사실을 알게 되면 무척 당황스러울 수 있다. 영문도 모르는 개발팀 실무자가 며칠 밤을 새가며 장비 복제 작업을 허겁지겁 하지 않도록 양수도 조건 확정 단계에서 준비한다. 개발 실무자가 고생하는 것도 문제이지만, 서두르는 과정에서 새로운 장비의 안정성을 충분히 검증하지 못할 수 있다. 미리 준비하지 못하여 발생한 문제의 책임은 양도사에게 있다. 물론 양수도 협상이 늘 성사되는 것은 아니므로 양수사의 인수 결정 이후에 준비하는 것이 타당하다.

유형 자산을 양수도 할 때 또 하나 주의해야 할 점은 누락이 없도록 꼼꼼하게 챙겨야 한다는 것이다. 양수도 계약서의 자산 목록에 무언가 빠진 것이 있어서 추가로 계약을 체결한다든지, 불필요한 것이 양수도 목록에 포함되어서 되돌려 받는다든지 하는 일이 없도록 한다. 돌려받을 때도 양수도 계약을 체결하고 대금을 지급해야 할 것이다. 개인이 분가를 하여 이사를 갈 때에도 빠뜨리거나 되돌려 주는 것이 드물지 않은 것과 마찬가지이다. 동생과 컴퓨터를 같이 쓰고 있다면, 가져갈 것인지 두고 갈 것인지도 정해야 한다. 쓰던 컴퓨터를 누가 갖든지 이사 가기 전에 새로 컴퓨터를 구입하여 각종 자료를 복사해두어야 할 것이다. 상의 없이 덥석 들고 가서 티격태격 하는 일이 없도록 주의해야 한다. 이러한 실수는 실무자들에게 불편을 초래하겠지만, 매각의 성사 또는 사업철수 리스크와는 별 상관이 없다. 컴퓨터를 못 구해서 이사가 취소되는 것을 생각하기 어려운 것과 마찬가지이다.

무형자산을 양수도 대상으로 확정할 때에는 유형자산보다 세

심한 주의를 기울여야 한다. 무형 자산에는 특허, 실용신안, 상표, 소프트웨어 프로그램, 저작권, 브랜드 등이 포함된다. 무형 자산은 눈에 보이는 실물이 없다보니 양수도 대상인지 파악하기가 쉽지 않다. 양수사는 더욱 모를 것이므로 그야말로 양도사가 주는 대로 받을 수밖에 없다.

무형 자산을 양도대상으로 확정할 때 주의해야 할 점은 철수하는 사업의 무형 자산이 철수하지 않는 사업에도 사용되는 경우이다. 무형 자산은 유형 자산에 비해 공동 사용 여부를 파악하기가 어렵다. 이러한 경우에는 해당 무형 자산을 양도하지 않고 사용권만 주는 방법이 있다. 거꾸로 해당 무형 자산을 양도하고 사용권을 받는 방법도 있다. 법률 용어로는 사용권 허여(許與)라고 한다. 사용권은 독점적으로 사용할 수 있는 전용 실시권과 공통으로 사용할 수 있는 통상 실시권으로 구분할 수 있다. 전용 실시권을 허여한 이후에도 전용 실시권자와 협의를 통해 제3자에게 통상 실시권을 허여할 수 있다. 상황에 맞추어 선택하여 협상할 수 있다.

비단, 공동 사용 자산이 아닌데도 이런저런 이유로 양도사가 무형 자산을 보유한 채 사용권만 줄 수도 있다. 양도사가 사업 매각 이후에도 양도사의 계약상 의무 사항이 해소될 때까지 무형자산을 보유하려는 경우이다. 양수도 이후에 양수사의 경영 여건이 악화되어 잔여 의무를 완수하지 못 할 경우를 대비하는 것이다. 양수사가 해당 자산의 권리관계를 명확히 처리하지 못한 채 폐업하거나 제3자에게 인수당하면 분쟁이 발생할 수 있다.

양도사가 양수사에게 자산을 양도하고 사용권을 도로 받는 것도 방법이 될 수 있으나, 사용권은 그야말로 사용만 가능할 뿐이지 제3자에게 양도하거나 사용권을 주지 못하는 불편함이 있다. 무형자산을 양도할 것인지 사용권을 줄 것인지도 협상의 중요한 조건이다. 물론 대가도 다를 것이다. 다시 팔수 있는 양수도와 그렇지 못하는 사용권의 가격이 같을 수 없다. 주택의 경우에도 매매(양수도) 가격과 전세(사용권) 가격이 다르다.

무형자산을 양도대상으로 확정할 때 또 하나 주의해야 할 점은 무형자산 중 일부가 양도사의 것이 아닐 수도 있다는 것이다. 양도사가 자신의 소유물로 알고 있었는데, 나중에 확인해보니 다른 사업자로부터 사용권만 받은 것일 수도 있다. 오래전부터 별 고민 없이 써왔기 때문에 자신의 것이라고 착각하는 경우이다. 물론 오래전에 사용권을 받을 때 업무를 담당했던 임직원은 기억을 하겠지만, 그 임직원이 다른 사업을 담당하고 있을 수도 있으며, 심지어 퇴사하고 회사에 없을 수도 있다. 이러한 경우 해당 무형자산은 양도사의 소유물이 아니므로 양도사 마음대로 줄 수 없다. 이러한 내용은 제2장의 사업현황을 정리할 때 파악되어야 하지만, 매각이나 분사가 결정되면 다시 한 번 꼼꼼히 살펴보아야 한다. 사업정리 방안으로 사업 중단이 결정되면 자산의 소유권이 큰 문제가 되지 않는다. 따라서 사업현황 조사 단계에서 자산의 소유권에 대해 일일이 정밀하게 확인하는 것도 비효율적이다.

양수도 조건 확정 단계에서라도 이러한 소유권 문제를 알게 되면 그나마 수습할 수 있다. 사용권을 부여한 원래 주인과 협의하면 큰 어려움 없이 양수사도 사용권을 받을 수 있을 것이다. 물론 늘 그런 것은 아니다. 당신 회사는 충분히 자격을 갖추어서 사용권을 받았지만, 해당 자산의 소유자가 정한 기준에 양수사가 부합하지 않을 수도 있다.

최악의 경우는 양수도 계약을 체결하고 양수사가 해당 무형자산을 사용하여 사업을 전개하던 중에 무형자산의 소유주에게 들키는 것이다. 무형자산 주인으로부터는 도둑이라는 소리를 들을 것이고, 양수사로부터는 사기꾼이라는 소리를 듣게 될 것이다. 담당 실무자는 억울할 수도 있겠지만, 이는 모두 부실한 자산관리의 소치이다. 금전적으로 보상이나 정산을 하려 해도 마땅치 않을 것이다. 양수사로부터 받은 매각대금에 해당 무형자산의 양도에 따른 대가 금액이 분리되어 있을 가능성이 적기 때문이다. 적절한 조치를 취하지 않으면 분쟁이 불가피하며 소송으로 확대될 수도 있다. 양도사가 책임을 지고 무형자산의 소유자와 협상을 하여 양수사가 사용권을 받을 수 있도록 설득해야 한다. 미리 준비하면 실무자가 쉽게 해결할 수 있는 업무인데, 시기를 놓치면 법무팀장이나 사장이 나서도 어려울 수 있다.

유형 자산이든 무형 자산이든 매각이 결정되면 제2장에서 조사한 자산 현황에 대해 정밀한 확인이 필요하다. 양수사로 전직할 임직원이 양수도 자산 목록을 작성하고 (가져갈 것을 챙기고), 양도사에 잔류할 임직원이 주어도 되는지 검증한다. 목록을 작성하는 임직원이나 목록을 검증하는 임직원이 여러 명일 수 있다. 모르는 자산을 양수도 목록에 작성할 수도 없을 것이며, 모르는 자산을 주어도 되는지 판단할 수 없을 것이다. 이관 실무자가 모르는 자산은 판단할 수 있는 다른 담당자를 찾아서 확인해야 한다. 안일하게 검증하면 나중에 수습하기 곤란하다. 목록 작성은 물론 주어도 되는지 확인하는 내용도 실무자 실명과 함께 문서로 남겨두어야 한다.

처음에 조사한 자산 현황 자료에 새로 자산이 추가되거나 제외되는 등 변화가 많을 것이다. 철수에 관한 의사결정을 번복할 만큼 중요한 자산이 새로 나오지 않는 한, 실무자가 그때그때마다 자산 목록을 수정하며 양수도 대상을 확정한다.

자산 양수도 목록의 꼼꼼한 작성과 검증은 매각뿐만 아니라 분사의 경우에도 동일하게 진행하면 된다. 사업을 중단하는 경우에는 자산 목록을 촉박하게 확정할 필요가 없다. 누군가에게 넘겨줄 일이 시급하지 않기 때문이다. 그래도 사업이 중단되는 과정에서 불필요한 자산은 적절한 시점에 매각을 하거나 폐기를 하는 것이 바람직하다. 이러한 경우 자산의 처분은 사업철수와 무관하게 자산 정기점검 등 일반적인 자산관리 기준을 적용하면 될 것이다.

| 양수도 대상 - 계약 |

사업을 수행하기 위해서는 다양한 계약을 체결하게 된다. 계약서에는 당신 회사의 권리와 계약 상대방의 권리(당신 회사에게는 의무사항이다)가 문서로 기록되어 대표이사의 직인이 찍혀있을 것이다. 계약서는 약속을 글로 써둔 것이며, 약속을 지키지 못 하는 상황에 필요한 것이다. 계약 중에는 당신 회사가 돈을 받는 계약이 있을 것이고(고객과의 계약), 돈을 주는 계약이 있을 것이다(협력사와의 계약). 꼭 돈을 주고받지 않더라도 공동 개발을 위한 협약, 공동 마케

팅 협약, 공동으로 사업을 수주하겠다는 계약(컨소시엄 계약) 등이 있을 수 있다.

사업을 매각할 때는 이 모든 계약을 양수도 하는 것이 원칙이다. 당신 회사가 사업을 수행하기 위해 체결한 계약은 대부분 양수사에게도 필요하기 때문이다. 양수사의 상황에 따라 일부 협력사 계약이나 사업협력 계약은 필요 없을 수도 있으며, 양수사가 새로운 계약을 추가로 체결해야 할 수도 있다. 모든 계약은 목록을 작성하여 양수도 여부를 확정해야 한다. 양수도가 확정된 계약은 계약 당사자에게 일일이 상황을 설명하고 계약의 양도를 허락받아야 한다. 자세한 내용은 이어지는 고객 승인 단계와 이해관계자 협의 단계에서 설명할 것이다.

당신 회사가 고객과 체결한 계약서의 원본을 양수사에게 송부한다고 하여 계약이 양도되는 것은 아니다. 당신 회사가 고객과 체결한 계약을 해지하고, 고객이 양수사와 유사한 내용의 계약을 새로 체결하는 것이 가장 이상적인 계약의 양도이다. 고객 계약뿐만 아니라. 협력사 계약 등 다른 모든 계약도 각각의 계약별로 최소한 3자가 협의하여 계약을 양도해야 한다. 최소한 3자라 함은 계약 상대방이 여럿인 경우가 있기 때문이다. 계약 상대방이 네 개라고 하면 당신 회사와 양수사까지 여섯 개의 이해관계자가 모두 계약의 양도에 동의해야 한다.

이상적인 계약의 양도가 그러하다면 이상적이지 않은 계약의 양도는 어떤 것인지 궁금할 수 있다. 뒷부분에서 설명하겠지만, 고객은 이런저런 이유로 인해 계약의 해지를 거부할 수 있다. 단순히 고객사의 실무자가 경영진에게 보고하기 불편해서 거부하는 경우부터, 양수사를 못 믿겠다고 거부하는 경우까지 그 이유는 다양하다. 고객이 파산하여 연락이 두절되는 경우도 있겠으나, 이러한 경우는 계약의 양도를 위해 발을 동동 구를 필요가 없을 것이다. 그보다는 밀린 대금을 받는 것이 급선무일 것이다. 이렇듯이 거부의 이유는 다양하지만 확실한 것은 당신 회사가 계약의 해지를 강제할 수 없다는 것이다.

당신 회사와 양수사가 매우 많은 노력을 기울였음에도 불구하고, 고객이 계약의 해지를 거부하는 경우에 시도할 수 있는 방법이 있다. 계약 이행을 위한 하도급 계약의 체결을 승인받는 것이다. 기존 계약을 유지한 상태에서 계약을 이행하기 위한 업무(전체 또는 일부)를 양수사가 수행해도 되는지 물어보고 승인을 받는 것이다. 그 말이 그 말 같겠지만 그 차이는 크다.

어떠한 차이가 있는지 고객 계약을 예로 들어 비교해보자.

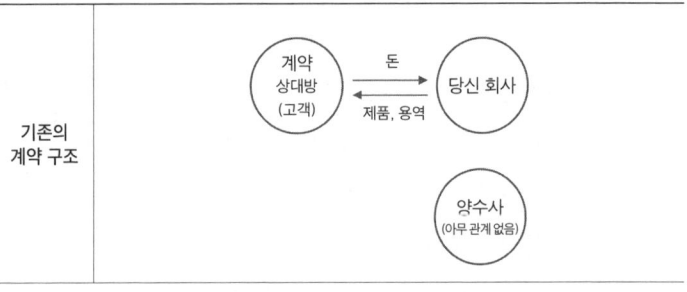

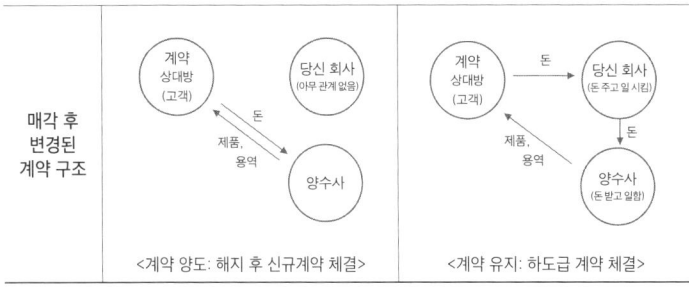

<계약 양도: 해지 후 신규계약 체결>   <계약 유지: 하도급 계약 체결>

변경된 계약 구조에서 왼쪽의 그림이 앞에서 설명한 이상적인 계약의 양도이다. 당신 회사가 철수 사업과 관련하여 고객 및 양수사와 아무 관계가 없으므로 사업철수가 완료된 것이다.

고객만 동의한다면 계약의 양도가 이해관계자 모두에게 바람직하다. 하도급 계약의 형태는 동일한 내용의 거래에 대해 이해관계자가 늘어나는 상황이므로 불편하다. 제품 또는 서비스가 제대로 제공되고 대금 또한 차질 없이 지급된다면 큰 문제는 없을 것이다. 그러나 분쟁이 발생하면 수습이 어려워진다. 아무래도 둘이 합의하는 것보다는 셋이 합의하는 것이 어렵기 때문이다. 책임의 소재가 불분명할 수도 있다.

계약상의 의무를 제대로 수행하고 대금만 잘 받으면 된다고 안이하게 생각할 수 없다. 사업철수와 상관없이 평상시에도 고객과는 이런저런 갈등이 있었을 것이다. 사업을 매각한다고 하여 평상시에 발생하던 고객 갈등이 사라질리 없다.

하도급을 통한 이관은 제품의 공급과 대금의 지급이 원활해도 불편함이 있다. 최소한 돈이 당신 회사를 경유하다 보니 한번 발생해야 할 대금의 청구와 수납이 두 번 발생한다. 업무의 요청과 대응도 당신 회사를 경유할 수 있다.

돈 전달하고 업무를 전달하는 것이 뭐 별일이겠냐고 무시할 수 없다. 당신 회사가 최소한의 고객 대응 업무를 위해 담당자를 지정해야 한다. 물론 해당 담당자가 이 업무만 수행하지는 않겠지만 기피 업무임에는 틀림없다. 업무를 잘 했다고 자랑할 수도 없으며, 부서장은 이러한 업무가 있는지 조차 모를 수 있다.

이와 같이 최소한의 인건비가 발생하면 돈도 전액을 전달할 수 없다. 단, 얼마만이라도 매출을 나누어야 한다. 양수사도 사업성을 확보해야 하므로 양도사가 사업관리 비용을 넉넉하게 차감할 수 없다. 넉넉하게 차감하면 매각이 이루어지지 않을 것이다.

고객이 제공받는 제품이나 서비스는 같은데, 양수사는 매출이 줄어드는 손해가 있고, 양도사는 얼마 안 되는 관리 성격의 매출액에 계약을 총괄 관리해야 하는 억울함이 있다.

양수도 조건 확정 단계에서는 이러한 경우의 매출 배분율도 정해야 한다. 양수도 계약서에는 다음과 같이 명시될 것이다.

'고객 계약의 양도는 양수사가 주도하여 설득하고 양도사는 적극적으로 협력한다. 고객 계약이 유지될 경우(하도급의 경우) 매출의 10%를 사업관리 비용으로 차감한다. 단, 양수도 계약 체결 이후 2개월 동안 차감을 유예한다.'

2개월 안에 고객설득을 완료하자는 약속이다. 물론 양도사도 10%의 매출 차감이 만족스러울 리 없으므로 고객 설득에 적극적으로 나설 것이다.

고객 계약의 양도는 양도사와 양수사 모두의 소망이다. 그럼에도 불구하고 고객 계약 양도의 책임을 양수사가 부담하는 이유는 사업을 새로 시작하는 입장이 고객 설득에 편리하기 때문이다. "저희가 잘 하겠습니다."라는 설득이 "그들이 잘 할 것입니다."라는 설득보다 모양새가 좋다. 핵심 인력의 전직을 양수사가 주도하여 설득하는 것과 같은 맥락이다. 현실적으로는 양도사의 영업직원이 고객을 만나 사업의 양도를 설명하며 본인도 양수사로 전직한다고 이야기하는 것이 가장 바람직하다. 고객도 늘 만나던 영업직원과 계속 업무를 수행하므로 크게 달라질 것이 없다고 생각하게 된다. 반대로 고객에게 사업의 양도를 설명하는 과정에서 다음과 같이 이야기하는 상황을 생각해보자.

> "사업은 양도하지만 저는 양도사에 남아서 다른 업무를 담당할 예정입니다. 조만간 신임 담당자가 인사드릴 것입니다. 그동안의 후의에 감사드립니다."

아무리 정중하게 이야기해도 고객은 당황할 것이다. 고객 설득의 관건은 양수사가 해당 고객의 영업직원을 영입하는 것이다.

협력사 계약의 양도 역시 고객 계약의 양도와 비슷하다. 계약 상대방이 협력사라는 점이 다르고, 거래의 흐름, 즉 화살표의 방향이 바뀐다. 다만 협력사 계약은 양도가 수월하다. 협력사와 양수사는 사업을 계속 유지하고 싶다는 공통의 이해관계가 있기 때문이다. 협력사는 다음의 그림과 같이 기존 계약을 해지하고 기존 계약과 유사한 내용의 계약을 양수사와 체결할 것이다.

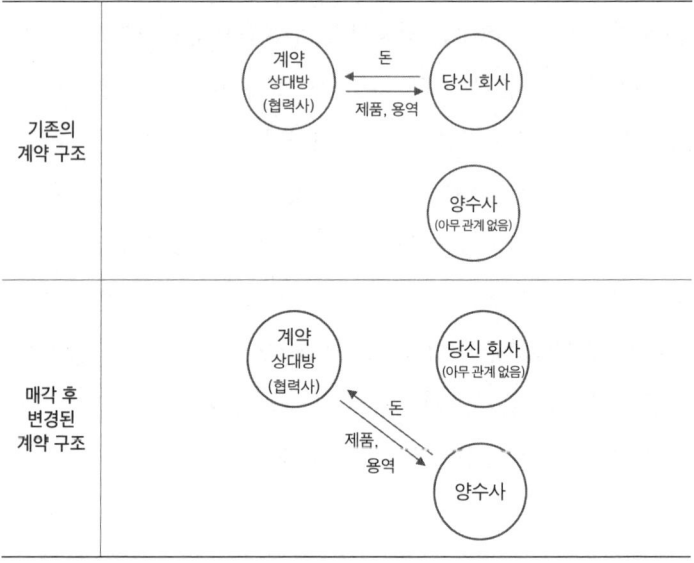

　돈의 흐름이 수반되지 않는 사업 협약, 즉 공동 개발 협약, 공동 마케팅 협약, 컨소시엄 협약 등의 계약구조 변경은 협력사의 경우와 비슷하다. 협력사 계약구조에서 돈의 흐름과 제품의 흐름을 빼고, 양방향 화살표로 사업협력을 표시하면 된다.
　사업협약 계약도 협력사 계약만큼 양도가 수월하다. 사업협력 역시 각각의 계약 상대방이 사업을 계속 유지하고 싶다는 공통의 이해관계가 있기 때문이다. 돈을 주고받지 않는 계약은 이행해야 할 의무도 대단한 것이 없어서 계약이 해지되더라도 양측이 크게 불편하지 않다. 각각 상대방에게 크게 기대하거나 의존하지 않는 계약이기 때문이다. 만약에 계약이 해지되어 큰 손해가 발생하는 경우라면 계약서에 의무사항과 위반할 경우의 피해 보상 방안을 명시해 두었어야 한다.

 사실 고객도 사업이 계속 유지되어 기존에 사용하던 제품이나 서비스를 지속적으로 제공받고 싶어 하는 것은 마찬가지이다. 그렇지 않았다면 당신 회사가 사업을 철수하기 전에 거래를 그만두었을 것이다. 그렇다면 고객 계약의 양도가 어려운 이유는 무엇일까? 그것은 거래의 흐름과 관련이 있다. 돈은 누구한테 받아도 차이가 없지만 제품이나 서비스는 누가 제공하느냐에 따라 차이가 발생할 수 있기 때문이다.

 제품이나 서비스를 제공하고 돈을 받는 이해관계자(협력사)는 계약 상대방이 바뀌어도 불만이 없다. 자신이 제공하는 것이 다르지 않을 것이며, 받는 돈 또한 다르지 않기 때문이다. 당신 회사가 지급하는 일억 원과 양수사가 지급하는 일억 원은 같다는 이야기이다. 하지만 돈을 주고 제품이나 서비스를 받는 이해관계자(고객)는 불안할 수 있다. 주는 돈은 같지만 받는 제품이나 서비스는 달라질 수 있기 때문이다. 사업자가 변경됨으로 인해 고객이 받는 제품의 품질은 물론, 납기 준수 여부, 장애 대응 과정, 심지어는 가격까지 바뀌는 것은 아닐까 하는 불안이 있다.

 이와 같은 고객의 불안 때문이라고 생각되는데, 사업 매각과 관련하여 모든 고객이 예외 없이 가장 먼저 하는 질문은 담당 임직원의 거취에 관한 것이다.

"김과장님은 양수사로 옮기시나요?"

이러한 질문에 "예! 물론입니다. 저 없이 사업이 되겠습니까."라고 대답하지 못하면 고객 설득은 요원하다. 더 유능한 직원이 대신 한다는 어설픈 해명은 고객의 불안감 해소에 전혀 도움이 되지 않는다. 오히려 그 동안 무능한 직원이 담당했느냐 하는 대답하기 곤란한 질문만 추가로 받게 될 것이다. 고객은 더 유능한 직원에 관심이 없다. 오랜 시간의 교류를 통해 고객사의 가려운 부분을 환히 꿰뚫고 있는 김과장이 필요한 것이다.

    담당 직원이 양수사로 전직하면, 고객이 계약의 양도 또는 하도급을 승인할 가능성이 커진다. 기세 장비는 어차피 누가 갖고 있든 별 차이가 없으므로 담당 직원만 바뀌지 않으면 고객 입장에서 양수도로 인한 큰 변화가 없는 것이다.

"후임자를 선정하여 일체의 업무에 대한 인수인계가 진행 중입니다. 후임자가 역할을 원활하게 수행할 수 있을 때까지 제가 업무에서 손을 떼지 않습니다. 업무 인수인계가 완료된 이후에도 필요한 경우에는 최장 일 년 동안 제가 즉시 대응할 수 있도록 양수사와 업무지원 협약을 체결해 두었습니다."

답변만 이렇게 하라는 것이 아니다. 실제로 업무를 이렇게 해야 한다.

    고객이 당신 회사와의 계약을 해지하고 양수사와 유사한 내용의 계약을 새로 체결하는 과정에서 고객은 당신 회사에게 보증을 서달라고 요구할 수도 있다. 당신의 고객도 당신만큼 주도면밀하다. 과연 보증을 서는 것이 옳을까?

결론부터 이야기하면, 보증을 서는 것이 옳다. 엄밀하게 이야기하면 보증을 서는 한이 있더라도 계약을 양도하는 것이 바람직하다. 그만큼 계약의 양도가 매각에 중요한 요소이다.

개인의 보증과 법인의 보증은 구분이 필요하다. 고객은 당신의 보증을 요구한 것이 아니고, 당신 회사 사장님의 보증을 요구한 것도 아니며, 당신 회사의 보증을 요구한 것이다. 물론 회사의 일이므로 함부로 보증을 서줄 수 있다는 이야기는 아니다. 보증을 설 때는 양수사를 믿는 것이 아니라 당신 회사의 판단을 믿는 것이다. 당신 회사가 양수사를 물색할 때 돈을 많이 주겠다는 회사를 선택한 것이 아니다. 사업 능력과 시장의 명망을 평가하여 당신 회사의 고객을 모시는데 부족함이 없다고 판단하였기 때문에 양수사 후보로 선정한 것이다. 철수하는 사업의 양수도 대가는 부차적인 요소이다.

보증을 서면 계약이 끝날 때까지 책임이 유지된다. 계약이 유지되는 것과 책임이 유지되는 것은 무엇이 다를까? 남한테 맡기느니 당신 회사가 끝까지 책임지는 것이 속 편하지 않을까? 사업을 수행할 수 있는 능력(자산, 인력 등)과 권한이 양수사로 넘어가서 당신 회사는 아무 것도 할 수 없는데 보증은 어떻게 설 수 있을까? 잘못되면 거액의 손해배상을 하게 되는 것은 아닐까? 이런저런 우려가 있을 수 있다.

하지만, 당신 회사는 매각과 분사와 사업 중단을 비교하여 매각이 가장 덜 위험하다고 판단하였다. 그렇지 않았다면 이 책의 제4장 철수 실행에서 매각 부분을 읽지 않고 다른 부분을 읽고 있을 것이다. 매각을 선택한 이유는 사업을 중단하면서 발생하는 문제점도 만만치 않기 때문이다. 장기간에 걸쳐 사업이 중단되면, 사업규모가 점차 줄어들면서 관리가 부실해지기 쉽다. 담당 인력의 책임감에만 의존하기에도 한계가 있다. 모든 임직원의 책임감이 투철하기를 바라는 것은 안일한 경영이다. 부실한 사업 관리로 인해 서비스 품질이 저하될 경우 더 큰 손해가 발생할 수 있다는 점까지 고려하여 사업을 매각하는 것이다.

지금 당장은 불안하겠지만 양수사는 사업을 성장시킬 목적으로 인수한 것이므로 추가 투자가 이루어짐에 따라 제품 또는 서비스의 품질이 유지 또는 향상될 수 있다. 결정적으로 담당 임직원이 해당 사업의 성공을 위하여 매진할 수 있다. 허겁지겁 해당 사업에서 벗어나 다른 일을 희망하는 상황과는 많이 다르다.

보증을 선다는 것은 양수사가 자격을 갖추었다는 판단에만 의존하는 것은 아니다. 추가적인 안전장치를 양수도 계약에 포함시킬 수 있다. 양수도 계약을 체결할 때 양수사가 사업을 인수하자마자 파산할 수도 있다는 상황까지도 염두에 둔다. 예를 들어, 양수사의 경영이 어려울 경우 유·무형 자산을 돌려받을 수 있는 내용을 양수도 계약서에 반영해 둔다.

결국, 당신 회사가 양수사의 보증을 선다는 것은 당신 회사의 판단과 양수도 계약의 안전장치로 가능하다. 물론 양수사에 대한 보증은 당신 회사가 철수하는 사업의 계약에 한정한다.

고객 계약의 양도에 대해서 정리해보자. 고객이 당신 회사의 계약을 해지하고 양수사와 새로 계약을 체결하는 양도가 가장 바람직하다. 이 과정에서 고객이 보증을 요구하면 양도되는 계약에 한해 보증을 서더라도 계약을 양도한다. 이 모든 노력에도 불구하고 고객이 해지를 거부하면 하도급 계약이라도 승인을 받는다.

고객이 하도급 계약도 승인하지 않는 경우는 어떻게 되는 것인지 궁금할 수 있다. 결론부터 이야기하면 매각이 불가하다. 일부 소수의 고객만이 하도급을 승인하지 않는다면 매각을 추진할 수 있겠지만, 상당수의 고객이 하도급조차 거부하면 매각을 실행할 수 없다. 양도 또는 하도급을 승인한 고객만 양수사가 담당하고 남은 고객은 양도사가 담당할 수 없다. 장비를 나누기도 애매하지만 담당 임직원을 나누기도 어렵다. 물론 분리가 가능하다면 득실을 비교하여 부분 매각을 추진할 수 있다.

발생 가능한 모든 경우를 언급하기 위해 하도급 실패 사례를 설명하였지만, 정상적인 상황은 아니다. 하도급 승인도 못 받는 상황은 영업팀의 능력에 문제가 있는 것이다. 고객도 분풀이가 목적이 아닌 이상, 계약이 유지되고 책임도 유지되는 하도급을 막무가내로 반대하기 어렵다.

하도급 계약을 통해 양수사가 무난하게 사업을 수행하면 고객의 불안도 어느 정도 해소될 수 있다. 적절한 기회를 봐서 다시 고객에게 계약의 양도를 설득할 수도 있다. 계약기간이 많이 남아있는 고객의 계약부터 양도하는 것이 효과적이다. 사업철수 완료 시기를 하루라도 앞당기는 것이 중요하기 때문이다. 길게 남은 계약이 아니더라도 가능한 한 양도하는 것이 좋다.

계약의 양수도는 양수사도 당신 회사 못지않게 절실하다. 따라서 양수사가 고객에게 할인을 제안하는 방법도 생각해 볼 수 있다. 예를 들어, 계약을 해지하고 새로 양수사와 계약을 체결하면 예전의 공급가격에서 몇 퍼센트를 할인하여 계약을 체결하겠다고 제안하는 것이다. 최소한 당신 회사가 사업관리비 명목으로 차감하는 매출비중 만큼은 할인할 수 있을 것이다. 이 정도의 제안이면 고객사의 실무자도 원가 절감이라는 실적이 인정될 것이므로 경영진 설득에 나설 수 있다.

물론 가격 할인은 양수사가 판단할 일이다. 당신 회시가 제안을 할 수는 있어도 강제할 수는 없다. 장기적인 관점에서 가격정책을 유지하기 위해 현재의 어려움을 버틸 것인지, 신속하게 사업 인수를 완료하여 안정화를 도모할 것인지 양수사가 판단해야 한다.

당신 회사도 계약 양도의 혜택을 계산하여 양수사에게 계약 양도 성공 인센티브를 제공하는 것도 생각해 볼 수 있다. 평소에 고민해 보지 못한 의사결정이라 아까운 생각이 들 수 있으나, 장기간에 걸쳐 알게 모르게 발생하는 비용을 냉철하게 바라볼 수 있어야 판단할 수 있다. 미래의 비용을 수용하기가 싫은 것이지 산정하는 것은 쉽다.

계약기간이 길게 남아 있을수록 계약의 양도가 중요하다. 몇 달 안 남은 계약을 양도하기 위해 불필요한 노력을 기울일 필요는 없다. 매년 재계약을 갱신하는 형태의 계약은 사업철수 관점에서 매우 바람직한 계약의 형태이다. 어찌 되었건 1년 안에 사업의 철수가 완료되기 때문이다. 물론 사업의 속성이 다를 것이므로 사업철수 측면에서 좋다하여 모든 사업의 계약을 일 년 단위 재계약으로 바꿀 수는 없을 것이다.

양수도 조건 확정 단계에서는 구체적인 양수도 계약서가 작성되어 실무자간 내용 검토가 완료되어야 한다. 아직 양사의 대표가 직인을 찍는 계약 체결은 하지 않은 상태이다.

양수도 계약서의 주요 내용은 줄 것과 받을 것에 대한 내용과 대금 지급 방법, 그리고 실물 이관을 위한 각종 활동의 주체와 기한 등이다. 줄 것에 대해서는 앞에서 양수도 대상에 대해 자세히 설명하였다. 받을 것은 사업의 대가이다. 보통은 돈으로 받는다. 다른 사업을 서로 교환하는 거래도 생각할 수 있으나, 두 건의 사업 거래가 동시에 진행된다는 점 이외에는 별 차이가 없다. 양수도 대가는 제3장의 매각 검토 단계 중에서 사업가치 평가(3.1.3절) 부분에서 설명하였다.

양수사는 당신 회사가 제공한 실사 자료를 바탕으로 얼마를 지급할 것인지 열심히 계산할 것이다. 이 정도 대금을 지급하고 사업을 인수하면 만족스럽다는 수준(하한선)에서부터, 양도사가 이보다 큰 금액을 요구하면 사업을 인수할 수 없다는 수준(상한선)까지 거래가 가능한 대가의 범위를 계산할 것이다. 양사의 협상 팀 실무진은 각자의 경영진에게 양수도 대가의 상한선과 하한선을 사전에 보고하여 최저 만족 수준에 대해 인식을 공유해야 한다.

사업의 거래는 누가 이기고 누가 지는 게임으로 접근할 대상은 아니다. 각자의 필요와 형편이 다르기 때문에 사업의 가치가 다른 것이므로 양측이 모두 만족할 수 있는 타협점이 있다. 많이 받을수록 또는 적게 지급할수록 잘한 거래라는 생각은 바람직하지 않다.

사업의 거래는 서두르면 불리하지만 신속함이 중요하다. 이는 양도사와 양수사 모두에게 적용된다. 사업의 주인이 불확실한 과도기는 사업의 가치가 떨어지는 위기의 시간이다. 시장에서 좋지 않은 소문이 날 수 있으며, 경쟁사는 이러한 기회를 활용할 것이다. 무엇보다도 해당 사업을 담당하는 실무자의 고충이 크다.

양수도 대가의 금액이 정해지면 대금 지급 방법에 대해서도 합의가 필요할 수 있다. 기본적으로는 양수도 계약을 체결하는 날에 거래 대금도 지불하는 것이 원칙이다. 또는 양수도 계약서에 언제까지 어떤 계좌로 입금한다는 내용까지 기재할 수 있다. 그러나 대금의 규모가 크면 일시불로 지급하는 것이 어려울 수 있다. 이러한 경우 양수사는 언제부터 언제까지 매월 얼마씩 나누어 납부하겠다는 분할 상환을 요청할 수 있다. 양도사는 매각 대금의 할인을 제안하여 일시불 납부를 유도할 수도 있으며, 분할 납부를 수용할 수도 있다.

대금지급 조건은 양사 합의에 따른 선택 사항일 뿐이며, 대금지급 조건이 매각의 성사 여부에 영향을 미치지는 않는다. 다만, 협상 단계에서 미리 합의를 해두어야 나중에 계약을 체결하는 단계에서 당황스러운 일이 발생하지 않는다. 당연히 일시불이라는 둥, 이 큰돈을 어떻게 일시불로 줄 수 있냐는 둥 옥신각신하는 일이 없도록 꼼꼼히 검토하여 합의를 해둔다. 제 때에 하면 쉬운 일이 때를 놓치면 매우 곤란해지는 것은 비단 사업철수에서만 일어나는 일이 아니다.

줄 것과 받을 것이 정해지면 양수도 조건은 대략 확정된 것이다. 이 밖에 사업의 특성과 양사의 상황에 맞추어 적절한 조건을 서로 제시하고 합의하면 될 것이다. 협상해야 할 조건이 여러 가지 있겠으나, 매건 마다 합의하는 것 보다는 양측이 각각 요구사항을 모두 제시하고 일괄 타협하는 것이 요령이다. 일괄 타협 후에 추가 조건을 제시하는 일이 없도록 사전에 요구사항을 충분히 검토한다.

4.1.2 고객 승인

매각의 전체 진행 절차는 다음과 같다.

　(1) 검토: ① 양수 후보사업자 검토 → ② 법무 검토 →
　　　　　③ 사업가치 평가 (Valuation) →
　(2) 실행: ④ 양수도 협상 → ⑤ 고객 승인 →
　　　　　⑥ 협력사 등 이해 관계자 협의 →
　　　　　⑦ 양수도 계약 체결 → ⑧ 양수도 실행

양수도 협상을 마쳤으면 양수도 계약을 체결하기 전에 고객 및 협력사 등 이해 관계자와 협의하는 과정이 필요하다. 덜커덕 양수도 계약을 체결하여 자산을 이관하고 임직원도 회사를 옮겼는데 고객이 거부하면 되돌리기 어렵다.

모든 고객에게 사업의 양수도에 대하여 승인을 받아야 하는 것은 아니다. 승인을 받아야 하는지 여부를 파악하기 위해서는 고객 계약서를 살펴보아야 한다. 불특정 다수를 상대로 제품을 판매하는 경우, 보통은 일일이 계약서를 작성하지 않는다. 동네 전자제품 판매점에서 선풍기를 살 때 계약서를 작성한 경험이 없을 것이다. 다만, 구매자 모두에게 공통으로 적용되는 권리가 있다. 구매자(소비자)의 권리는 공급자에게 의무사항이며, 제품과 같이 포장되어 있는 품질보증서에 해당 내용이 기재되어 있다. 품질보증서에는 제품을 설명하는 내용과 제품에 문제가 있을 경우 수리를 받을 수 있는 방법 등이 인쇄되어 있다. 개별 구매 고객과 일일이 계약을 체결하지는 않았지만 품질보승서 역시 불득정 다수의 고객과 공통으로 맺은 엄연한 계약서이다. 구매자는 제품 구입과 동시에 품질 보증서의 내용을 보장받는다.

일반적인 공산품의 경우, 구입시점부터 1년 안에 문제가 발생할 경우 무상으로 수리해주고 이후에는 수리비를 받고 수리해준다는 내용의 애프터서비스 정책을 갖고 있다. 유상 수리라고 해서 영원히 제공하는 것은 아니다. 판매시점부터 5년간은 부품을 공급하겠다거나 부품을 보유하겠다거나, 수리를 해주겠다는 내용으로 기재되어 있을 것이나 모두 같은 말이다. 최소한 5년간은 수리 서비스를 제공하겠다는 것이다. 약속된 기한이 지난 후에도 수리를 해줄 수 있으나, 의무사항은 아니다.

물론, 공산품의 종류마다 수리기한이 다르다. 자동차와 같은 고가 제품의 경우에는 부품별로도 무상 수리 기간이 다르다. 엔진처럼 중요한 부품은 3년간 무상 수리 서비스를 제공하고, 네비게이션 등과 같이 선택 가능한 부속품은 무상 수리 기간이 짧다. 무상 수리 기간을 품질보증 기간이라고 부르기도 한다. 무상 수리 이후의 유상 수리 기한도 부품마다 회사마다 다를 수 있다.

일반적으로 공산품을 판매한 이후에 남는 의무사항은 수리 서비스 제공 의무이다. 그러나 품질 보증서에 몇 년간 수리 서비스를 제공한다는 내용은 기재되어 있으나, 수리의 주체는 명시되어 있지 않는 경우가 많다. 즉, 당신 회사가 제조하여 팔았다고 하여 수리까지 당신 회사가 수행해야 하는 것은 아니다. 품질 보증서를 발행한 당신 회사에 수리 책임이 있는 것은 명백하나, 당신 회사의 임직원이 당신 회사 소유의 장비를 이용하여 수리를 해야 한다는 것은 아니다. 당신 회사가 책임을 지고 다른 회사에게 수리 서비스를 위탁하는 것이 가능하다.

이는 수리뿐만 아니라 제조의 경우에도 마찬가지여서 당신 회사 제품이라 하여 반드시 당신 회사의 임직원이 당신 회사 소유의 장비를 이용하여 제조해야만 하는 것은 아니다. 일반적으로 제조 협력사가 수리 업무까지 담당한다. 이는 제조업체가 부품과 기술을 보유하고 있기 때문에 수리하는 것이 쉽기 때문이다. 수리를 누가 하든지 공급자가 수리에 책임을 지는 것에는 변함이 없다. 공급자는 제조사일 수도 있고 판매사일 수도 있다. 공급자가 직접 수리를 할 수도 있고, 수리 업무를 협력사와 같은 다른 사업자에게 위탁할 수도 있다. 이러한 수리 업무의 위탁은 사업의 철수와 무관하게 사업이 유지될 때에도 가능하다.

이와 같이 개별 구매자와 별도의 계약을 체결하지 않고 불특정 다수에게 품질 보증서를 발행하여 체결한 계약의 경우, 사업철수를 위해 구매자를 모두 만나 승인을 받을 필요는 없다. 누가 하든 수리 서비스를 제공하면 되기 때문이다.

사업을 매각할 경우, 양수사가 수리 담당 협력사와 같은 내용의 계약을 체결하기만 하면 된다. 수리 협력사는 제조 협력사일 가능성이 높다. 수리 담당 협력사는 받을 돈이 달라지지 않으므로 매각에 반대할 이유가 없다. 해당 제품을 구매한 고객도 고장이 나서 수리를 요청하면 수리 서비스를 제공받으므로 불만이 없다.

즉, 불특정 다수를 상대로 체결한 계약은 일반적으로 고객승인을 별도로 받을 필요가 없다. 제품을 구매할 때 따라오는 품질보증서와 서비스 이용약관이 이러한 경우에 해당된다. 고객승인을 받을 필요가 없다는 이야기와 잔여 의무를 이행할 필요가 없다는 이야기는 완전히 다르다. 고객 승인은 필요 없으나, 제품 품질 보증서 또는 서비스 이용약관의 구매자 권리사항(= 판매자 의무사항)은 이행해야 한다.

사업 양수도 이후에 잔여 의무, 즉 제품의 수리 서비스 또는 서비스 이용 품질에 문제가 있을 경우, 소비자는 제품 또는 서비스를 제공한 당신 회사에게 책임을 물을 것이다. 사업을 팔았으니 양수사와 협의하라고 할 수 없다. 당신 회사는 양수사에게 고객 불만을 통보하여 양수사가 대응할 수도 있으나, 이마저도 여의치 않으면 당신 회사가 직접 고객 불만을 해소해야 한다. 담당 인력도 없고, 필요한 자산도 없는 당신 회사가 직접 고객 불만을 해소할 수 있는 방법은 환불 조치 이외에 별로 없다. 양수사로 우량한 사업자를 선정해야 하는 이유가 바로 이와 같은 잔여 의무에 대한 책임 소재 때문이다.

　이상과 같이 불특정 다수를 대상으로 하는 거래는 기업이 일반 소비자를 대상으로 제품이나 서비스를 제공할 경우에 주로 발생한다. 그러나 기업과 기업, 또는 기업과 기관 사이의 거래는 보통 개별 계약에 의해 이루어진다. 보통의 회사는 특정 기업 고객과 여러 개의 계약을 체결할 수도 있다. 계약이 많다는 것은 거래가 많다는 것이고, 거래가 많다는 것은 매출 비중이 커서 우량 고객일 가능성이 높다. 이러한 개별 계약은 모두 점검하여 고객 승인 여부를 판단해야 한다. 개별 계약은 의무사항이 모두 제각각이기 때문에 일일이 확인해야 한다. 일단, 모든 계약을 승인받는다고 생각하고 승인을 안 받아도 되는 계약을 가려내는 것이 바람직하다. 승인을 안 받아도 되는 계약 중에 대표적인 것은 기간이 만료된 계약이다. 기간이 만료되었다는 것은 (돈을 받을) 권리도 없지만 의무도 없다는 것을 의미한다. 다만, 계약서에 여러 가지 기간이 명시되어 있을 수 있다. 다음의 사례를 살펴보자.

① 공급(완공/구축/개발)은 계약 시작 이후 2년 이내에 완료한다.
② 공급(완공/구축/개발) 완료 이후 1년 동안 하자가 발생할 경우 무상으로 수리한다.
③ 무상 하자 수리 기한 종료 이후에는 1년 단위로 별도의 계약을 체결하여 유지보수 서비스를 제공한다.

④ 무상 하자 수리 기한 종료 이후 10년 동안 유상으로 부품을 공급한다.

이러한 계약의 경우 계약기간은 '2 + 1 + 10'으로 총 13년이다. ③의 연 단위 유지보수 서비스는 ④의 부품공급 기간과 중복된다.

기간별로 업무량과 난이도가 다를 것이며 받는 돈도 다를 것이다. ①의 제품을 공급하는 첫 2년은 '공급기간'(또는 공사기간, 구축기간, 개발기간)이라 부르며, 업무도 많고 돈도 많이 받을 것이다. ②의 공급 완료 이후 1년은 '하자보증기간'이라고 부르며 공급기간에 비해 상대적으로 업무도 적고, 돈은 받지 않는 것이 일반적이다. 공급기간 중에 잘못된 부분을 수정하고 보완하는 기간이다. 통상 ①의 사업기간에 ② 기간의 비용까지 감안하여 돈을 받아둔다. ③의 하자보증 이후 연 단위로 갱신하는 계약기간은 '유지보수기간'이라 부르며 점검과 수리 서비스를 제공하고 얼마간의 돈을 정기적으로 받는다. 업종에 따라 다르겠으나 ①의 사업기간에 받은 돈의 10~20% 수준을 매년 받는다. ④의 하자보증 이후 10년은 '부품공급 확약기간'이라 부른다. 업무량은 미미하고 매출이 비정기적으로 소소하게 발생한다. 제품이 사용 중에 고장이 나서 수리를 하거나 부품을 교체할 때 별도의 계약을 추가로 체결하고 공급하는 경우가 해당된다. 상황에 따라 당신 회사를 대신하여 협력사가 고객사에게 직접 부품을 공급하거나 수리 서비스를 제공할 수도 있다.

사업의 속성에 따라 ② 하자보증 ③ 유지보수 ④ 부품공급확약

중 일부가 생략될 수 있다. 일반적으로 서비스를 공급하는 사업은 '④ 부품공급확약'이 생략된다. 대신 기술지원 확약기간이 있을 수 있다. 각각의 기간별로 업무량과 대금의 규모에 확연한 차이가 있기 때문에 같은 비중으로 권리와 의무를 취급할 수 없다. 당연히 공급기간이 중요하며 뒷부분으로 갈수록 중요도가 상대적으로 떨어진다.

계약 기간별 업무 성격 이외에 계약별로 고객도 구분해야 한다. 당신 회사 매출의 상당 부분을 차지하는 고객과 그렇지 않은 고객을 동일하게 대응할 수 없다. 당신 회사의 초우량 고객은 해당 철수 사업 이외에 다른 사업의 매출도 상당할 것이다.

같은 고객을 대상으로 A 사업의 계약을 수주하기 위해 열심히 영업 중인데, B 사업을 철수하겠으니 계약의 양도를 승인해 달라고 요청한다는 것은 사실 매우 난감한 상황이다. A 사업도 나중에 철수하는 것 아니냐는 고객의 질문에 답변이 옹색할 수밖에 없다. 수주하려는 A 사업의 담당자와 철수하려는 B 사업의 담당자가 다를 경우 고객은 더욱 혼란스러울 것이다.

"B 사업을 철수하면 A 사업도 당신 회사에게 맡기기 어렵습니다."
"저는 A 사업에 대해 아는 바가 없습니다. B 사업의 계약 양도를 승인해 주시기 바랍니다."

당황한 고객은 당신 회사의 A 사업 팀장에게 연락할 것이다. A 사업 팀장과 B 사업 팀장은 서로 자신의 앞길을 가로막지 말라고 옥신각신할 것이다. 사업총괄 관리부서에서 조율하기에 늦었다. A 사업의 수주도 어려워졌고, B 사업의 양도도 어려울 것이다. 신규 사업의 추진과 한계 사업의 철수는 기업의 중요한 경영활동이다. A 사업팀과 B 사업팀은 각자의 역할을 충실히 수행하였다. 무엇이 문제였을까? 부족한 것은 의사소통이다. 총괄 관리(또는 컨트롤 타워)의 부재가 빚어낸 촌극이다.

정보가 집중되어 종합적으로 판단할 수 있으면 훨씬 세련된 방법을 찾을 수 있다. 기본적으로는 수주 사업과 철수 사업을 일괄 협상하는 방안이 있고, 사업별로 설득의 시차를 조율할 수도 있다. 예를 들어 A 사업을 수주한 이후에 B 사업의 철수를 설득하는 것이다. 수주는 고객의 일정에 따를 수밖에 없지만, 철수는 당신 회사의 선택이다. 철수 일정을 당신 회사가 관리할 수 있다는 것이다. 매우 어려운 상황에 비해 해결책은 매우 단순하다. 내 손으로 내 다리를 긁는 것은 쉽지만, 남의 손으로 내 등을 긁는 것은 어렵다. 정보가 모이느냐 모이지 않느냐의 차이이다.

이상에서 살펴보았듯이 고객을 설득하는 일정과 순서를 정할 때, 고객사명을 기준으로 가나다 순서로 접근하는 것은 바람직하지 않다. 계약의 내용(공급/하자보증/유지보수/부품공급확약), 남은 계약기간(길게 남을수록 중요한 계약이다), 고객의 영향력(타 사업을 포함한 매출 비중 등) 등을 같이 고려해야 한다. 사업의 속성과 회사의 상황에 따라 이러한 구분이 무의미할 수도 있으나, 그렇지 않다면 당신 회사의 고객관리 기준을 고려하여 계약의 우선순위를 정해야 한다. 중요 계약 서너 개를 기준으로 설득 일정과 방법을 결정하고,

나머지 계약을 중요 계약에 맞추어 조정한다. 일정과 함께 누가 담당할 것인지, 설득은 어떤 내용으로 할 것인지도 같이 결정하여 실행한다. 거창하게 이름을 붙이자면 '고객설득 전략의 수립과 실행'이다.

고객 설득의 내용은 외부로 공개되므로 일관성을 유지해야 한다. 고객이 틀림없이 왜 철수하냐고 물을 텐데, 몰라도 된다고 답할 수 없다. 어떤 고객에게는 적자 누적이 심하여 더 이상 사업을 수행할 수 없다고 설명하고, 다른 고객에게는 회사 중장기 전략의 일환으로 어쩔 수 없이 철수한다고 설명하면 안 된다. 실제로 두 가지 설명이 모두 사실이어도 일관성 있게 설명해야 나중에 발생할 수 있는 불필요한 오해를 방지할 수 있다. 고객도 당신 회사처럼 시장과 사업자 동향을 파악하기 때문에 결국은 다 알게 된다.

외부에 설명하는 내용이 사실에 근거를 두어야 함은 명백하지만, 회사 내부에서 논의된 내용과 일치할 필요는 없다. 사실만으로 설명하되, 고객이 쉽게 수긍할 수 있는 내용으로 설명하는 것이 바람직하다. 일관성을 유지해야 하므로 주저리주저리 길게 설명하면 안 된다. 간단하고 명료하고 합리적으로 설명하는 것이 요령이다. 말은 쉬우나 상당한 고민이 필요하다. 사업철수의 사유를 고객이 수긍하기 좋은 순서대로 나열하면 다음과 같다. 사유를 여러 개 제시할 필요는 없다.

① 정부의 규제로 인해 더 이상 사업을 지속할 수 없습니다. (환경 규제, 대기업 제한, 중소기업 보호 등)

② 경영 환경이 변화되어 리스크 관리가 어려워졌습니다. (환율, 에너지, 원자재를 조달하는 국가의 내전 등)

③ 경쟁이 심화되어 중소기업(또는 외국 기업)의 저가 제품을 당할 수가 없습니다.

④ 시장이 축소되어 산업 전체적으로 구조조정이 진행 중입니다. 작년에 ABC 회사가 철수했으며, 1~2년 내로 2~3개 사업자만 남고 모두 통폐합될 것으로 예상되고 있습니다.

⑤ 적자가 5년째 누적 중인데 개선의 여지가 없고 추가 투자도 원활하지 않습니다.

⑥ 당사 중장기 전략에 따라 해외사업을 확대하고, 해당 사업을 포함하여 ABC 사업군 전체를 조정 중입니다.

예상 밖의 결과일 것으로 짐작되는데, ⑤의 적자 누적이나 ⑥의 중장기 전략에 따른 구조조정이 설득 우선순위에서 하위를 차지하고 있다. ① ~ ④의 철수 사유는 외부요인에 의한 것이다. 당신 회사가 어쩔 수 없는 상황이다. 고객이 당신에게 정부규제를 무력화시키라고 요구할 수 없다. 미사일이 날아다니는 지역에 가서 원자재를 받아 오라고 할 수도 없는 노릇이다. 고객도 안타깝고 당신 회사도 안타깝지만 사업을 철수한다는 명분이 선명하다.

그렇지만 ⑤ ~ ⑥의 철수 사유는 당신 회사의 선택이다. 특히 ⑥번의 중장기 전략이 그러하다. 당신 회사는 중장기 비전을 야심차게 추진하겠지만, 고객은 버림받는다는 기분이 들 것이다. ⑤ ~ ⑥의 철수 사유는 가급적 피해야 한다.

실제로는 사업철수가 중장기 전략의 일환이라 하더라도 고객에게는 ① ~ ④의 사유로 설명하는 것이 현명하다. 고객을 기만하는 상황은 아닐 것이다. 당신 회사의 중장기 전략에서 해당 사업이 철수로 결정된 배경에는 ① ~ ④의 사유 중에서 한 가지 이상이 해당될 것이기 때문이다. 규제도 없고, 경영환경의 변화도 없고, 경쟁과 시장도 양호한데 철수 사업으로 결정될 리가 만무하기 때문이다.

고객의 설득을 위해서는 가능한 모든 의사소통 수단을 동원한다. 전화, 전자 메일, 방문, 공문 등을 사용할 수 있다. 보통의 경우 나열한 순서대로 사용하게 될 것이다. 고객사의 실무자가 경영진에게 보고하기 위해 공문을 요청할 수 있다. 이 정도면 많이 진전된 것이다. 그러나 공문을 보냈다고 하여 고객 계약의 양도가 성립한 것은 아니다. 매각의 성사 여부를 결정할 수 있는 중요 계약의 경우에는 고객으로부터 동의서를 공문으로 받아두는 것이 안전하다. 양도 동의서, 해지 승인서 등 명칭은 다양하나 내용은 '당신 회사 ABC 사업 계약의 양수도를 허락한다.'는 것이다.

이와 같이 중요한 고객이 계약의 양도를 승인하지 않는 경우 매각이 중단될 수도 있다. 고객이 양도를 거부하는 이유를 파악하여 해소한 이후에 다시 고객을 설득할 수도 있다. 경우에 따라 수개월 이상 소요될 수도 있다.

고객 승인이 어느 정도 마무리되면 협력사 등 다른 이해관계자와도 협의를 해야 한다. '어느 정도 마무리되면'이라는 표현이 애매할 수 있다. 깔끔하게 모든 고객의 승인을 받고 다음 단계로 넘어가고 싶을 것이다. 하지만 어느 정도 마무리되었을 때 다음 단계로 넘어가는 것이 바람직하다. 엄밀하게 이야기하면 모든 고객으로부터 완벽하게 문서화된 동의서를 받기 위해 지나치게 많은 시간을 할애할 수 없다는 것이다. 갈 길은 먼데 매각은 신속하게 진행해야 하기 때문이다.

어느 정도 마무리하는 것과 대충 마무리하는 것은 확실히 구분해야 한다. 꼼꼼하게 어느 정도 마무리하라는 것이다. 주문이 어렵게 느껴질 것이다. 사실 '이 정도면 충분하다.'라는 판단은 경험이 없는 상황에서 내리기 어렵다. 그러나 고객 설득이 반복되는 과정에서 고객 대응 요령도 생길 것이고, 아직 설득하지 않은 고객에 대해서도 양도 승인을 설득할 수 있다는 자신감이 생길 것이다. 바로 그 시점이 어느 정도 마무리 된 시점이라 할 수 있다.

앞에서 구분한 중요 계약의 우선순위에 따라서 고객을 순차적으로 설득하되, 고객이 상황을 이해하고 소송 등과 같은 특별한 불만을 언급하지 않으면 다음 수순을 밟는다. 설득이 쉬운 고객부터 설득이 어려운 고객, 그리고 가타부타 어중간하게 망설이는 고객까지 고객의 반응은 다양한 양상을 보일 것이며, 매각이 완료될 때까지 고객 설득은 계속 진행될 것이다.

사업 매각을 담당하는 실무자는 충분히 고민하고, 영업 · 개발 · 관리 · 인사, 기획 등 관련 실무자와 충분히 협의해야 한다. "어떻게 하지?", "상황이 어때?", "고객 반응은 어때?", "변동사항은 없어?" 등과 같은 어정쩡한 질문과 개운하지 않은 대답이 지루하게 반복되는 와중에 조금씩 진전이 있을 것이다. 고객 승인은 매각을 실행할 때 단연코 가장 중요하고 어려운 활동이다. 그나마 다행스러운 것은 고객 승인이 뒤로 갈수록 수월해진다는 것이다. 고객 설득 요령이 생기기 때문이다. 고객 설득 요령을 익히기 위해 다소 중요도가 덜한 고객을 먼저 만나보는 것도 도움이 될 수 있다. 의외로 고객의 불만은 몇 종류 안 된다.

4.1.3 협력사 등 이해 관계자 협의

매각의 전체 진행 절차는 다음과 같다.

(1) 검토: ① 양수 후보사업자 검토 → ② 법무 검토 →
③ 사업가치 평가 (Valuation) →
(2) 실행: ④ 양수도 협상 → ⑤ 고객 승인 →
⑥ 협력사 등 이해 관계자 협의 →
⑦ 양수도 계약 체결 → ⑧ 양수도 실행

고객 승인 이후의 활동인 '협력사 등 이해관계자 협의'에 대해 살펴보자. 대표적인 이해 관계자로는 협력사, 정부기관, 각종 사업협력 대상자, 협회 등이 있다.

'협력사'와 '사업협력 대상자'의 용어가 비슷하여 혼란스러울 수 있다. 협력사는 당신 회사와 주기적으로 거래를 하면서 제품 및 서비스를 공급하는 회사를 말하고, 사업협력 대상자는 돈의 거래보다는 특정 업무에 대해 협력관계인 기관을 말한다. 공동개발 협력, 공동 마케팅 협력, 컨소시엄 협력 등이 있다.

협력사부터 살펴보자. 다른 이해 관계자는 사업에 따라 없을 수도 있다.

사실 고객이나 협력사나 모두 사업의 이해 관계자로서 계약을 양도하기 위해 동의를 받아야 한다는 점은 동일하다. 그런데도 고객을 별도의 항목으로 관리하는 이유는 고객의 승인이 그만큼 중요하고 어렵기 때문이다. 상대적으로 협력사 등 다른 이해 관계자를 설득하는 것은 고객 설득에 비해 수월하다.

고객 설득과 협력사 설득에 있어 어려움이 이토록 차이가 나는 이유는 돈의 흐름과 관계가 있다. 앞부분에서도 언급하였지만 사업을 매각하여도 협력사가 받는 돈의 규모에 별 차이가 없고, 협력사가 제공하는 부품이나 서비스도 차이가 없다. 협력사가 당신 회사에게만 특별히 잘 해주고 양수사에게는 함부로 할 리가 없다. 협력사 입장에서는 받는 것과 주는 것의 차이가 없기 때문에 사업 매각이라는 변화에 별 거부감이 없다. 오히려 당신 회사가 지지부진하게 수행하던 사업을 양수사가 적극적으로 추진할 수 있다는 기대감에 매각을 반길 수도 있다. 반면에 고객의 입장에서 보면, 주는 돈은 같으나 받는 제품이나 서비스의 품질이 떨어질 수도 있다는 불안이 있다.

그러나 상대방과 협의가 필요한 모든 업무가 그렇듯이 협력사 설득 역시 당신 뜻대로만 되지는 않는다. 사실 당신 역시 상대방의 뜻대로 움직인 경험이 그리 많지 않을 것이며, 여러 상대방의 각기 다른 요구와 본인의 의지를 적절히 절충하였을 것이다. 협력사 설

등이 고객 설득에 비하여 수월하다는 것은 일반적이고 평균적인 경향이다. 모든 협력사가 매각에 찬동하는 것은 절대 아니다.

사업을 매각하는 과정에서 협력사가 문제가 되는 경우는 매출의 감소이다. 양수사가 특정 협력사의 업무를 자체적으로 수행하거나, 또는 유사한 성격의 다른 협력사와 이미 거래중인 경우에는 해당 협력사가 양수사와 거래를 유지하기 어렵다. 예를 들어, 당신 회사는 제품의 배송을 협력사(A)가 수행하는데, 양수사는 배송 업무를 담당하는 부서가 있거나 이미 다른 배송 협력사(B)와 거래중일 수 있다. 이러한 경우 협력사 A는 사업 매각으로 인해 배송 물량이 줄어들 수 있다. 협력사 A의 총매출에서 당신 회사의 비중이 높으면 해당 협력사는 심지어 폐업을 할 수도 있다. 물론, 협력사의 사정이 측은하여 매각을 포기할 수는 없다. 매각은 당신 회사가 선택할 수 있는 권리이다. 시장경제는 결국 각자가 이익을 추구하는 과정에서 전체의 이익이 달성되도록 보이지 않는 손이 통제하는 것 아니던가. 당신 회사가 보이지 않는 손의 주인은 아니다.

이러한 변화 과정에서 득을 보는 이해 관계자(앞의 사례에서는 협력사 B가 득을 본다)는 조용히 있을 것이고, 불이익을 당하는 이해 관계자(협력사 A를 말한다)는 필사적으로 살길을 찾을 것이다. 사업 매각으로 불이익이 예상되는 협력사의 계약서는 특별히 꼼꼼하게 살펴보아야 한다. 또한 실무자가 해당 협력사에게 그동안 부당한 행위를 저지르지는 않았는지도 파악해야 한다. 거래가 유지될 때는 부당행위로 인한 피해가 수면 아래에 숨어 있겠지만, 거래가 중단되는 순간에도 숨어 있지는 않을 것이다.

부당행위는 사업철수와 무관하게 근절해야 하는 것이므로 이 책에서 자세히 설명할 필요는 없다. 다만, 철수 시점에 그동안 쌓였던 문제가 부각될 수 있다는 점을 알아 두어야 한다. 폐단이라 하더라도 미리 파악하여 당사자 간에 협의가 진행된다면 수습이 한결 용이하다. 억울한 협력사가 하소연할 곳이 없어 중재기관 등 제3자에게 도움을 요청하면 수습은 더욱 어려워진다. 금전적인 문제 이외에 감정적인 문제까지 개입하면 합리적으로 해결하는 것이 더욱 요원해진다.

양수사가 정해지면 사업 매각에 대해 협력사의 반응을 예상하는 것은 그리 어렵지 않다. 오히려 모든 협력사 등 이해 관계자를 누락 없이 검토하는 것에 더 주의를 기울여야 한다. 모든 이해 관계자의 반응을 예상하여 각별히 주의가 필요한 대상을 파악해 둔다. 고객 설득의 경우와 마찬가지로 중요 이해 관계자와 먼저 협의하고 그 결과를 감안하여 나머지 이해 관계자와 협의를 진행한다.

매각으로 인해 협력사가 심각한 손실을 입더라도 당신 회사가 손쓸 수 있는 여지는 별로 없다. 각자의 살길을 각자가 찾아야 한다. 해당 협력사는 특정 고객(당신 회사를 말하는 것이다)의 매출 비중이 지나치게 높았다는 것이 문제였을 것이다. 통보의 시기를 조절하여 조치를 취할 수 있도록 배려하는 것 이외에 뾰족한 수단은 없다. 최대한 신속하게 알려주는 것이 능사는 아니다. 해당 협력사가 담당하는 업무에 공백이 생기지 않으면서 매각에 대한 준비도 할 수 있는 적절한 통보 시점을 고민해야 한다.

해당 협력사가 실행 가능한 대책을 제시할 수도 있으니 이야기를 진지하게 들어볼 필요가 있다. 누구에게나 괴로운 시간이나, 괴롭다고 하여 외면할 수 없다. 조용히 득을 보는 이해 관계자를 탓할 수도 없고, 득을 본 부분을 나누어 달라고 떼를 쓸 수도 없다.

매각으로 인해 매출이 심각하게 줄어드는 일부 협력사를 제외하면 대부분의 경우 다음과 같은 반응을 보일 것이다.

"양수사 구매팀장께 인사드릴 수 있도록 자리 한번 만들어 주세요."

당신에게는 크게 어렵지 않지만, 협력사 사장에게는 간절한 요청이다. 해당 협력사는 새로운 고객(양수사를 말하는 것이다)과 함께 희망찬 미래를 만들어 갈 것이다. 서두를 업무가 아니므로 적절한 시점에 잊지 않고 전화 한 통화 해주면 될 것이다.

이해 관계자에 정부 기관이 포함될 수 있다. 고객이 아니므로 (고객 설득은 앞에서 별도 항목으로 설명하였다) 돈을 받거나 제품 또는 서비스를 공급하는 상황은 아니다. 보통은 인증, 허가, 심사 등과 관련된 규제 기관이다. 국민 경제에 미치는 영향이 큰 사업일수록 정부의 규제가 까다로울 것이다. 규제로 인해 불편할 수 있겠으나, 중요한 사업을 하고 있다는 자부심을 가질 일이다. 정부가 해주는 것도 없이 민간 기업을 귀찮게 한다고 불평할 상황이 아니다. 당신 회사의 사무실에 전기와 수도가 들어온다면 정부가 해주는 것이 없다고 불평할 수 없다.

이해관계자로서 정부기관은 경우에 따라 고객보다 먼저 협의해야 할 수도 있다. 정부 기관이 당신 회사의 사업 매각으로 인해 부서가 통폐합되거나 월급이 줄어들 리 없으므로 협의에 특별한 어려움은 없을 것이다. 다만, 기관의 담당자가 바뀌거나 하여 업무가 더디게 진행될 수 있다. 또한, 이런저런 근거자료를 제출하라고 요청할 것이다. 국민 경제에 미칠 수 있는 파급효과를 사전에 검토하기 위한 것이므로 사실에 입각하여 성실하게 대응하면 된다.

이 밖에 이해 관계자로는 각종 사업협력 당사자가 있을 수 있다. 제품개발 협력, 마케팅 협력, 컨소시엄 협력 등이 기타 이해 관계자에 포함된다. 협력의 내용이 다양할 것이므로 공통의 대응 방안을 제시하기 어렵다. 협력의 내용과 계약을 꼼꼼하게 살펴서 사업 매각으로 인해 문제점이 발생하는지 예상해야 한다. 이 또한 반응을 예상하는 것은 어렵지 않으며, 누락 없이 검토하는 것이 관건이다. 모든 사업협력 대상자의 반응을 예상하여 중요한 대상부터 협의한다.

보통의 경우 사업협력 당사자는 사업 매각으로 인해 크게 득을 보거나 불이익을 당하지 않을 것이다. 대부분의 사업협력 계약은 양수사에게 무난하게 승계될 것이다. 승계되지 않더라도 크게 문제되지는 않을 것이다.

이해 관계자로서 협회는 당신 회사의 사업 매각에 별 영향을 받지 않을 것이다. 적절한 시기에 통보하여 사업이 매각된 이후에도 연회비를 꼬박꼬박 내는 일이 없도록 조치하면 될 것이다.

4.1.4 양수도 계약 체결

매각의 전체 진행 절차는 다음과 같다.

> (1) 검토: ① 양수 후보사업자 검토 → ② 법무 검토 →
> ③ 사업가치 평가 (Valuation) →
> (2) 실행: ④ 양수도 협상 → ⑤ 고객 승인 →
> ⑥ 협력사 등 이해 관계자 협의 →
> ⑦ 양수도 계약 체결 → ⑧ 양수도 실행

고객을 포함하여 이해관계자와 협의가 마무리되면 양수도 계약을 체결할 수 있다. 양수도 협상은 그 이전에 완료하였으나, 이해관계자 협의 과정에서 양수도 협상 내용이 일부 조정될 수 있다. 시간이 경과하여 갱신이 필요한 부분도 있을 것이고 (기한, 금액 등), 고객의 특정 요구사항을 반영해야 할 수도 있다.

양수도 협상이 어렵지, 협상한 내용을 글로 적어서 싸인을 하는 것은 어렵지 않다. 그래도 계약서라는 것이 나중에 약속을 안 지켜서 분쟁이 일어나는 경우를 대비하는 것이므로 꼼꼼하게 작성한다. 꼼꼼하고 명확하게 적어두면 분쟁이 없을 것이다. 분쟁이 나서 소송이 진행되어도 이기고 질 것이 명확하므로 질 것 같은 쪽에서 분쟁을 피하기 때문이다.

분쟁은 미리 고려하지 못하여 계약서에 적어두지 못한 부분에서 발생한다. 따라서 계약서에는 발생 가능한 모든 시나리오가 담겨 있는 것이 바람직하다. 초등학생 때 '모든 경우의 수 찾기' 문제를 괜히 배우는 것이 아니다. 생각나는 경우만 찾아서는 답이 열 가지만 넘어가도 맞추기 어렵다. 생각나는 것을 검토하는 것이 아니라, 누락이 없도록 생각해야 한다. 누락이 없다는 것, 리스크 관리의 시작이다.

계약서에는 양수도 대상에 관한 내용뿐만 아니라, 양수도 실행 방법에 관한 내용도 포함해 두어야 한다. 예를 들어 자산 운반에 관한 비용을 누가 부담할 것인지에 대한 것도 합의를 마쳐둔다. 보통은 '양수도 실행을 위한 제반 비용은 양수사가 부담한다.'와 같이 포괄적으로 기술한다. 매각 대금이나 계약 승계와 같은 사안에 비해 사소하게 느껴질 수 있으나, 이러한 내용들이 미리 정해지지 않으면 막상 이삿짐 트럭을 부를 때 양사 실무자들이 곤란해진다.

법률 비전문가는 "뭘 이런 것까지 계약서에 적나…"하는 생각이 들 수 있다. 그것은 "뭘 이런 곳까지 성벽을 쌓나…" 하는 생각과 다르지 않다. 공중전이 일반화된 현대 전쟁에서 성벽은 의미가 없지만, 예전에는 성벽이 국가 안보 리스크 관리의 핵심이었다. 성벽을 생각나는 곳만 쌓지 않을 것이며 눈에 보이는 곳만 쌓지도 않을 것이다. 또한 특정한 곳을 집중적으로 높게 쌓는 것도 의미가 없다. 가장 낮은 곳의 수준이 전체 리스크의 수준을 결정한다. 리스크 관리의 공통적인 특성이다.

양수도 협상을 혼자서 할 수 없듯이, 계약서 작성도 양사가 공동으로 작성한다. 그 말(협상 내용)이 이 글(계약서 내용)이라는 것을 양사가 동의해야 하기 때문이다. 물론 그 말(협상 내용)도 메일이나 이런저런 문서로 작성되어 있겠으나, 계약서와는 역할이 다르다. 사업팀 실무자가 작성한 협상의 내용은 여러 관련자가 같이 이해하기 위한 용도이고, 법무 전문가가 작성하는 계약서는 책임의 범위와 소재를 명확히 규정하는 용도이다. 간단히 말하면, '의사소통 용도'와 '분쟁대비 용도'로 구분할 수 있다.

양수도 계약서는 어느 한 쪽이 초안을 작성하여 상대방에게 보내고 각자의 요구 사항이 제대로 반영되어 있는지 검토하여 수정본을 보낸다. 탁구를 치듯이 수정본이 오가면서 내용이 확정될 것이다. 양사의 사업팀과 법무팀이 같이 검토해야 한다. 사업팀이 사업의 내용을 검토하고, 법무팀이 향후의 분쟁을 대비한다.

양수도 협상이 꼼꼼하게 진행되었다면, 계약서는 초안 작성에서부터 서너 번의 검토를 주고받으며 완성될 때까지 2주일 정도 소요될 것이다. 그러나 계약서를 작성하는 과정에서 협상이 미진한 부분이 튀어나올 수 있다. 이 또한 사안이 튀어나올 때마다 밀고 당기는 힘겨루기를 할 것이 아니라 모두 도출하여 일괄 협상하는 것이 요령이다. 일부 추가 비용이 발생할 수 있으나, 대부분 사업팀장이 판단할 수 있을 것이다. 사업팀장이 양수사로 전직할 것이 결정되어 있다면 양도사에 잔류하는 임직원 중에서 사업팀장에 준하는 사업경력 보유자가 판단한다. 사업팀장 재량의 범위를 벗어나는 중요 사항은 경영진에게 보고한다.

계약서의 초안은 사업의 내용을 잘 알고 있는 양도사가 작성하는 것이 적절하다. 양수도 대상 품목이 주요 내용인데 양수사는 알 길이 없다. 물론 양수사도 협상을 완료했으므로 받을 것이 무엇인지는 알고 있으나 매우 포괄적인 내용이어서 계약서에 특정할 수 없다. 책으로 비유하면 양수사는 1~2 페이지 분량의 목차만 알고 있는 수준이다.

계약서는 법무 전문가가 주도하여 작성한다. 법무 전문가가 사업팀 실무자의 도움을 받아 사업의 내용을 이해하고 계약서를 작성하는 것이 적절하다. 사업팀 실무자가 계약의 법적 구속력을 이해하고 계약서를 작성하는 것은 한계가 있다. 분쟁에 대한 직간접적 경험이 적기 때문이다.

양수도 계약서를 한 건의 문서로 만들 필요는 없다. 오히려 자산 양수도 계약서, 업무 협약서 등 용도에 따라 여러 건의 계약서로 분리하는 것이 나중에 편리하다. 자산도 용도에 따라 유형자산, 무형자산 등, 여러 건으로 분리하여 체결할 수 있다. 주 계약서에 전체의 내용을 담고 세부 사항은 별도의 부 계약을 체결한다.

여러 건의 계약을 동시에 체결할 필요도 없다. 주택을 구입할 때에도 매매 계약을 체결한 이후에 은행과 대출 계약을 체결하고, 인테리어 업체와 집수리 계약을 체결하고, 이삿짐 센터와 이사 계약을 체결한다. 이삿짐 트럭을 확보한 이후에 매매 계약을 체결하지는 않는다.

무엇이 주계약이고 무엇이 부계약인지 혼란스럽지 않을 것이다. 중요한 계약을 먼저 결정한다. 보통은 금액이 큰 계약이 중요한 계약이다.

양수도 협상은 논의 내용을 일괄 타협하는 것이 요령이지만, 계약의 체결은 중요도에 따라 되는 것부터 체결하는 것이 요령이다.

이미 결정된 부분은 계약을 체결하여 후속 활동을 진행해야하기 때문이다. 예를 들어 사업 양수도 계약을 근거로 정부기관으로부터 인증 또는 허가를 받거나 고객 또는 협력사와 계약을 체결한다. 상황에 따라 이미 체결한 계약의 내용을 수정하고 보완하는 추가계약을 체결할 수도 있다. 이러한 추가 계약은 사전에 꼼꼼하게 협의하지 못한 것으로 생각될 수도 있으나, 일부분이 타결되지 못하여 전체가 진행되지 못하는 상황을 유연하게 해결한 것일 수도 있다.

계약을 분리하여 체결하는 이유는 비단 업무의 순서 때문인 것만은 아니다. 양수사는 사업을 개시하기 위하여 사업을 인수하였다는 근거자료를 여기저기 제출해야 한다. 인증, 허가, 고객 설득 등의 활동을 위해 양수도 근거자료가 필요할 것이다. 이때 해당 내용이 보도된 신문기사를 제출할 수는 없다. 이해 관계자가 다 알고 있고 뉴스에 보도가 되었어도 담당 실무자는 공식적인 기록이 있어야 업무를 진행할 수 있다. 양사 대표의 직인이 날인되어있는 빼곡한 문서를 제출해야 하는데 일부 내용은 공개하기 어려울 수 있다. 양수도 대가 금액 등이 대표적으로 공개할 필요가 없는 내용이다. 따라서 사업 양수도에 관한 내용은 공개가 가능한 부분과 기밀유지가 필요한 부분으로 구분하여 체결하면 나중에 업무처리에 편리하다. 전체 계약서에서 기밀사항은 얼마 안 될 것이다.

계약서를 공개할 수 있는 내용과 그렇지 않은 내용으로 구분하여 체결해야 하는 이유는 계약을 어렵사리 체결하고 나중에 외부기관에 제출할 때 알게 된다. 설령 분리가 안 되어 있더라도 이미 체결한 계약서를 분리하여 다시 체결할 필요까지는 없다. 계약서의 특정 내용을 발췌하여 '이러이러한 사업을, 누가, 누구에게, 언제, 양도했음을 확인한다.'와 같은 내용의 사실 확인서를 별도의 공문으로 발송하여 해결할 수 있다.

계약서의 분리는 원활한 업무진행과 실무자의 편의를 위한 것이다. 계약서를 분리하지 않더라도 사업 매각이 결렬되거나 양수도 비용이 증가하거나 하는 일은 없다.

4.1.5 양수도 실행

매각의 전체 진행 절차는 다음과 같다.

(1) 검토: ① 양수 후보사업자 검토 → ② 법무 검토 →
　　　　③ 사업가치 평가 (Valuation) →
(2) 실행: ④ 양수도 협상 → ⑤ 고객 승인 →
　　　　⑥ 협력사 등 이해 관계자 협의 →
　　　　⑦ 양수도 계약 체결 → ⑧ 양수도 실행

양수도 실행에 대해서 살펴보자. 양수도까지 실행되면 사업매각이 완료되었다고 할 수 있다. 사업철수 이후에도 일부 후속 조치 업무 또는 사후 관리 활동이 있을 수 있다. 이에 대한 내용은 제5장에서 설명한다.

양수도 실행의 기본적인 내용은 양수도 계약을 이행하는 것이다. 양수도 계약서를 꼼꼼하게 작성하였으면 실행에 어려움이 없을 것이다. 실행 방법을 나열식으로 설명하겠지만, 실행의 순서는 설명의 순서와 다를 수 있다. 대체적으로 먼저 실행할 것 같은 내용을 먼저 설명해 두었으나, 사업 특성과 양사의 상황에 따라 순서가 바뀔 수 있으며 동시에 실행할 수 있는 활동도 있다. 조금 자세한 점검목록(체크 리스트)이라고 생각하면 된다.

1) 유형자산(실물)의 이동

먼저 유형 자산 등 실물을 이동시킨다. 이삿짐 트럭을 부른다. 양사가 이사 비용에 관한 합의까지 마쳐두었을 것이다. 양수도 계약의 첨부 자료에 양수도 목록이 빼곡한 글씨로 적혀 있을 것이다. 자산 반출을 관리하는 부서(총무팀 또는 재무팀일 것이다)의 실무자에게 목록을 보여주고 짐을 싣는다.

 특별한 장비의 경우 무진동 차량, 화학물질 운반 차량 등과 같은 특수 차량이 필요할 수 있다. 이러한 특수 차량의 수배를 위해서는 시간과 비용이 추가로 발생할 수 있으니 미리 준비를 해두어야 한다. 이러한 내용은 양수사가 알 수 없으며, 양도사의 개발팀 또는 장비운영팀의 실무자가 잘 알고 있다. 양도사의 실무자는 '전화나 메일로 이러한 사실을 알려주었으니 본인의 역할은 다 한 것이다.'라고 생각하면 안 된다. 양수사 실무자가 "알았습니다. 곧 준비하겠습니다." 라고 반복적으로 말했다고 하여 안심할 수 없다. 그는 지금 입사 이래 가장 정신없는 상황이다. 양도사의 실무자가 특수 차량 업체와 직접 연락을 하는 것이 도움이 될 것이다. 특수 차량 업체는 돈을 벌 수 있는 기회이므로 지속적이고 반복적으로 양수사 실무자에게 연락을 취할 것이다. 특수 차량 사용에 관한 계약의 체결은 특수 차량 업체로부터 확인할 수 있다.

양수사 실무자에게 양수 업무는 평소에 늘 하던 업무가 아닐 것이며, 이것저것 챙겨야 하는 사항들이 매우 많아서 누락이 발생할 수 있다. 양수사 실무자가 관리해야 하는 개별 업무 하나하나는 단순하지만, 종류가 다양하고, 생소하며, 몰려서 발생하기 때문에 매우 어려운 상황이다. 그렇다고 하여 양수 업무를 나누는 것도 쉽지 않다. 전체 업무의 목적과 활동을 정확히 공유하기가 어렵기 때문이다.

앞의 이사 사례와 같이 알려주는 것은 반드시 필요하나, 알려주는 것만으로 완료되는 것은 아니다. 통보와 함께 적절히 진행되는지 확인을 해야 한다. 확인 또 확인, 자주 경험하지 못하는 업무의 리스크 관리는 반복되는 확인으로 완성된다.

양수사가 해당 업무를 담당하는 핵심 인력을 양도사로부터 영입하면 이러한 부분이 수월하고 안전하게 진행될 것이다. "양수도 자산 목록의 작성과 확인, 이사 업체 연락, 장비를 다룰 때의 주의사항 등 장비와 관련된 문제는 제가 알아서 하겠습니다." 이 한마디로 사업 양수도 전체 업무 중 일부분이 안전하게 진행될 것이다. 물론 그 핵심인력은 양수사로 전직하여 해당 자산을 누구보다도 잘 관리할 것이다.

갈길 먼데 이제야 짐 싸는 것 끝났다. '천리 길도 한걸음부터', '시작이 반'이라는 가르침을 되새기며 차근차근 양수도를 실행해야 한다. 어찌 되었건 짐을 실었으니 적절한 곳에 내릴 것이다. 물론 양수사의 사무실 또는 공장이나 창고 등 일 것이다.

자산을 받는 양수사도 이런저런 준비를 마쳐두어야 한다. 특별한 장비는 새로 설치되는 곳에 특별한 공사가 필요할 수 있다. 정전을 대비한 전원 이중화, 미세한 진동까지 방지하기 위한 바닥공사, 장비의 성능을 유지하기 위한 항온항습 장치, 그 밖에 안전을 위한 각종 시설공사 등이 필요할 수 있다. 이러한 내용 역시 양수사는 사전에 알기 어려우며, 양도사의 장비 담당 실무자가 책임을 지고 진행해야 한다. 이러한 업무 역시 양수사가 해당 전문 인력을 영입하면 업무 진행이 순조롭다.

일부 장비의 경우 1년 365일 24시간 중단 없이 운영되어야 할 필요가 있다. 예를 들어 통신 장비가 이러한 경우에 해당된다. 장비가 사용되는 유형을 파악하여 사용량이 적은 주말 새벽에 이동할 수도 있다. 필요에 따라 고객 또는 업무 관련자에게 서비스 일시 중단에 대해 미리 알려야 한다. 잠시라도 중단될 수 없는 장비의 경우에는 동일한 시스템을 복제하여 양수사의 시설에 설치한다. 한동안 구(舊) 시스템과 신(新) 시스템을 같이 운영하면서(병행운영이라고 한다) 새로운 시스템의 안정성을 검증한 이후에 구 시스템을 팔거나 폐기한다. 구 시스템은 양도사가 다른 사업에 활용할 수도 있고, 양수사가 예비품으로 구매할 수도 있다.

이러한 노력들은 모두 사업을 잠시라도 중단하지 않고 매각하기 위해 필요한 조치들이다. 잠시라도 운영이 중단되면 사업의 손실이 크기 때문이다. 새로 사업을 시작할 때는 이러한 무 중단 운영에 대한 고민이 필요 없다. 그동안 잘 일구어 놓은 사업을 손실 없이 양수도하기 위해서 이러한 노력들을 기울이는 것이다.

2) 무형자산의 이관

각종 문서와 자료도 이동한다. 종이로 되어있는 문서도 있을 것이고, 컴퓨터에 저장된 전자문서도 있을 것이다. 사람에 따라 전자파일, 디지털 자료 등 부르는 이름이 다양하다. 주로 컴퓨터를 이용해서 읽거나 쓰고, 이메일로 주거니 받거니 하는 자료를 생각하면 된다.

종이 문서는 회사마다 적용되는 문서 반출 절차에 따라 양수사로 보내면 될 것이다. 유형 자산을 옮기는 트럭이 왔을 때 같이 실어 보낼 수도 있다. 전자 문서도 회사의 반출 절차에 따라 승인을 받고 송부한다. 인터넷을 이용하거나 대용량 저장장치를 이용할 수도 있다.

종이 문서든 전자 문서든 양수사로 보내도 되는지 여부를 판단하기 위해 내용을 일일이 확인해야 한다. 철수 사업 관련 임직원 중에서 양수사로 전직하지 않고 양도사에 잔류하는 임직원이 내용을 살펴보고 이관 여부를 결정한다. 문서를 보내는 것은 간단하지만 내용을 파악하는데 시간이 걸리므로 미리미리 준비한다. 회사에 따라 전자 문서에 보안 소프트웨어가 적용되어 있을 경우, 송부하기 전에 보안을 해제하는 과정도 필요하다. 그렇지 않으면 보내도 열어보지 못할 것이다.

특허, 등록, 인증 등의 지적재산권을 양도하기 위해서는 양사의 합의 이외에도 해당 지적재산권을 관리하는 기관의 승인절차가 필요할 수 있다. 예를 들어, 특허는 특허청에 소유권 변경 절차를 신청해야 한다. 관리 기관은 정부 기관이 아닐 수도 있다. 협회나 기업 등 민간 기관일 수도 있으며, 해당 기관이 해외에 있을 수도 있다. 각각의 지적재산권에 대하여 처리절차와 소요기간이 다를 것이므로 미리 준비해 두어야 한다.

해당 지적재산권은 양수사가 필요한 상황이므로 양수사가 주도하여 진행하되, 양도사의 실무자가 내용을 잘 알고 있으므로 적극적으로 지원해야 한다. 이 역시 담당 직원이 양수사로 전직하면 업무가 순조롭다.

철수 사업과 관련하여 홈페이지와 같은 웹사이트 도메인도 이관한다. 웹사이트의 내용도 수정이 필요할 것이다. 제품이나 서비스 소개야 천천히 바꿀 수 있지만 도처에 산재해 있는 양도사의 로고와 회사명은 미리 수정해 두어야 한다.

철수하는 사업이 콜센터를 운영할 경우, 콜센터의 전화번호도 이관한다. 전화번호를 바꿀 필요는 없을 것이다. 가입되어 있는 통신사에게 문의하면 번호이관을 어렵지 않게 조치할 수 있다. "사랑합니다. 고객님! ~ "으로 시작하는 자동응답 내용도 회사명과 같은 부분은 수정이 필요할 것이다.

해당 전화번호를 이관하지 못하는 경우도 있다. 양도사가 철수하지 않는 다른 사업과 콜센터 전화번호를 같이 사용하는 경우이다. 이러한 경우 양수사는 새로운 콜센터 전화번호를 개설하고 상당기간 착신을 전환한다. 번호를 새로 개설하지 않고 양수사가 기존에 사용하던 콜센터 전화번호로 착신을 전환할 수도 있다. 착신전환 이후에는 상당기간 전화번호 변경을 안내한다. 이러한 착신전환과 전화번호 변경안내의 여부와 기간은 양수사와 양도사의 협의 사항이다. 대략 1년 정도 착신을 전환하고, 6개월 정도 번호를 안내하면 무난하다. 소비자도 콜센터 전화번호를 찾기 위해 인터넷 검색을 주로 활용하므로 별다른 어려움은 없다. 이 업무 역시 누락 없이 사전에 미리 준비하면 간단한 업무이나, 임박하여 서두르면 실무자가 어려움을 겪을 수 있다.

제품의 경우 포장지에 인쇄되어 있는 양도사의 로고, 기구물의 로고, 제품설명서와 품질보증서의 회사명, 브로슈어의 내용 등도 모두 미리 수정해야 한다. 각종 사은품이나 기념품과 같은 마케팅 도구에도 양도사의 로고가 인쇄되어 있으면 수정해야 한다. 폐기가 불가피할 수도 있다.

특허 등록, 홈페이지 내용, 콜센터 자동응답, 각종 인쇄물의 로고 등을 수정하는 각각의 업무는 손쉬운 업무이다. 그러나 여러 가지 업무를 누락 없이 제때에 미리 준비하는 것은 상당히 어렵다. 전체 진행을 관리하는 담당자가 누락이 없도록 점검 목록을 만들어서 여러 실무자와 수시로 협의를 하며 진행상황을 꼼꼼하게 확인해야 한다.

3) 관련 임직원의 전직

철수 사업 관련 임직원 중에서 양수사로 전직이 결정된 임직원도 이동한다. 당신 회사를 퇴사하고 양수사로 입사한다. 퇴사와 입사는 사업철수와 무관하게 늘 발생하는 업무이므로 어려움이 없다. 전직을 결정하는 것이 어렵지 전직 행위는 어렵지 않다. 양수도 협상 과정에서 해당 임직원의 면담이 이루어질 때 새로운 회사에서의 처우 조건도 어느 정도 협의가 되었을 것이다. 협의된 내용대로 실행한다.

4) 계약의 이관

양수도 계약을 체결하고 임직원도 양수사로 옮겼으면, 각종 계약을 이관한다. 4.1.4절에서 설명한 양수도 계약은 양도사와 양수도 사이의 계약이고, 여기서 설명하는 계약은 양도사가 사업을 철수하기 이전에 다른 이해 관계자들과 체결해 두었던 계약이다. 대표적인 계약은 고객 계약과 협력사 계약이다. 이밖에도 개발협력 계약, 마케팅 협력 계약 등과 같은 사업협력 계약이 있을 수 있다. 제2.10절의 계약현황에서 모두 설명한 내용이다.

계약의 이관은 양도사가 체결하였던 계약을 해지하고 양수사가 유사한 내용의 계약을 새로 체결하는 것이다. 양도사와 양수사의 사업체계가 같지 않으므로 모든 계약이 동일하게 이관되지는 않을 것이다. 일부 계약은 해지될 수 있으며, 새로운 계약이 추가될 수도 있다. 계약의 내용 또한 완전히 같지는 않겠으나, 대동소이할 것이다. 계약의 이관은 대부분 동시에 진행될 수 있으나, 일부 특별한 계약은 이관에 선후 관계가 있을 수 있다. 그리고 어떤 계약은 상당기간 동안 양도사 계약과 양수사 계약이 중복되어 유지될 수도 있다.

협력사 계약을 이관한 이후에 협력사는 여태까지 양도사에게 했던 것처럼 부품 또는 용역을 양수사에게 공급한다. 양수사가 고객계약을 체결하고 여태까지 양도사가 했던 것처럼 고객에게 제품 또는 용역을 공급하면 양수사는 사업을 개시하는 것이다.

　이 과정에서 협력사가 계약의 이관을 거부하는 상황은 생각하기 어렵다. 그러한 경우가 발생했다면, 이는 사업철수와 무관한 문제가 사업철수 시점에 부각된 것일 가능성이 높다. 적절한 방법으로 문제가 해결되면, 협력사 계약을 이관할 수 있을 것이다. 고객이 계약의 이관을 거부하는 경우에는 종료시점에 재계약을 양수사와 체결한다. 물론 고객은 양수사를 외면하고 다른 사업자를 찾을 수도 있다. 이렇게 고객 계약이 하나하나 양수사로 이관되면서 시간이 지나 양도사의 모든 계약이 종료되면 양도사의 사업철수는 완료된다.

　매각을 실행하였다면, 이어지는 제4.2절의 '분사 실행'과 제4.3절의 '중단 실행'은 읽을 필요가 없다. 바로 제5장의 '실행 관리'를 살펴보면 된다.

4.2 분사 실행

분사는 해당 사업을 담당하던 임직원이 중심이 되어 회사(분사사)를 설립한 후에 철수 사업을 이관하는 것이다. 새로 회사를 설립하면 분사사는 별도의 사업자가 되므로 이후의 절차는 매각과 유사하다. 즉 분사사를 설립하고 분사사에게 사업을 매각한다고 이해하면 된다.

　분사 진행의 전체 절차는 다음과 같다.

(1) 검토: ① 분사 의향 확인 → ② 법무 검토 → ③ 분사 계획 수립 →
(2) 실행: ④ 분사 참여 인력 확정 → ⑤ 고객 승인→
　　　　　⑥ 협력사 등 이해 관계자 협의 → ⑦ 분사사 설립 →
　　　　　⑧ 양수도 계약 체결 → ⑨ 양수도 실행

분사의 전체 진행 절차에서 (1) 검토 단계의 세 가지 활동은 제3장의 분사 방안 수립에서 설명하였다. (2) 실행의 여섯 가지 활동에 대해서 살펴보자.

4.2.1 분사 참여 인력 확정

분사를 실행한다는 것은 철수방안으로 분사를 결정하였기 때문이다. 분사를 결정할 때 분사방안에 포함되어 있는 분사조건까지 함께 결정되었을 것이다. 분사사로 이관될 유무형 자산이 결정되었고, 양수도 대가와 의무 이행 비용에 관한 내용도 결정되었다. 이제 분사사를 설립해서 사업을 양수도해야 한다. 그전에 미리 준비해 두어야 할 것이 있다.

　먼저 분사가 성공하기 위해서는 사업팀 실무자의 분사 참여가 반드시 필요하다. 분사 대표(보통은 해당 사업의 팀장 또는 그에 준하는 업무 경력자)는 이미 분사 가능성을 검토하고 경영진에게 분사 의향을 밝혔다. 그렇지 않았으면 분사가 결정되지 않았을 것이다. 분사를 하겠다는 사람이 없는데 경영진이 분사하라고 등을 떠밀 수는 없기 때문이다. 그러나 분사 대표 혼자서는 사업을 추진할 수 없다. 일부 업무는 담당자를 신규로 채용할 수 있겠으나, 대부분의 업무는 해당 사업 기존 실무자의 도움이 필요하다. 따라서 분사 대표는 이제 실무자들이 분사에 참여하도록 설득해야 한다.

사업팀 실무자 모두가 분사에 참여할 필요는 없을 것이다. 그러나 고객을 직접 만나는 영업 직원, 제품 개발을 주도했던 개발 직원 등의 참여는 필수적이다. 분사 대표는 업무를 기능별로 나누고 해당 업무를 총괄하여 관리할 임직원 서너 명을 먼저 설득한다. 이들 기능별 관리 총괄들은 향후 분사사에서 임원 또는 부서장 등과 같은 역할을 담당할 것이다. 사업의 특성에 따라 다르겠으나 분사사의 경영진은 대표와 함께 영업 총괄, 개발 총괄, 운영 총괄 등으로 구성될 것이다.

기능별 총괄 관리자를 설득하였다면, 이제 분사사의 경영진이 구성된 것이다. 각자 이전에 하던 업무도 수행하면서 동시에 회사 설립을 위한 활동도 병행해야 한다. 직장인이 회사를 다니면서 결혼도 준비하고 살림집을 장만하는 것과 비슷한 정도의 어려움이 수 개월동안 이어질 것이다. 분사사의 경영진은 각오를 단단히 해야 한다. 회사를 하나 만든다는 것은 가히 출산의 어려움에 비유될 수 있다. 모회사 역시 분사사의 안위가 남의 일이 아니므로 이런저런 지원을 할 것이다. 그러나 분사사 경영진은 분사가 성공할 것인지에 대한 불안감과 함께 회사 설립과 관련한 생소한 업무들로 인해 심신이 지칠 것이다. 물론 이 와중에 해당 철수 사업의 업무도 계속해야 한다. 분사하려는 사업의 가치가 계속 유지되기 위해서는 지금 하고 있는 사업을 소홀히 할 수 없다. 오히려 자신의 회사가 될 것이므로 더 열심히 수행하게 될 것이다. 이러한 어려움을 감내할 수 있는 유일한 위로는 분사하는 사업에 대한 미래의 비전이다.

분사사의 (예비) 경영진은 먼저 분사 참여 인력의 전체 목록을 작성한다. 사업팀 실무자를 한명한명 떠올리면서 같이 일하고 싶은 사람과 그렇지 않은 사람으로 분류하는 것이 아니다. 분사사의 조직체계를 먼저 설계해야 한다. 기능별로 총괄 관리자를 선정하고, 기능별 총괄 관리자가 각각의 기능별 실무자를 선정한다. 즉, 영업팀장, 개발팀장, 서비스팀장 등, 관리 부서장을 먼저 선정하고 영업팀원, 개발팀원, 서비스팀원은 각각의 팀장이 선정한다. 물론 팀원의 선정은 각각의 팀장이 주도하되, 다른 팀장 및 분사 대표와 충분히 협의한다. 분사사의 실무자를 선정할 때는 모회사에서 전직하는 임직원과 새로 채용할 임직원을 구분한다. 신규로 채용하는 직원은 언제 채용할 것인지, 누가 채용할 것인지 등을 미리 정해둔다. 입사도 쉽지 않지만 채용도 쉽지 않다.

이와 같은 과정을 통해 선정된 임직원 목록은 분사사 경영진의 희망사항이다. 해당 임직원은 분사에 참여할 의향이 전혀 없을 수도 있으며, 분사사 경영진의 의중에 없던 임직원이 분사 참여 의향을 밝힐 수도 있다. 이제 분사사 경영진은 분사에 참여할 실무자를 설득해야 한다.

철수 사업을 수행하는 임직원 모두가 모인 자리에서 분사사 사업 설명회를 개최하여 투명하게 정보를 공개하면서 합의를 이끌어 내야 한다. 분사사 경영진은 신의성실의 원칙에 입각하여 사실만을 가지고 투명하고 공정하게 정보를 제공하고 분사 참여에 대한 의향을 구해야 한다. 구구절절 옳은 이야기이지만 공부 잘 하는 방법, 건강하게 오래 사는 방법처럼 실천이 어렵다. 묘수랍시고, 비밀리에 개별 협의를 진행한다면 신뢰가 무너져서 합의에 도달하는 것을 가로막을 것이다.

고객을 담당하는 영업직과 기술을 담당하는 개발자가 주요 영입대상 인력이다. 그 동안 회사 일은 혼자서 다 한 것 같은데 마땅히 인정받지 못 한 것 같은 소외감에 울적했던 영업과 개발 임직원들의 존재감이 부각되는 순간이다.

분사에 참여해 달라는 권유를 받다 보면 '인생 헛살지 않았구나!' 하는 뿌듯함이 마구 밀려들 것이다. 잠시겠지만 적당히 사양하는 척 하면서 충분히 즐길 수 있나. 예전에 헤어진 애인이 다시 만나자고 조를 때의 쾌감과 비슷하다. 차이가 있다면 가족에게 자랑할 수 있다. 주의할 것은 분사에 참여할 경우 사양하는 척은 적당히 해야 한다. 분사에 참여하는 순간 바짓가랑이 붙잡고 애타게 권유하던 사람이 바로 분사사의 사장 또는 팀장이 될 것이다. 그리고 분사에 참여하지 않을 경우에는 단호하게 거절해야 한다. 동료에 대한 예의이다. 무언가 특별한 대우를 애매하게 바라면서 우유부단하게 처신하는 것은 설득하는 측이나 망설이는 측 모두에게 손해이다.

분사사 경영진은 영입하고 싶은 임직원이 저울질하며 선뜻 따라나서지 않을 경우 애가 탈 것이다. 이 때 사업의 비전, 즉 장사가 잘 되어서 월급도 오를 것이고, 주식시장 상장에 성공하면 팔자를 고칠 수 있다는 설득만이 안정적인 모회사를 그만두고 격랑의 신생 기업에 합류할 수 있는 동기를 제공한다.

자동차를 사주겠다는 둥, 야근이 없다는 둥, 워크샵은 하와이에서 가족동반으로 진행한다는 둥, 이사 직함을 주겠다는 둥과 같은 인센티브는 대부분 설득에 큰 영향을 미치지 않는다. 월급과 복지는 모회사와 동일하게 유지할 것이며, 이익은 연말 상여금으로 공유될 것이라는 약속과 함께 향후 5년간의 사업계획을 한 장으로 정리하여 손익전망을 보여준다.

분사에 참여하면 연봉을 더 받을 수 있다는 계산이 나와야 분사에 참여할 것이다. 의리에 죽고 의리에 사는 선후배 간의 '묻지마' 식 참여는 감동스럽게 보일지는 몰라도 공도동망의 첩경이다. 실무자가 합리적으로 판단하여 분사사의 사업계획에 동의한다는 것 자체가 분사 성공을 위한 가장 강력하고도 종합적인 검증 과정이다. 사업의 내부 사정을 가장 잘 아는 사람들이 미래를 예측한 것이기 때문이다.

안타깝게도, 분사에 참여하고 싶으나 초대받지 못하는 경우도 있다. 모회사의 경영진이 분사에 참여하기 싫다는 실무자에게 참여를 강제할 수도 없지만, 분사사에게도 특정 임직원의 영입을 강제할 수도 없다. 분사사의 경영 최적화가 무엇보다도 중요하기 때문이다.

주변의 선후배와 동료들을 돌아볼 필요가 있다. 당신이 회사를 차린다면 그들을 초대할 것인가? 그들이 회사를 차린다면 당신을 초대할 것 같은가? '지내기 편한 사람'과 '같이 일하고 싶은 사람'이 반드시 일치하는 것은 아니다. 초대받은 자와 초대받지 못한 자의 갈림길은 전문성 이외에도 의사소통 능력이 결정하는 듯하다. 결국 조직 구성원의 능력이라는 것은 전문성과 의사소통 능력이 대부분을 차지할 것이다.

분사 참여 인력을 설득하는 과정에서 모회사의 최선은 개입하지 않는 것이다. 분사사 인력 구성이 어렵다고 하여 모회사가 같이 나서서 참여를 독려하는 것은 퇴사를 종용한다는 오해를 받을 것이다. 반대로, 특정 임직원이 잔류하도록 유도하는 것은 분사를 방해한다는 오해를 받을 것이다. 진행이 더디고 답답하더라도 인내심을 갖고 설득해야 한다. 해당 임직원들은 지금 인생에 있어서 몇 안 되는 중요한 의사결정을 앞두고 고민이 깊다.

회사의 경영진이 특정 임직원에게 참여를 권유하거나 잔류를 유도하지는 않을 것이다. 그러나 철수하는 사업이 아닌 다른 사업의 사업팀장이 철수 사업의 임직원을 붙잡고 싶어 할 수 있다. 이러한 임직원 확보 노력을 이해할 수는 있으나, 임직원의 분사 참여 결정이 다른 사업으로부터 영향을 받지 않도록 환경을 조성해야 한다. 이러한 환경 조성은 저절로 되지 않는다. 철수 사업의 임직원을 다른 사업팀장이 끌어가려는 시도는 매우 집요하기 때문에 이러한 시도를 적극적으로 차단해야 한다. 특히, 분사 참여 인력이 확정되기 전에 특정 인력을 다른 부서로 발령을 내는 것은 바람직하지 않다. 물론 모든 임직원을 대상으로 이러한 확보 노력이 시도되는 것은 아니다. 하지만, 다른 사업의 팀장이 욕심을 내는 임직원은 대개 분사사 경영진도 놓치고 싶지 않을 가능성이 크다.

분사 참여 인력의 설득은 시작시점과 완료시점을 특정하기 애매하지만, 대략 1개월 정도 소요된다. 시점이 애매하다는 것은 사업철수 초기부터 분사 참여를 결정한 임직원이 있을 수 있으며, 인력 구성이 끝난 이후에도 참여를 번복하거나 추가로 합류하는 등 변동이 있기 때문이다. 1개월이라는 시간이 개개 임직원의 중차대한 결정에는 부족하게 느껴질 수 있으나, 사실 관계를 파악하고 의사를 결정하기에는 충분한 시간이다. 시간을 더 들인다고 해도 추가되는 정보는 없을 것이며, 미처 고려하지 못한 요인이 갑자기 생기지도 않을 것이다.

따라서 목표 인력을 정해두고 될 때까지 설득할 것이 아니라, 목표 시점을 정해두고 설득하는 것이 적절하다. 전체 협의와 개별 면담이 반복되면서 분사사 조직체계의 윤곽이 잡힐 것이다. 설득 종료 시점에 인력 구성에 실패하면 분사를 포기하고 다른 방안을 찾아야 한다.

분사가 절실하다면, 경우에 따라 모회사의 경영진이 분사 참여에 대한 추가 인센티브를 제안할 수도 있다. 격려금 같은 금전적인 지원이 될 수도 있고, 2~3년 정도 기간을 한정하여 그 안에 분사사의 경영이 악화되면 모회사 복귀를 보장하는 방법 등을 제안할 수 있다. 그러나 인력 구성이 안 된다는 것 자체가 분사 대표의 지도력을 포함하여 포괄적으로 사업의 지속성장 가능성이 취약하다는 근거이므로 분사를 취소하는 것이 바람직하다.

4.2.2 고객 승인

분사 진행의 전체 절차는 다음과 같다.

(1) 검토: ① 분사 의향 확인 → ② 법무 검토 → ③ 분사 계획 수립 →
(2) 실행: ④ 분사 참여 인력 확정 → ⑤ 고객 승인 →
　　　　　⑥ 협력사 등 이해 관계자 협의 → ⑦ 분사사 설립 →
　　　　　⑧ 양수도 계약 체결 → ⑨ 양수도 실행

분사 참여 임직원의 경우, 신분은 모회사에 소속되어 있지만 실제 업무는 분사사의 입장에서 수행하게 된다. 분사사는 우선 고객 의향을 파악해야 한다. 고객이 분사에 대해 어떻게 생각하는지 묻고 답을 듣는다. 고객 설득에 분사의 성패가 달려 있다. 분사사 임직원의 구성이 완료되었으므로 경영진과 실무자가 같이 나서서 고객을 설득한다.

　분사 계획을 설명하였을 때, 축하하는 고객부터 계약변경은 절대 불가하다는 고객까지 다양한 양상의 반응을 보일 것이다. 고객이 꺼려하는 수준을 넘어 소송을 운운하며 완강하게 거부할 경우, 그것도 일부 고객이 아니라 장기계약 중인 고객의 대부분이 거부한다면 분사는 불가하다.

　고객은 분사로 인해 제품 또는 서비스의 품질이 떨어지지는 않을까 하는 걱정이 앞설 수 있다. 기계와 임직원에 변화가 없으므로 걱정할 것 없으며, 모회사에서 독립하면 훨씬 더 기민하게 또는 더 저렴하게 고객 요구에 대응할 수 있다고 안심시키는 것 이외에 뾰족한 수는 없다.

그 밖의 내용은 제4장 '매각 실행'의 제1.2절에서 설명한 '고객 승인'과 동일하다. 분사사가 양수사인 상황이다.

4.2.3 협력사 등 이해 관계자 협의

제4장 '매각 실행'의 제1.3절에서 설명한 '협력사 등 이해관계자 협의'와 동일하다. 일반적으로 분사의 경우 협력사 구조에 큰 변화가 없다. 분사사 자신이 신설회사이기 때문에 기존의 협력사가 담당하는 기능이 대부분 필요하다. 매각의 경우 양수사가 협력사의 기능을 보유하고 있다면 해당 협력사는 거래가 중단될 수 있다. 장기적으로는 분사사의 협력사가 늘어나거나 줄어드는 등의 변화가 있을 수 있으나, 분사로 인한 변화와 구분해야 한다. 모든 회사들이 협력사를 영원히 바꾸지 않고 유지하는 것은 아니기 때문이다.

4.2.4 분사사 설립

분사 진행의 전체 절차는 다음과 같다.

 (1) 검토: ① 분사 의향 확인 → ② 법무 검토 → ③ 분사 계획 수립 →
 (2) 실행: ④ 분사 참여 인력 확정 → ⑤ 고객 승인 →
    ⑥ 협력사 등 이해 관계자 협의 → ⑦ 분사사 설립 →

⑧ 양수도 계약 체결 → ⑨ 양수도 실행

분사사를 설립하는 단계는 분사와 관련하여 모든 이해 관계자와 협의가 완료된 상황이다. 양도사에 해당하는 모회사 경영진과 분사 조건도 합의하였고, 참여 임직원도 결정되었고, 고객 등 외부 이해 관계자의 승인도 받아 두었다. 이제 회사를 새로 만들고, 여태까지 몸담았던 회사로부터 사업을 양도받는다. 마치 축구장에서 내가 공을 뻥 차고 달려가서 내가 받는, 그런 묘한 기분이 든다. 양수도 목록도 사업팀(분사사)이 작성하고 양수도 계약서도 사업팀이 법무팀과 협의하여 작성한다. 혼자서 북 치고 장구 치는 듯한 느낌이 들 것이다.

    회사를 설립하기 위해서는 사무실도 알아보아야 하고, 돈(자본금)도 모아야 하고, 회사의 정관도 만드는 등, 평소 경험해 보지 못했던 많은 일들을 짧은 기간에 해야 한다. 대부분의 임직원들은 회사를 설립해 본 경험이 없을 것이므로 무엇부터 준비해야 할지 막막할 것이다. 당신 회사에도 회사 설립을 지원해주는 부서는 없을 것이다. 분사팀은 법무사를 수소문하여 적절한 수수료를 지급하고 도움을 받는 것이 무난하다. 당신이야 회사를 처음 만드니까 복잡 대단한 업무이겠으나, 전문가(법무사)에게는 반복적인 업무이다. 저자인 내가 회사를 차려도 법무사의 도움을 받을 것이다. 법인 설립 절차에 대한 설명은 이 책이 다루는 범주를 벗어나므로 생략한다. 중소기업청에서 인터넷을 통해 법인을 설립하는 웹사이트(http://www.startbiz.go.kr)를 운영하고 있으니 참조가 될 수 있다. 분사사의 사무실 역시 인근 중개사의 도움을 받아 임차할 수 있을 것이다.

4.2.5 양수도 계약 체결

제4장 '매각 실행'의 제1.4절에서 설명한 '양수도 계약 체결'과 동일하다. 분사사가 양수사이다.

4.2.6 양수도 실행

제4장 '매각 실행'의 제1.5절에서 설명한 '양수도 실행'과 동일하다. 분사사가 양수사이다.

4.3 중단 실행

사업 중단의 전체 진행 절차는 다음과 같다.

 (1) 검토: ① 손익 전망 → ② 리스크 검토 → ③ 중단 계획 수립 →
 (2) 실행: ④ 영업 중단 → ⑤ 생산 중단 및 재고 소진 →
    ⑥ 잔여 의무 이행 → ⑦ 계약 해지 또는 종료

중단의 전체 진행 절차에서 (1) 검토 단계의 세 가지 과정은 제3장의 중단 방안 수립에서 설명하였다. (2) 실행의 네 가지 과정에 대해서 살펴보자.

그만두는 것도 실행이라니 무언가 어색한 느낌이 든다. '밥을 안 먹는다.'는 이야기를 '금식을 실행한다.'고 표현하는 것처럼 우스꽝스럽다. 불필요하게 복잡한 표현으로 혼란스럽게 하는 것은 아닌가 하는 부담이 있다. 그러나 '사업 그만둠' 이라는 표현 보다는 '사업 중단 실행'이 어찌 되었든 조금이라도 더 정확하다. 사업을 그만둔다는 것은 하던 업무를 안 하는 측면도 있으나(대부분이나), 사업 중단을 위해 새롭게 취해야 하는 이런저런 조치들이 있기 때문이다.

물리적인 세계에서 적용되는 관성의 법칙이 사업과 같은 사회 활동에도 적용되는 듯 하다. 누군가가 던진 돌멩이가 토끼를 맞추는 순간까지 계속 날아가는 것처럼, 사회 활동도 과거에 그래왔던 것처럼 지속될 것이라는 막연한 믿음이 있다. 사실 막연하지만은 않다. 실제로 많은 일들이 반복적이고 주기적으로 지속되기 때문에 오히려 그렇지 않은 것들을 추려내기가 어렵다. 결국 경험을 통해 미래를 판단하는데, 지속되는 일이 많았다는 경험이 판단을 지배하는 것이고, 예외가 발생하면 대부분 당황하는 것이다. 마치 이런 예외적인 경우에는 우리 모두 당황하자고 약속이나 한 듯하다.

사실 사업을 포함하여 특정 사회 활동이 영원히 지속된다는 것은 물리적인 불변의 진리도 아니고, 우리 모두가 굳게 맹세한 것도 아니다. 따라서 얼마든지 중단될 가능성이 상당히 높은데도 불구하고 모두들 당황하는 것은 모두의 경험이 동시에 착각하기 때문이다. 하지만 착각도 실존이다. 소수의 착각은 소수의 불편함이겠으나, 다수의 착각은 사회적인 판단의 준거로 작용한다. 억울할 것 없다. 나를 포함하여 당신도 대다수의 착각에 편승한 경험이 많을 것이다. 대부분 착각이라는 것을 인지하지 못했을 것이며, 착각한 사람들끼리 맞장구치며 위안을 주고받았을 것이다.

 예를 들어, 지난 수년간 매주 일요일 아침마다 축구 동호회에서 운동을 해왔던 스포츠맨을 생각해보자. 이 스포츠맨이 멀리 이사를 가게 되어 탈퇴하려면 최소한 '연락'이라는 조치가 필요하다. 아무 말 없이 '연락'을 끊고 동호회를 나가지 않아도 소송이 들어오거나 과태료가 부과되지는 않을 것이다. 그러나 이 스포츠맨이 '연락'없이 이사를 가고 난 이후에 '연락'이 두절된다면 축구 동호회는 소동이 날 것이다. 한 사람 빠져도 축구 경기에 전혀 지장이 없는데도 말이다. 이 스포츠맨이 매주 일요일에 축구하러 나오는 것은 사과가 아래로 떨어지는 것처럼 당연한 것이 아니다. 그는 그저 성실히 동호회 활동에 참여했을 뿐이다. 그 성실한 스포츠맨이 연락 없이 안 나와서 당황하는 것은 그가 계속 나올 것이라는 전혀 근거 없는(물론 경험에 근거하였으나, 경험이 미래를 보장하지는 않는다) 동호회원 절대 다수의 동시 착각이 빚어낸 결과이다. 이와 같이 착각이 만연한 사회에서 별 어려움 없이 섞여 살아가기 위해서는 그들의 착각을 사전에 통제해야 한다. 착각을 통제할 수 있는 매우 강력한 수단은 '사전 연락'을 취하는 것이다.

 사업의 철수와 동호회의 탈퇴를 같은 선상에서 비교할 수는 없다. 하지만 공통적인 것은 사전 통보의 중요성이다. 즉, 사업을 중단하기 위해 새로이 추가되는 업무의 대부분은 통보이다. 미리 알려주는 것만으로도 많은 혼란을 줄일 수 있으며, 불필요한 피해를 방지할 수 있다. 예를 들어 "산불이 확산되고 있으니 전기와 가스를 미리 차단하고 비상식량을 준비하여 대피하라."고 경고를 하는 것이다. 준비하라고 알려주는 것이므로 가능한 한 시간을 충분히 주어야 한다. '산불이 10분 뒤에 도착한다.'는 통보가 없는 것보다는 낫겠으나, 적절히 대처하기에는 충분하지 않다.

산불의 발생 시점은 자연 현상이므로 통제가 불가능하지만 사업철수의 시점은 적절한 범위 내에서 조절할 수 있다. 적절한 철수 일정에 당신 회사의 사정만 생각할 것이 아니라, 고객 및 협력사와 같은 이해 관계자의 형편도 감안해야 한다.

사업철수가 창피하다고 숨길 일은 아니겠으나, 자랑스레 선전할 일도 아니므로 모든 이해관계자에게 통보할 필요는 없다. 꼭 필요한 경우에 한정하여 통보하는 것이 적절하다. 꼭 필요한 경우라 함은 사업 중단으로 인해 상당한 피해가 예상되는 경우이다. 미리 알려주어 대비할 수 있도록 한다. 기존의 계약을 모두 이행할 것이므로 이해 관계자는 보통 큰 불편함이 없다. 따라서 통보 대상은 생각보다 적다.

4.3.1 영업 중단

사업 중단의 전체 진행 절차는 다음과 같다.

(1) 검토: ① 손익 전망 → ② 리스크 검토 → ③ 중단 계획 수립 →

(2) 실행: ④ 영업 중단 → ⑤ 생산 중단 및 재고 소진 →

⑥ 잔여 의무 이행 → ⑦ 계약 해지 또는 종료

사업 중단 실행의 첫 번째 활동인 영업 중단은 고객으로부터 철수하는 사업의 제품 또는 서비스 주문을 받지 않는 것이다. 주문을 받기 이전이므로 계약서도 체결하지 않았을 것이다. 계약이 없으니 의무 사항과 돈을 받을 권리도 없다. 물론 이전에 체결한 기존 계약은 이행해야 하며, 이 내용은 ⑥의 '잔여 의무 이행'에서 설명한다.

그러나 어떤 계약은 아직 체결하지 않았다 하더라도 당신 회사가 일방적으로 중단하기 어려울 수 있으므로 영업의 내용과 진행 상황을 살펴보아야 한다. 사업철수 이후에도 신규 계약의 체결을 중단하지 못하는 대표적인 경우 두 가지를 생각해 볼 수 있다. 하나는 계약의 체결이 임박하고 상당한 수준의 계약 체결 의사를 표명한 경우이다. 이미 입찰에 참여하였거나 우선 협상 대상자로 선정되었다면 계약을 중단하는 것이 쉽지 않다. 법적인 의무 사항과 고객의 피해 규모를 고려하여 중단 여부를 판단해야 한다. 계약의 규모가 크고, 실행기간이 길며, 영업 또한 오래전부터 진행한 경우 계약체결을 중단하면 고객에게 상당한 피해가 발생할 수 있다. 새로운 사업자를 물색하는데 시간이 많이 걸리거나, 해당 계약의 체결을 염두에 두고 다른 투자가 이미 진행되었을 수 있기 때문이다.

계약 체결을 중단하지 못하는 두 번째 상황은 고객의 영향력이 큰 경우이다. 고객의 영향력이라는 것은 결국 거래규모일 것이다.

특정 고객이 철수 사업 이외에도 다른 사업과 거래 규모가 클 경우, 철수 사업으로 인해 멀쩡하게 진행 중인 다른 사업이 좋지 않은 영향을 받을 수 있다.

두 가지 상황 중 어느 것이 더 대처하기 어려운지 비교하기는 어렵지만, 두 가지 상황이 동시에 발생하면 영업 중단은 확실히 어렵다. 사업철수를 결정하고도 추가 계약을 체결할 수도 있다. 물론 추가 계약의 체결은 최소화해야 한다.

제2장의 사업현황에서 영업 현황을 조사하였다. 제대로 조사하였다면, 영업 목록 중에서 사업철수로 인해 영업을 중단할 경우 문제가 되는 영업은 이미 파악해 두었다. 중단할 경우 문제가 되는 영업은 건별로 상황을 판단해야 한다. 일률적인 적용 기준이 있을 수 없다. 경우에 따라 영업을 중단하기 위해 고객과 협의가 필요할 수도 있다. 중요한 영업의 중단 여부는 민감한 사항이므로 정기적으로 (보통은 주간 단위이나, 긴급한 경우 매일 진행될 수 있다) 진행현황을 파악하여 관련 부서에게 공지하고 이슈가 발생한 경우 대책회의를 소집한다.

중단해도 문제가 없는 영업은 중단한다. 경우에 따라 고객에게 영업을 중단한다는 사실을 알려주어야 할 수도 있다. 중단 사유에 대해서는 사업철수에 대한 내용을 설명할 수도 있고, 여건이 안 된다는 포괄적인 설명이 무난할 수도 있다.

고객과 정기적으로(보통 1년 단위이다) 재계약을 체결하는 경우는 적절한 시점에 재계약 중단을 고객에게 통보한다. 적절한 시점이라 함은 고객이 후속 사업자를 물색하여 유사한 계약의 체결을 준비할 수 있는 시점이다. 계약서에는 별도의 해지 통보가 없을 경우 1년 단위로 자동 연장된다는 조항이 포함되어 있을 수도 있다. 바람직한 계약서에는 중단하기 일정기간(보통 3개월이다) 이전에 알려주어야 한다는 조항이 포함되어 있다.

후속 사업자를 물색하는 것은 고객의 업무이지만, 해당 업계를 잘 파악하고 있는 당신 회사가 후속 사업자(주로 경쟁사이거나 협력사이다)를 추천할 수도 있다. 경우에 따라서는 후속 사업자에게 업무 인수인계를 진행할 수도 있다. 후속 사업자는 상당한 영업 기회를 확보하므로 인수인계 업무를 위해 별도의 업무협약을 체결하여 당신 회사에게 비용을 지불할 수도 있다. 약간의 매출이 발생하겠지만, 후속 사업자의 선정이 고객의 선택에 달려있다는 점에서 고객 계약을 양도하는 매각과는 구분된다. 매각의 경우, 고객이 계약의 양도를 거부할 수는 있어도 양수사업자를 선정할 수는 없다.

4.3.2 생산 중단 및 재고 소진

사업 중단의 전체 진행 절차는 다음과 같다.

> (1) 검토: ① 손익 전망 → ② 리스크 검토 → ③ 중단 계획 수립 →
> (2) 실행: ④ 영업 중단 → ⑤ 생산 중단 및 재고 소진 →
> ⑥ 잔여 의무 이행 → ⑦ 계약 해지 또는 종료

'생산 중단 및 재고 소진'은 철수하는 사업이 제조업일 경우에 한

정하여 필요한 활동이다. 용역 또는 서비스를 제공하는 회사는 바로 다음 단계인 '잔여 의무 이행'을 실행한다.

통상 생산이 원활하게 이루어지기 위해서는 생산 각 단계별로 적정 규모의 재고가 발생한다. 재고를 세분화하면 원료 재고, 부품 재고, 완제품 재고, 그리고 유통 재고로 구분할 수 있다. 재고는 당신 회사의 공장이나 창고에만 쌓여있는 것이 아니다. 부품 재고는 제조 협력사에도 쌓여있을 것이며, 유통 재고는 판매 협력사의 창고에도 쌓여있을 것이다. 이들을 모두 소진하는 것이 바람직하다. 그래야 철수 비용이 줄어들 것이고 협력사가 불필요한 재고로 인해 피해를 보는 일이 줄어들 것이다. 당신 회사의 재고는 물론 협력사의 재고까지 파악하여 생산 중단 시기를 결정한다. 협력시의 협력사가 보유한 재고까지 고려해야 할 수도 있다. 협력사의 재고는 당신 회사가 주문하여 구매 의무가 있는 재고와 협력사가 자체적으로 수요를 예측하여 보유하고 있는 재고로 구분해야 한다. 의무가 있는 것과 없는 것은 대응 방법에서 차이가 크다.

각 부품마다 조달 기간과 최적의 주문 수량이 다를 것이므로 완벽하게 소진하기는 어려울 것이다. 비싼 부품, 조달에 오래 걸리는 부품 등과 같은 중요 부품을 중심으로 판단하고 반품이 가능한 부품 및 값싼 부품은 중요 부품의 최종 주문 수량과 시기에 맞추어 결정한다.

재고 비용을 최소화하는 것이 재고 소진의 궁극적인 목표는 아니다. 재고 소진 시기를 단축시킴으로써 사후 수리 의무 비용까지 포함하여 최소화하는 것이 바람직하다. 금액으로 환산하기는 어렵지만 협력사 불만으로 인한 문제가 없도록 적절히 조치하는 것이 비용을 최소화하는 것보다 더 중요하다.

보통의 제품은 생산중단 이후에도 부품을 일정기간 동안 보유하는 규제의 적용을 받는다. 부품 공급 의무 기한이 5년이라면, 5년 분량을 예측하여 보관해 둘 수도 있고, 협력사와 5년간 부품 공급 계약을 체결할 수도 있다. 이러한 부품 공급 계약이 이미 협력사와 체결되어 있을 수도 있다.

사업철수가 시장에 알려지면 최종 유통 재고는 잘 안 팔릴 수 있다. 제품이 단종되면 사후수리 서비스가 원활하지 못할 것이라고 소비자들이 우려하기 때문이다. 생산을 중단한 지 1년이 지나 제품이 팔리는 경우, 사후 수리 의무 서비스 기간이 길어짐에 따른 손해가 발생할 수 있다. 이를 방지하기 위하여 생산 중단 초기에 한두 달 정도 기한을 정하여 적절한 가격 할인을 통해 유통 재고를 신속하게 소진하는 것도 고려할 수 있다. 이 기간 이후에 남은 재고는 수거하여 폐기하는 것이 의무 수리 비용을 포함한 전체 비용 측면에서 유리할 수도 있다. 생산 중단 이후 수년이 지나면 의무 수리 기간을 줄이기 위해 적절한 시점 이후의 고장은 환불, 일부 금액 보상 또는 대체 제품 교환 등의 조치를 취할 수도 있다. 제품의 가격과 서비스 체계에 따라 대응방안의 차이가 클 것이다.

4.3.3 잔여 의무 이행

사업 중단의 전체 진행 절차는 다음과 같다.

(1) 검토: ① 손익 전망 → ② 리스크 검토 → ③ 중단 계획 수립 →

(2) 실행: ④ 영업 중단 → ⑤ 생산 중단 및 재고 소진 →

⑥ 잔여 의무 이행 → ⑦ 계약 해지 또는 종료

'잔여 의무 이행'은 사업 중단 이전에 체결한 기존 계약의 의무사항을 사업 중단 이후에도 완료될 때까지 이행하는 것이다. 앞에서 설명한 제품 수리 의무도 잔여 의무에 해당된다. 당신 회사가 늘 하던 업무이므로 별다른 어려움은 없다. 다만 잔여 의무를 이행하는데 1년 이상의 긴 시간이 소요되면, 사업관리에 공백이 없도록 주의해야 한다.

사업을 중단하면 해당 사업을 수행하는 조직은 급속히 축소된다. 담당 임직원은 여러 사업팀으로 흩어질 것이며, 철수 사업은 소수의 인력과 함께 특정 사업팀으로 편입되어 관리될 것이다. 철수 사업이 새로 편입된 사업팀에서 주요 사업이 될 수 없으므로 기타 사업으로 분류될 것이다. 새로운 팀장은 철수 사업에 대한 이해가 부족한 상황에서 철수가 완료될 때까지 책임져야 하는 부담이 있다. 더군다나 철수 사업은 매출이 줄어들 것이며, 손익도 적자일 가능성이 높다. 사업팀의 전체 실적을 철수 사업이 갉아먹는다는 피해 의식이 생기는 것도 무리는 아니다. 물론 사업팀의 실적목표에는 철수 사업의 예상 손익이 반영되어 있을 것이다.

이러한 상황이 1년을 넘어가면 예전에 잘 했던 업무라도 계속해서 잘 할 수 있다고 장담할 수 없다. 서비스 품질이 떨어져 고객의 원성이 높아져도 마땅한 고객 대응 창구가 없다. 영업 직원도 다른 사업팀으로 전환했거나 다른 회사로 전직했기 때문이다. 그렇다고 매출이 줄고 업무가 줄어드는 철수 사업의 인력을 철수 이전과 유사한 수준으로 유지할 수는 없다.

부실한 사업관리로 인해 외부로부터 문제가 발생하여 경영진이 부랴부랴 대책을 논의하기 전에 미리미리 철수 사업을 꼼꼼하게 관리해야 한다. 사업을 철수한 지 2~3년만 지나도 경영진은 해당 사업이 있었다는 사실조차 모를 수 있다. 또한 사업철수로 인해 발생되는 문제가 사업의 규모에 비례하는 것은 아니므로 철수사업의 규모가 작다하여 방심할 수 없다.

철수하는 사업의 관리는 상당한 수준의 책임감을 요구한다. 업무를 말끔하게 수행해도 인정을 받기는커녕 부서장에게 보고조차 하기 어렵다. 별 탈 없이 처리한 그 결과가 당연하기 때문이다. 인정 욕구가 강한 임직원보다는 주어진 임무를 꾸준하고 성실하게 수행하는 임직원이 사업관리 측면에서 적임자이다. 물론 이러한 임직원은 어떤 업무라도 잘 처리할 것이다. 해당 임직원이 연륜도 어느 정도 갖추었다면 적절한 재량을 발휘할 수도 있고, 타 부서 업무협조도 원활히 받을 수 있다.

철수 업무를 마무리하는 임직원에 대해서는 업무 의욕과 비전에 대해 주의를 기울여야 한다. 업무 의욕과 비전은 모든 임직원에게 중요하겠으나, 대부분의 경우 업무 자체에서 의욕과 비전을 찾을 수 있다. 그러나 철수하는 사업에서 비전을 찾을 수는 없다. 철수 업무를 담당하는 임직원이 다른 사업의 업무를 병행하는 것도 대안이 될 수 있다.

철수 업무가 기타 업무로 분류되어 여러 단계를 거쳐 여러 사람에게 인수인계될 경우, 사업관리에 공백이 생길 수 있으니 주의해야 한다. 이러한 경우 이슈가 발생할 가능성도 높아지며, 이슈가 발생했을 때 대응은커녕 현황파악도 어려울 것이다.

4.3.4 계약 해지 또는 종료

사업 중단의 전체 진행 절차는 다음과 같다.

(1) 검토: ① 손익 전망 → ② 리스크 검토 → ③ 중단 계획 수립 →
(2) 실행: ④ 영업 중단 → ⑤ 생산 중단 및 재고 소진 →
⑥ 잔여 의무 이행 → ⑦ 계약 해지 또는 종료

계약의 종료는 기간이 되어 계약의 권리와 의무가 끝나는 것이고, 계약의 해지는 종료 이전에 합의를 통해 끝내는 것이다. 중도해지라는 표현이 보다 명확하다.

사업을 중단하면서 잔여 의무를 모두 이행하였으면 대부분의 계약이 무난하게 종료될 것이다. 그러나 일부 계약의 경우, 종료 이전에 계약을 해지해야 하는 경우가 있을 수 있다. 예를 들면, 특별하게 계약기간이 길게 남아있는 경우이다. 다른 계약은 모두 1년 단위로 계약이 체결되어 있는데, 일부 계약은 수년 이상의 장기계약을 체결한 경우가 있을 수 있다. 소수의 계약을 끝까지 완료하기 위해 경영자원을 장기간 동안 운영하는 것이 비용적인 측면에서 감당하기 어려울 수 있다. 이러한 경우에는 대상 고객과 협의를 통해 계약을 중도에 해지하는 것이 바람직하다. 고객은 불편과 손해를 감수하며 고객의 권리를 포기해야 하는 상황이므로 적절한 수준의 보상이 필요할 수 있다. 고객 협의에는 피해 보상 방안과 함께 최대한 유사한 제품 또는 서비스를 고객이 제공받을 수 있도록 조치하는 방안이 포함된다. 후속 사업자를 물색하여 고객에게 제안하는 것도 고객 설득에 도움이 될 수 있다.

이와 같은 과정을 통해 계약이 모두 종료 또는 해지되면 해당 사업의 철수는 완료된다.

05 실행 관리

사업철수가 결정되면, 철수방안을 선정한 이후에 그 방안을 실행한다. 이 과정에서 실행이 적절하게 수행되는지 지속적으로 관리할 필요가 있다. 이러한 실행관리는 사업철수의 경우에만 필요한 것이 아니다. 어떤 경영활동에 대해 경영진이 현황을 제대로 파악하고 충분히 숙고하여 적절한 의사결정을 내리고 능력 있는 실무자가 업무를 제대로 수행한다고 하더라도 관리는 필요하다. 실행 중에 변동사항이 발생할 수 있기 때문이다. 회사 외부의 변화도 원인이 될 수 있고, 회사 내부의 변화도 원인이 될 수 있다. 조직 개편은 대표적으로 회사를 변화시키는 내부 요인이다. 이러한 변화와 불확실성에 기민하게 대처하기 위해서는 주기적으로 실행을 관리해야 한다. 그렇지 않으면 문제가 발생하여도 대응은커녕 담당자가 누구인지 파악조차 쉽지 않을 것이다.

이와 같이 회사에서 이루어지는 대부분의 경영활동은 제대로 실행되는지 지속적으로 관리한다. 재무팀은 경영실적과 자산을 관리할 것이며, 인사팀은 임직원을 관리할 것이다. 운영팀은 장비를 관리하고, 영업팀은 고객을 관리하며, 기획팀은 전략을 관리한다. 회사 업무는 일상적인 관리활동이 대부분을 차지할 것이며, 일상적이지 않은 특별한 사건이 발생하면 그때그때 대응방안을 수립하여 실행한다. 어떻게 보면 회사의 업무는 반복적이고 주기적인 관리 업무와 간헐적이고 비정기적인 돌발 업무로 구분될 수 있다. 돌발적인 업무는 이슈의 대부분을 차지하여 경영진의 뇌리에 인상적으로 각인되어 있겠지만, 대부분의 근무시간은 일상적인 관리 업무로 채워져 있다.

일반 가정의 경우를 생각해 보아도 결혼, 출산, 이사, 진학, 취직 등과 같은 돌발적인 상황은 인생에 있어 그리 많지 않다. 반면에 먹고, 자고, 청소하는 반복적인 일상의 생활들은 시간 측면에서 돌발적인 상황보다 비교가 안 될 정도로 비중이 높다. 하지만 기억의 대부분을 차지하는 것은 돌발적인 상황이다. 10년 전에 했던 이사는 기억나도 지난 주말에 먹었던 점심 메뉴는 기억나지 않는다.

대부분의 가정은 수입과 지출을 관리하고, 가족의 건강도 관리한다. 자녀들의 교육도 관리하고 친인척을 포함한 지인과의 교류도 관리 대상이다. 먹고 사는 일상의 생활이 달려 있으므로 식사와 청소 등 일반 가사활동도 관리한다. 경제적인 여유와 무관하게 바람직한 가정은 결코 저절로 이루어지거나 운 좋게 이루어지지 않는다. 무난한 가정은 상당한 노력의 결과이다. 회사의 일상적인 업무가 무난하게 관리된다는 것 역시 상당한 노력의 결과이다.

회사의 일상 관리 업무는 반복적이므로 특별히 어렵지 않다. 그러나 개개의 관리 업무는 단순할지 몰라도 관리 업무의 총합은 결코 간단하지 않다. 장기간에 걸쳐 여러 사람이 방대한 양의 업무를 수행하므로 빈틈이 생기기 쉽기 때문이다.

국경을 지키는 초병의 업무를 생각해보자. 매 순간순간은 한심하다 싶을 정도로 한가할 것이다. 가만히 전방을 주시하며 특이 사항이 있는지를 관찰하는 것이 업무의 대부분이다. 눈에 힘을 준다고 더 멀리까지 보이지 않는다. 오히려 편안한 자세가 장시간 경계 근무에 적합할 것이다. 하지만 그 초병이 여덟 시간 내내 집중하여 전방을 주시하는 것은 꽤나 피곤한 업무이며, 수년 동안 별 과오 없이 경계 근무를 수행하는 것은 대단한 일이 아닐 수 없다. 한 발 더 나아가 이러한 경계 업무를 수백~수천 명이 동시에 장기간 동안 제대로 수행하는 것은 기적에 가까울 것이다.

지속적으로 반복되는 업무의 어려움을 간단한 산술식으로 알아 볼 수 있다. 초병 한명이 하루에 경계 업무를 잘못 수행할 확률을 0.01%라고 하자. 경계 업무를 소홀히 했더라도 적의 침입과 같은 별다른 특이 상황이 발생하지 않아 무사한 경우도 업무를 제대로 수행한 것으로 가정한다. 즉, 0.01%의 확률은 무언가 경계병이 조치를 취해야 하는 상황이 발생할 확률(사실 이 확률 자체도 매우 낮다) 곱하기 경계병이 적절히 조치를 취하지 못할 확률이다. 0.01%는 1만분의 1로서 초병 한명이 30여년을 근무해야 한번 발생하는 지극히 낮은 확률이다. 30년이면 평생의 직장 생활에 해당하는 기간이다. 아무리 단순한 업무라도 30여년을 과실 없이 수행한다는 것은 쉽지 않다.

그러나 경계 업무를 30명이 수행하는 부대를 생각해 보면 상황이 달라진다. 30명이 하루 동안 모두 제대로 경계 근무를 수행할 확률은 99.7%(0.9999^{30})이다. 하루 동안 무언가 탈이 날 확률이 0.3%라고 하니 아직까지는 그럭저럭 훌륭한 실적으로 보인다. 그러나 1년 동안 30명의 초병이 제대로 경계 근무를 수행할 확률은 33.5%($0.9999^{30 \times 365}$)에 불과하다. 즉, 30명의 초병으로 구성된 부대에서 1년 동안 경계에 실패할 확률은 66.5%에 다다른다. 이러한 부대가 100개만 되어도 1년 동안 별 탈 없이 제대로 경계 근무를 수행할 확률은 $0.9999^{30 \times 100 \times 365} = 2.8 \times 10^{-42}$ (0.000000000000000000000000000000000000000276934)에 불과하다.

국가의 안전을 일차적으로 담당하는 경계 근무가 허술하다고 놀랄 필요까지는 없다. 이러한 이유로 인해 이중삼중의 안전장치가 독립적으로 구성되어 있다. 경계를 강화하기 위한 안전장치는 이 책에서 다룰 내용은 아니다. 그럼에도 불구하고 굳이 산술식까지 계산해가며 설명하는 이유는 일반 관리 업무를 장기간 동안 여러 사람이 제대로 수행하는 것이 얼마나 어려운 것인가를 강조하기 위해서이다.

회사에서 수행되는 일반적인 관리 업무의 어려움도 경계 근무하는 초병의 어려움과 비슷하다. 매 순간순간은 쉽지만 장기간에 걸쳐 여러 사람이 실수 없이 수행하는 것은 매우 위대한 공적이다. 특히 일반관리 업무의 결정적인 어려움은 무언가 잘못되었을 때 그 존재가 부각되며, 잘못된 그 순간만 떼어놓고 보면 한심하기 그지없는 과실이라는 것이다. 예를 들어, 담당자가 졸았다든지, 달러를 원으로 표기했다든지, 전원 케이블을 잘못 연결했다든지 하는 것들이다.

사업철수 실행을 관리하는 업무도 일반 관리 업무와 같은 어려움이 있으므로 소홀하지 않도록 주의해야 한다. 사실 소홀해도 되는 업무가 있을까마는, 사업철수를 관리하는 업무는 특히나 시간이 지날수록 회사의 관심이 떨어지고 업무 활동의 빈도도 떨어지므로 완료되었다고 착각하기 쉽다. 사업철수의 완료를 확인하기 전까지는 사업철수가 실행 중이다. 길게는 수개월 동안 특별한 활동이 없는 업무 공백기가 있을 수 있다. 물론 해당 담당자는 철수 업무만 수행하고 있지는 않을 것이다. 이 기간에 담당자가 퇴사를 하거나 다른 부서로 전환되면, 업무 인수인계가 제대로 이루어지지 않을 수 있다. 이후에 무언가 문제가 발생하면 담당자가 모호하여 적절한 대응이 어려울 수 있다.

사업철수의 실행을 위해 수행해야 하는 활동은 제5장의 철수 실행에서 설명하였다. 그러나 철수를 실행하는 업무 이외에도 예상치 못한 변화가 발생한다거나, 외부 이해관계자의 요청에 대응해야 하는 업무가 발생할 수 있다. 회사 내부에서도 철수 사업과 관련한 자료를 처리하는 등 관련 업무가 발생할 수 있다. 이러한 업무는 보통의 사업을 수행할 때는 별 어려움이 없으나, 철수하는 사업의 경우에는 담당자가 여러 부서로 흩어지고, 자료의 관리도 원활하지 않아 어려움이 있다. 당장 ABC 사업을 철수하면 회사의 정보시스템에서 해당 사업의 분류가 사라질 것이다.

사업철수 실행관리의 핵심은 철수가 완료되는 순간까지 철수 업무가 가능하도록 최소한의 사업관리를 해야 한다는 것이다. 매출이 전혀 없다고 하여 업무가 동시에 사라지는 것은 아니다. 사업철수 실행관리는 철수 의사결정 이후부터 모든 조치가 완료될 때까지 수행한다. 모든 조치가 완료된다는 것은 어떤 상황일까? 제1장의 '사업철수란 무엇인가'에서 설명한 내용을 다시 살펴보자.

> 사업철수를 이해하기 위해서는 사업철수가 완료된 상황을 생각하면 된다. 사업철수가 완료된 상황은 해당 사업과 관련하여 아무 것도 없는 상황이다. 아무 것이라 함은 다음과 같다.
>
> - 사업정리가 완료된 상황: 영업無, 생산無, 판매無, 수주無, 계약無, 매출無, 이슈無, 비용無, 인력無, 유형자산(재고/장비/기계 등)無, 무형자산(특허/상표권/브랜드 등)無, 채권無, 채무無…

즉, 철수하는 사업과 관련하여 앞에서 열거한 항목(영업, 생산,…)들이 모두 해소되어야 철수업무가 종료된 것이다.

사업철수 실행관리는 진행현황 점검, 업무 인수인계, 종료 보고, 실적 관리의 네 가지 업무로 구분할 수 있다. 이러한 업무는 사업철수 뿐만 아니라 조직에서 일반적으로 수행되는 대부분의 관리 업무와 유사하다. 일반적인 관리 업무에 대한 설명과 함께 사업철수 업무의 특성으로 인해 주의해야 할 점을 중심으로 설명한다. 사업철수 실행관리 업무의 특성을 한마디로 요약하면, '사업철수 업무는 누구나 꺼리기 때문에 시간이 지날수록 흐지부지 되기 쉽다'는 것이다.

5.1 진행현황 점검

사업철수가 경영진 보고를 통해 확정되면 방안을 수립하고 철수를 실행하는 모든 기간 동안 진행현황을 주기적으로 점검하여 관련자에게 통보한다. 주기는 일주일에 1회가 적당하나, 긴급한 사안이 발생하면 주간 정기 보고와 무관하게 별도로 통보한다. 시급한 상황인데 주간보고 때까지 기다리는 것은 적절하지 않다.

사업철수 실행 초기에는 매우 바쁘겠지만, 서너 달만 지나도 업무가 많이 줄어들어 특별한 진행 사항이 없을 수 있다. 그렇다 하더라도 통보를 생략하지 말고 '변동사항 없음'으로 통보한다. '별일 없다는 것' 자체가 매우 중요한 정보이다. 물론 담당자는 별일 없다는 보고에 책임을 져야 한다. 점검하지도 않고 변동사항 없다고 보고하거나, 무언가 이상한 조짐이 있는데도 모르는 척 하는 것은 용납될 수 없다. 시간이 지남에 따라 점검 주기를 월 단위 또는 분기나 반기 단위로 조정할 수 있다.

진행현황 점검을 첫 번째로 설명하는 이유는 실행관리의 기본이기도 하거니와 사업철수는 유독 실행관리가 어렵기 때문이다. 사업이 철수 중이기 때문에 대부분의 관련 인력들이 해당 업무에서 벗어나고 싶어 한다. 특히나 부서장들은 다른 사업과 병행하여 철수 사업을 관리하기 때문에 철수사업은 문제가 불거지기 전에는 언제나 우선순위가 떨어지는 업무가 된다. 따라서 사업철수는 시간이 지남에 따라 실행관리가 취약해질 가능성이 매우 크다.

이러한 관리의 부재를 효과적으로 방지할 수 있는 방법이 주기적인 진행현황 점검이다. 진행현황 점검의 일차적인 목적은 진행정보를 관련자가 공유하는 것이지만, 담당자를 명확히 하여 실행관리를 지속하기 위한 측면이 크다. 또한 진행현황은 부서장에게도 통보되므로 부서장이 잊지 않도록 하는 효과가 있다. 사업철수 초기에는 부서장의 관심이 크겠지만, 철수방안이 확정되고 실행단계로 넘어가면, 두세 달만 지나도 그런 일이 있었는지 조차 기억하기 어려워진다. 특히나 부서장이 바뀌는 경우에도 자연스럽게 신임 부서장이 진행현황을 통해 철수 사업을 인지하게 된다. 신임 부서장은 담당자에게 무슨 일인지 문의하게 될 것이다. 신임 부서장이 전후 상황을 이해하게 되면 '차질 없이 진행하라.'는 언급 이외에 특별한 지시는 없겠지만, 사업철수 업무가 자연스럽게 인수인계 된다는 것도 정기적인 진행현황 통보의 중요한 목적이다.

진행현황 통보 대상은 다음과 같으며, 상황에 따라 통보 대상을 추가하거나 제외할 수 있다.

- 사업팀의 부서장과 관련 실무자
- 지원부서의 관련 실무자 (법무, 총무, 인사, 기획, 홍보, 재무 등)

진행현황에 포함되는 내용은 다음과 같다.

- 철수 세부업무별 실행 계획 및 결과 (담당자, 관련 부서, 완료/진행/계획 여부 등)

- 주요 회의 내용 및 결과 (부서장 이상이 참석한 회의, 외부 기관과의 회의 등)

    진행현황은 매주 경영진에게 보고되는 것은 아니므로 실무자가 이해하기 좋도록 구체적이고 시시콜콜하게 기재하는 것이 좋다. 담당자도 실명을 기재하여 추가로 궁금한 사항은 직접 문의할 수 있도록 한다. 통보를 받는 실무자들은 각자 자신의 업무와 관련 있는 부분이 다를 것이므로 필요한 부분만 선별하여 활용할 것이다. 경우에 따라 통보를 받는 실무자가 이런저런 내용을 추가해 달라고 요청할 수도 있고, 수신인의 추가를 요청할 수도 있다.

    진행현황은 지난주에 통보했던 내용에 변동사항을 추가함으로써 진행현황을 누적하여 관리한다. 예전의 진행상황이 궁금하여 몇 달 전 메일을 찾거나 다시 보내달라고 요청하는 일이 없도록 한다. 이렇게 누적하여 진행현황을 관리하다 보면 매주 간략하게 작성하여도 금세 분량이 늘어난다. 새로 추가되는 현황 정보는 다른 색깔의 글씨로 기재하여 변동사항만 쉽게 파악할 수 있도록 한다.

    진행현황은 메일 본문에 육하원칙을 기준으로 간략히 작성하되, 관련 자료가 있을 경우 파일을 첨부한다. 보안이 요구되는 내용은 별도로 관리해야 한다. 진행현황 통보 사례는 다음과 같다. 사업철수 방안으로 매각 또는 분사를 실행하는 경우의 사례를 먼저 설명한다.

⟨ 사업철수 진행현황 통보 사례: 매각 및 분사의 경우 ⟩

1. ABC 사업 후속사업자 물색 완료 (4/10 ~ 5/15)
   - 사업 양수업체 선정기준 작성(사업의 안정적 운영 및 관련 법규정 고려)
     · 양수업체 선정기준 확정 (5/10)

2. ABC 사업 담당 행정기관(ABC산업진흥원) 협의 (6/11~)
   - 인허가 담당자 협의 (6/11)
     · 사업현황 및 철수배경 설명, 인허가 취소 절차 및 사례 문의
   - 행정기관 요청자료 작성 및 제출 (7/8 ~ 7/18)
     · 고객 현황, 협력사 현황
   - ABC 사업 인허가 폐지계획서 제출 (8/7)
     · 계획서 검토에 2주 소요 예상
   - 후속 사업자 선정 절차 협의 (8/22)
     · 사업 양수도 방안 협의
   - 인허가 폐지 승인 및 후속 사업자 공모 (9/4)
   - 후속 사업자 선정 및 공고 완료 (9/25)

3. 사업이관 사전준비
   - 양수도 대상 목록 작성 (시스템, 장비, 소프트웨어, 서비스, 고객 등)
     · 장비 목록 및 이관여부 검토 완료 (6/11)
   - 사업 가치 평가 (6/12~)
   - ABC 사업 운영 장비 설명회 (10/21)
     · 대상: 양수사 기술팀장 외 실무자 3명
   - <u>ABC 사업 양수도 사후지원 협의 (11/15 ~)</u>
     · <u>사후지원에 대한 범위, 기간 등 협의 등</u>

4. 사업 양수도 계약
- 양수도 협상
  · 양수도 금액 1차 협의 (10/24)
- 양수도 계약서 작성 및 법무검토 진행 (10/24~)
- <u>자산 양수도 계약서 작성 완료 (11/17)</u>
- 자산 양수도 계약 체결 (~11/30)

* 밑줄 친 부분은 이번 주에 새롭게 추가된 내용임

사업의 양수도가 수반되는 매각과 분사는 회사 외부의 이해관계자와 협의하는 일이 많으므로 앞에서 제시한 진행현황 사례가 적절하다. 그러나 사업을 중단(Fade Out)하는 경우에는 계약 종료가 가장 중요하므로 계약 현황에 초점을 맞추어 점검한다. 사업중단 시 진행현황 통보 사례는 다음과 같다.

〈 사업철수 진행현황 통보 사례: 사업 중단(Fade Out)의 경우 〉

1. 총 123개의 계약(또는 고객) 중에서 34개 종료
   (최종 계약 종료는 20yy년 mm월)

2. 이슈 사항
   - 12월에 계약이 만료되는 ○○○고객이 후속 사업자 물색을 위해 3개월 연장을 요청하여 협의 중 (~11/30)

3. 임직원 현황
   - 총 45명의 임직원 중에서 23명이 타부서 전환 완료, 3명 퇴사
     (정년 퇴직 1명, ○○社 전직 1명, 사유 미상 1명)

5.2 업무 인수인계

인수인계는 업무를 담당하는 실무자나 부서장이 바뀔 때 발생한다. 인수인계는 회사 내에서 빈번하게 발생하며, 철수 사업이라 하여 인수인계가 특별히 다르지는 않으므로 통상의 인수인계처럼 수행한다. 새로운 담당자에게 기존의 담당자가 업무 내용과 방법을 설명해주고 관련 자료를 전해준다. 다만, 사업철수의 경우에는 다른 업무보다 인수인계가 자주 발생하는 경향이 있다. 철수 사업이 기타 사업으로 분류되어 담당 조직이 자주 변하기 때문이다. 철수 사업은 누구나 꺼리는 업무이며, 이를 의욕적으로 자처하는 사람은 없다.

매일 활동이 발생하는 업무는 인수인계가 제대로 이루어지지 않을 경우 바로 문제가 발생하기 때문에 인수인계가 철저하게 진행된다. 사업철수 업무는 시간이 지날수록 업무량이 줄어들면서 소홀해지기 쉽다. 사업철수 업무의 인수인계는 다른 급한 업무에 밀려서 차일피일 미루어지기 쉽다는 점을 주의해야 한다. 앞에서 설명한 진행현황의 점검이 매주 이루어지면 철수 업무의 인수인계도 최소한 일주일 내에는 이루어질 것이다.

5.3 종료 보고

종료 보고는 사업철수가 종료되었음을 관련자에게 알리는 것이다. 종료 보고에는 철수 사업의 개요, 철수 배경, 주요 진행경과 등이 포함된다. 본문은 1~2 페이지 분량으로 간략하게 작성하고, 관련 자료는 첨부한다. 주요 자산을 매각하면서 체결한 양수도 계약서 등을 첨부한다. 제5.1절에서 설명한 진행현황 점검결과를 관련자에게 송부할 때 종료 내용을 포함하여 메일로 보내는 것도 효과적인 방법이다. 종료 보고 이후에는 진행현황 점검 업무도 중단한다. 그야말로 철수업무가 종료된 것이다.

종료 보고의 사례는 다음과 같다. 메일 형식의 종료 보고이다.

안녕하십니까?
ABC 사업팀 홍길동 팀장입니다.
BCD 사업의 철수가 완료되어 최종보고를 드립니다.

BCD 사업은 20yy년 당사가 과감한 기술투자를 통해 초기 시장을 선점하여 고수익을 창출하였으나, 최근에는 경쟁이 심화됨에 따라 실적이 악화되었습니다. 이에 해외시장의 진출을 다각도로 검토하였으나 지역 사업자와의 경쟁에서 우위를 확보하기 어렵다고 판단하여 부득이 사업철수를 결정하고 매각을 실행하였습니다.

BCD 사업은 230만 명의 이용자에게 서비스를 제공하는 사업이어서 사업철수가 순조롭게 진행될 수 있을지 많은 우려가 있었습니다. 그러나 여러 부서의 지원에 힘입어 행정기관 협의부터 언론 대응, 사업가치 평가, 양수도 협상, 세무, 법무 등에 이르기까지 모든 업무를 차질 없이 수행할 수 있었습니다.

사업철수 업무를 적극적으로 지원해 주신 전략팀, 재무팀, 법무팀, 인사팀, 홍보팀, 운영팀의 관련자 모든 분들께 진심으로 감사의 말씀을 드립니다.

[주요 진행 경과]
- 4/07: BCD 사업 인증 취소 요청서를 담당 행정기관에 제출
- 4/18: 행정기관과 협의 완료

    (공모를 통해 선정한 사업자에게 BCD 사업을 양도)
- 5/07: 행정기관이 후속 사업자(CDE社)를 선정
- 7/11: 자산 가치산정 및 양수도 협상 완료
- 7/14: 양수도 계약 체결 (별첨 참조)
- 8/31: 실물 자산 이관, 업무 인수인계, 기술 교육 완료
- 8/31: BCD 사업과 관련하여 모든 계약의 합의 해지 완료
- 9/01: 신규 사업자가 BCD 서비스 개시
- 9/03: 인수인계 완료 공문을 행정기관에 제출 (별첨 참조)
- 9/05: 양수도 대가 수령

※ 별첨: 양수도 계약서, 인수인계 완료 공문

- 이상 -

5.4 실적 관리

철수한 사업의 주요 경영 지표들을 관리하는 것이다. 일반적인 사업의 관리 지표와 크게 다르지 않다. 다른 점이 있다면 철수가 진행된 이후에는 과거 실적을 조사하기 어렵다는 것이다. 담당자가 뿔뿔이 흩어져 있고, 회사의 경영정보 시스템에도 남아 있지 않을 수 있다. 철수가 결정되는 시점은 사업이 제대로 수행되는 상황이므로 이 시기에 필요한 자료들을 모두 확보해 두어야 한다. 나중에는 조사하기 어렵다.

철수하는 사업은 그 실적을 평가하여 고과에 반영할 것도 아니고, 원가를 분석하여 비용 구조를 개선할 것도 아니므로 일반적인 사업에 비해 상세한 재무 자료가 필요하지는 않다. 앞에서 제시한 사례와 같이 연도별 매출과 영업이익, 그리고 인력에 대한 현황 정도를 관리하면 적절하다. 영업이익 대신에 한계이익, 세전이익 등 회사마다 관리하는 손익 기준을 대체하여 관리할 수 있다.

실적 관리의 사례는 다음과 같다.

<재무 실적 사례>

사업명	철수 결정	상태	실적 (억원)	20yy년 (3년전)	20yy년 (2년전)	20yy년 (작년)	20yy년 (올해)
사업 1	20yy년 mm월	완료	매출				
			영업이익				
사업 2	20yy년 mm월	진행	매출				
			영업이익				
계			매출				
			영업이익				

<인력 현황 사례>

사업명	인력(명)		현황
	철수 전	현재	
사업 1	24	0	- 재배치 완료 22명 (ABC팀 11명, BCD팀 11명) - 퇴사 1명 (전직), 휴직 1명
사업 2	120	60	- 분사 참여 25명 - 재배치 완료 30명 (CDE팀 20명, DEF팀 10명) - 퇴직 4명 (전직 2명, 정년퇴직 1명, 사유 미상 1명) - 재배치 예정 60명 (20yy년 mm월 EFG팀 50명, 미정 10명)
...			
계			

 실적은 사업철수 초기인 철수 방안 수립 단계에서 일차적으로 조사한다. 제2장의 사업현황에서 설명한 내용에 모두 포함되어 있다. 이후 정기적으로 실적을 갱신한다. 정기 갱신은 업무 실적을 평가하는 연말에 1회 정도 조사하는 것이 무난하다.

 철수가 완료된 사업의 실적은 모두 '0'일 것이다. 추가로 조사할 필요도 없고, 과거의 실적이므로 바뀔 리도 만무하다. 철수가 진행 중인 사업은 완료될 때까지 실적을 관리한다.

 매출과 인력이 점점 줄어드는 것이 일반적이나 특별한 경우 일시적으로 증가할 수 있다. 실적이 증가하는 사업은 사유를 파악해 두어야 한다. 기존에 체결한 계약이 종료되기 전에 추가 계약이 발생하여 거부할 수 없는 경우에 매출이 일시적으로 증가할 수 있다.

 매출의 감소가 더디거나, 손익이 급격히 악화되는 경우에도 사유를 파악해 둔다. 사업철수 방안 자체가 자연 감소인 경우 매출의 감소가 더딜 수 있다. 이는 계획대로 진행되는 것이므로 문제될 것은 없다. 자연 감소 방안은 계약을 해지하기 위해 특별한 조치를 취하지 않고 고객이 계약의 해지를 요청할 때까지 두는 것이다. 경우에 따라서는 기존 고객에 한해 연장 계약을 체결할 수도 있다. 사업 수행에 특별한 추가 비용이 발생하지 않아서 손익이 양호한 사업을 철수할 때 사용할 수 있는 방법이다. 이러한 경우의 사업철수는 오히려 마케팅 비용이 감소되어 손익이 개선될 수도 있다.

손익이 급격하게 악화되거나 개선되는 경우는 보통 철수하는 사업의 규모가 작아서 다른 사업에 편입되는 과정에서 발생할 수 있다. 원가를 배부하는 기준이 변경되기 때문이다. 이러한 경우 이익률은 크게 출렁거리더라도 금액 자체는 크지 않을 것이다. 사업철수 실행이 계획대로 진행된다면 이러한 손익의 변동은 문제될 것이 없다. 철수하는 사업의 실적을 정교하게 관리하기 위하여 별도의 사업으로 분류하여 관리하는 것 자체가 비효율이다. 철수를 통해 관리 비용을 줄이는 것도 사업철수의 중요한 목적 중의 하나이기 때문이다.

철수방안 수립 과정에서 예상하지 못했던 비용이 크게 발생하여 손익이 악화되는 경우는 긴급한 현안이므로 신속하게 관련자들이 모여 대책방안을 마련해야 한다. 이러한 문제점이 연 1회 점검하는 실적관리에서 드러나면 안 된다. 매주 진행하는 진행현황 점검 과정에서 관리되어야 한다. 진행현황 점검에 소홀하면 문제가 발생한 것도 모르고 상당한 기간이 지나갈 수 있다.

반복하여 강조하지만 정기적으로 (보통은 주간 단위이다) 수행하는 진행현황 점검이 사업철수 실행관리의 전부라고 해도 지나치지 않다.

06 기타 고려사항

6.1 철수 사업의 범위

대부분의 기업은 사업의 명칭을 미래 지향적으로 명명하는 경향이 있다. 예를 들어 카메라 렌즈를 생산하여 판매하면서 사업의 명칭을 카메라 사업이라고 부를 수 있다. 지금은 렌즈만 만들지만 나중에는 카메라에 필요한 디스플레이 부품이나 영상신호 처리 부품과 같은 사업으로 확장하겠다는 원대한 꿈을 반영하기 때문이다. 이러한 경우 카메라 렌즈 사업을 철수할 때 철수하는 사업의 범위를 카메라 렌즈로 명확하게 한정해야 한다. 회사 사람들이 모두 카메라 사업으로 부르고, 사업팀 이름도 카메라 사업팀이라 하여 카메라 사업을 양도한다는 계약서를 작성하면 나중에 카메라에 들어가는 다른 부품의 사업도 시작하기 어려울 수 있다. 그 때 가서 "그게 그게 아니다." 라고 우겨 봐야 "그게 그거다." 라는 답만 듣게 될 것이다.

사업을 추진할 때는 원대한 비전을 듬뿍 담아 포괄적으로 사업의 이름을 명명하더라도 문제될 것이 없다. 하지만 사업을 철수할 때는 철수하는 사업의 범위를 최소한으로 한정하는 것이 바람직하다. 기업이 어떤 사업을 철수한다는 것은 수행하는 사업의 영역을 제한하는 것이다. 전략적인 판단으로 특정 영역의 사업에 집중하는 것은 바람직하지만, 사업철수 영역을 필요 이상으로 광범위하게 설정하는 것은 적절하지 않다. 사업철수 영역을 포괄적으로 설정하는 것은 매각이나 분사 등과 같이 사업을 양도할 경우 더욱 곤란해질 수 있다. 애매하게 포함된 사업영역을 재개할 경우 기존에 사업을 양도한 사업자와 협의가 필요할 수 있기 때문이다.

철수하는 사업의 범위를 최소한으로 한정하기 위해서는 사업 범위를 구체적으로 명기하는 것이 바람직하다. 구체적으로 명기하기 위한 손쉬운 방법은 길게 쓰는 것이다. 예를 들어 카메라 사업 보다는 카메라 렌즈 사업이 더 구체적이며 범위가 좁다. 구체적인 사업 범위에 대한 사례를 살펴보자.

<사업 범위 비교>

사업 정의	사업 범위	구체성
① 카메라 사업	매우 넓음	매우 낮음
② 카메라 렌즈 사업	넓음	낮음
③ 카메라 망원 렌즈 사업	보통	보통
④ 카메라 망원 렌즈 사업 (배율 20배 이상)	좁음	높음
⑤ 카메라 망원 렌즈 사업 (배율 20배 이상, 직경 50mm 이하)	매우 좁음	매우 높음

①의 사업과 ⑤의 사업은 같은 카메라 관련 사업이라 하더라도 많이 다르다. 더 구체적인 사양을 추가하면 카메라 사업을 정의하기 위해 보고서의 한 페이지가 넘어갈 수도 있을 것이다.

회사가 ⑤의 사업을 하면서도 내부 문서를 작성할 때는 카메라 사업이라는 용어를 사용하였을 것이다. 보고서의 페이지마다 대여섯 번씩 나오는 사업 명을 ⑤와 같이 길게 쓸 수 없다. 말로 설명할 때도 마찬가지로 ⑤와 같이 길게 이야기할 수 없다. 어차피 회사 내부에서는 카메라 사업이라 하여도 모두가 ⑤의 사업인 것을 알고 있다. 그러나 회사 내부의 용어를 회사 외부의 이해 관계자와 체결하는 계약서에 사용할 수는 없다. 양수 사업자와 양수도 사업의 범위를 협상할 때 ③ ~ ⑤ 중에서 줄다리기 하는 것은 가능하지만, ⑤의 사업을 생각하며 ①의 사업이라고 계약서에 명기하면 안 된다. 나중에 분쟁이 발생할 경우, 당신의 생각은 지구상의 어디에도 남아있지 않으며, 제3자(예를 들어 판사)가 참조할 수 있는 것은 글로 남아있는 계약서이다. 결국 판사는 카메라 디스플레이 부품 사업도 카메라 사업이라고 판단하여 야심차게 추진하는 신규 사업에 제동을 걸 수 있다.

사업의 범위와 관련하여 사업 분류 체계에 대해 살펴보자. 대부분의 회사는 각자의 형편에 맞는 사업 분류 체계를 갖고 있다. 가장 일반적인 분류체계인 트리(tree) 구조의 사업 분류에 대해서 살펴보자

6.1.1 철수 사업의 범위 – 트리 (Tree) 구조의 사업 분류 체계

트리 구조로 계층화되어 있는 사업 분류 체계의 사례를 살펴보자. 트리 구조의 분류 체계는 직관적으로 이해하기 쉬워서 가장 광범

위하게 사용되는 분류 체계이다. 사업 구조뿐만 아니라 생물의 분류 등, 다양한 분류가 트리 구조를 이용하여 분류한다. 통계청의 표준 산업분류 체계 역시 트리 구조로 구성되어 있다. 가까운 예로 대부분의 컴퓨터 사용자들도 각종 자료들을 트리 구조로 분류하여 관리한다.

〈 트리 구조의 사업 분류 사례 〉

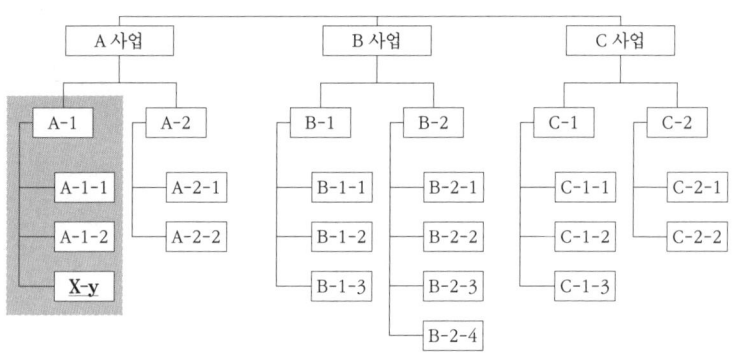

각각의 단위 사업은 특성에 따라 유사한 성격의 사업은 같은 범주에 포함시키고, 서로 다른 것은 분리하여 사업체계를 구성한다. 앞에서 제시된 사업체계는 크게 A 사업, B 사업, C 사업의 세 가지 대분류 사업으로 구성되어 있으며, 각각의 대분류 사업은 각각 두 가지의 중분류 사업으로 구성되어 있다. A-1 사업은 A-2 사업과 무언가 유사한 속성이 있는 사업이다. 생산 설비를 일부 공유하든지, 판매하는 방식이 유사하든지 할 것이다. 즉 A-1 사업은 B-1 사업보다 A-2 사업과 유사한 점이 많은 것이다.

그러나 같은 사업군에 속해 있더라도 유사한 사업이 아닐 수 있다. A-1 사업에 세 번째로 속해있는 X-y 사업이 A-1 사업과 판이하게 다른 경우를 예로 들어 설명하고자 한다. X-y 사업은 A 사업군은 물론, B 사업군이나 C 사업군과도 성격이 다른 사업이다. 그런데 왜 별도의 X 사업군을 구성하지 않고 A-1 사업군에 포함시켰을까?

이러한 경우는 X-y 사업의 규모가 작아서 별도의 사업군을 구성하지 못하는 경우에 발생한다. 매출도 적고 담당 인력도 적기 때문에 독립적인 사업팀을 구성하지 못하는 경우이다. 따라서 사업의 성격과 무관하게 적당한 사업팀에 포함시킨다. A-1 사업팀이 신규 사업으로 X-y 사업을 추진하는 경우에 흔히 발생할 수 있는 상황이다.

이와 같은 사례에서 A-1 사업을 철수할 때 주의해야 할 점은 X-y 사업을 별도로 분리하여 철수 사업에 포함시킬 것인지 여부를 결정해야 한다는 것이다. 사업의 성격이 다르다는 것은 시장이 다르고, 비용 구조가 다르고, 생산 방식이나 판매 방식이 다른 것이다. 이 모든 사업의 구성 요소가 다를 수도 있지만, 일부만 달라도 철수 여부가 달라질 수 있다. A-1 사업을 철수하는 이유가 X-y 사업을 철수하는 이유가 되기 어렵기 때문이다. 그러나 사업의 규모가 작다 보니, 철수 여부를 심도 있게 논의하지 못할 수 있다. 그 결과 얼떨결에 철수 사업에 포함되는 일이 없도록 주의해야 한다. X-y 사업이 비록 지금은 주목을 못 받지만, 언제 시장이 바뀌어 수퍼스타로 등극할지 모른다.

이런저런 이유로 X-y 사업이 충분한 검토 없이 A-1 사업과 함께 철수되었는데, 나중에 시장 상황이 바뀌어 X-y 사업을 다시 시작하고 싶은 경우를 생각해 보자. 철수 방안으로 사업 중단을 실행하게 되면 그나마 회사 내부의 문제이므로 의사결정을 번복하고 X-y 사업을 다시 시작할 수 있다. 그러나 매각이나 분사를 하면 사업을 돌려받기 쉽지 않다. 사업을 돌려받지 않고 필요한 장비나 인력을 새로 구하여 사업을 시작하는 것도 마찬가지로 어렵다. 매각이나 분사를 하여 사업을 양도하면 해당 사업을 상당기간 수행할 수 없기 때문이다. 사업 양수도 계약서에 양도사가 양도한 사업을 일정 기간 수행하지 않는다는 조항이 포함될 것이며, 설령 포함되지 않더라도 상법이 양도한 사업의 경업(같은 업종에서 경쟁하는 것)을 금지하고 있다.

법이 별것을 다 규제한다는 생각이 들 수 있겠지만, 이러한 경업 금지 규제는 건전한 시장 경제를 위해 필요하다. 경업 금지 규제가 없으면 사업의 양수도가 제대로 이루어지기 어렵다. 쉬운 예로 중식당을 매각하는 경우를 생각해 보자. 경업 금지에 관한 규제는 월등히 우월한 실력을 가진 중식당 경영자가 장사가 잘 되는 중식당 A를 매각한 뒤 바로 근처에 중식당 B를 또 차리는 것을 금지하는 것이다. 중식당 A는 곧 손님을 잃을 것이고 중식당 B는 월등히 우월한 실력 때문에 장사가 잘 되어 식당을 또 매각할 수 있을 것이다.

무엇이 문제일까? 능력 있는 중식당 경영자가 계속 식당을 매각하면서 매각 수익을 올리는 것이 경쟁을 기반으로 하는 시장경제에서 당연한 권리일까? 그렇지 않다. 중식당을 매각한 경영자가 권리금을 받고 중식당 A를 매각했을 때에는 영업의 권리를 양도한 것이다. 그러나 경쟁이 가능한 근처의 식당에서 같은 업종의 사업을 재개하는 것은 예전에 권리금을 받고 팔았던 영업의 권리를 도로 뺏어오는 것이다.

이와 같이 경업을 금지하는 규제가 없으면, 양수사가 우월한 실력의 양도사와 경쟁할 수 있다는 우려 때문에 사업의 양수도가 제대로 이루어질 수 없다. 보통은 여태까지 사업을 해온 양도사의 사업 수행 실력이 이제부터 사업을 하려는 양수사보다 우월하다. 물론 경업을 하지 않겠다는 내용을 양수도 계약서에 반영할 수 있으나, 설마 그런 파렴치한 행동을 하겠냐는 순진한 사람을 보호하기 위해 법이 강제적으로 경업을 금지하는 것이다.

사업의 철수는 최소한 10년 이상 그 사업을 다시 재개하지 않을 것이라는 판단으로 신중하게 결정해야 한다.

6.1.2 철수 사업의 범위 – 매트릭스 (Matrix) 구조의 사업 분류 체계

사업을 분류할 때 두 가지의 독립적인 기준을 적용하여 분류할 수 있다. 예를 들어 상품과 지역의 두 가지 기준으로 사업을 분류하는 것이다. 다음의 사례를 살펴보자.

<매트릭스 구조의 사업 분류 사례>

	지역 1	지역 2	...	지역 d
상품 1	사업 1-1	사업 1-2	...	사업 1-d
상품 2	사업 2-1	사업 2-2	...	사업 2-d
...	...	...	...	...
상품 p	사업 p-1	사업 p-2	...	사업 p-d

앞의 사례는 최대 p×d개의 단위 사업으로 구성되어 있는 사업 분류 체계이다. 즉 같은 상품이라도 판매하는 지역이 다르면 다른 사업으로 보는 것이다. 이는 지역별로 고객의 특성이 다르거나 판매 방식의 차이가 커서 비용 구조가 다른 경우에 적합한 분류 체계이다. 대표적인 지역의 구분은 국내 시장과 해외 시장의 구분이다. 통상 국가 간에는 소득수준, 유통구조, 비용구조, 정부의 규제 등이 상이하여 같은 상품이라 하더라도 판매 수익구조가 다르다.

상품과 지역이라는 독립적인 사업 분류 기준은 각각 앞에서 설명한 트리 구조로 분류될 수 있다. 즉 상품도 계위와 범주가 있는 트리 구조로 분류할 수 있고, 지역도 트리 구조로 분류할 수 있다. 다음의 사례를 살펴보자.

<매트릭스 구조의 사업 분류 사례 - 각각의 분류 기준이 트리 구조인 경우>

상품	지역	국내			해외	
		수도권	충청권	전라권	중국	인도
완제품	냉장고 (가정용)					
	냉장고 (업소용)					
부품	응축기					
	온도 센서					

매트릭스 구조의 사업 분류 체계에서도 분류가 애매한 사업의 문제가 발생할 수 있다. 예를 들어 베트남에 가정용 냉장고를 파는 사업을 추진하는 경우를 생각해 보자. 상품의 분류는 명확하지만 지역의 구분은 망설이게 된다. 베트남 사업팀을 새로 만들 것인지, 다른 해외 사업팀에 포함시킬 것인지를 고민하게 된다. 베트남 사업의 규모가 충분히 크면 사업팀을 독립적으로 구성하겠지만, 해외시장 개척 초기에는 그 정도의 규모를 확보하기 어려울 것이다. 그러면 기존의 사업팀에 베트남 사업을 편입시킬 것이다.

이런저런 논의를 거쳐 중국 사업팀이 베트남 사업을 담당하기로 결정되었다고 하자. 이후 우여곡절 끝에 중국 사업의 철수가 결정되었다고 가정해 보자. 당연한 이야기이지만 베트남 사업의 철수 여부는 중국 사업의 철수와 무관하게 별도로 검토해야 한다. 앞에서도 설명하였지만 중국 사업의 철수 이유가 베트남 사업에 적용되지 않을 수 있기 때문이다.

그러나 베트남 사업의 실적이 미미하여 별도로 논의되지 않고, 중국사업 철수방안 보고서의 별첨 자료에 베트남 실적이 한줄 포함되어 사업철수가 포괄적으로 결정될 수 있다. 사업철수는 다른 경영현안에 비해 정보보안이 엄격하게 요구되기 때문에 이러한 상황이 발생할 수 있다.

사업 실적이 미미하다 하여 무시할 수 없다. 그 실적은 불씨일 수 있다. 특히 신규 사업의 경우에는 더욱 면밀하게 살펴보아야 한다. 올바른 의사결정은 사업이 미미하여도 성격이 다르면 별도로 충분히 논의하는 것이다.

베트남 사업을 신규로 추진할 때를 돌이켜 보아야 한다. 모르긴 해도 매우 격렬한 논의가 있었을 것이다. 시장도 분석했을 것이고, 비용 구조도 분석하였을 것이다. 누가 담당할 것인지에 대해서도 치열한 다툼이 있었을 것이다. 철수할 때도 그와 유사한 정도의 논의가 필요하다. 논의만 된다면 방안은 어렵지 않다. 베트남 사업의 유지가 결정된다면 인도사업팀으로 이관하는 것도 방안이 될 수 있다. 물론 논의 결과 베트남 사업도 중국 사업과 함께 철수될 수 있다.

사업 분류의 기준은 상품과 지역만 있는 것은 아니다. 상품과 업종의 기준을 적용한 매트릭스 사업 분류 체계도 가능하다. 기업 고객을 대상으로 사업을 전개하는 경우 고객사가 속한 산업(업종)에 따라 사업의 특성이 달라질 수 있다. 다음의 사례를 살펴보자.

< 매트릭스 구조의 사업 분류 사례 - 상품과 업종을 기준으로 분류한 경우 >

	제조업	금융업	...	건설업
상품 1				
상품 2				
...				
상품 p				

기업의 정보 시스템을 개발하여 공급하는 IT서비스 사업의 경우, 고객이 속한 산업의 특성에 따라 사업의 내용이 달라진다. 예를 들어 같은 전사적 자원 관리 시스템(ERP: Enterprise Resource Planning)을 공급하더라도 고객사가 제조업이냐 금융업이냐에 따라 개발하는 소프트웨어 프로그램과 하드웨어 장비의 사양이 달

라진다.

　개인 고객을 대상으로 사업을 전개하는 경우에도 고객을 트리 구조로 분류할 수 있다.

<매트릭스 구조의 사업 분류 사례 - 개인 고객의 경우>

상품 \ 고객		남성			여성		
		20대	30대	…	20대	30대	…
의류	정장						
	아웃도어						
	…						
패션 소품	벨트						
	지갑						
	…						

　이상의 사례와 같이 사업의 분류는 회사마다 고유한 여건과 전략에 따라 다양하게 구성될 수 있다. 100개의 회사에는 100가지의 사업 분류 체계가 있다고 할 수 있다. 심지어 같은 회사라 할지라도 경영진이 바뀌면 별다른 경영 여건의 변화가 없어도 사업 분류 체계가 대대적으로 바뀔 수 있다. 분류는 환경과 선택이 절충한 결과이며, 환경과 선택은 시시각각 바뀌기 때문이다.

　분류의 다양성이 기업에 국한된 것은 아니다. 같은 구조의 아파트에 살아도 집집마다 살림살이를 배치한 결과는 판이하게 다르다. 배치는 방과 거실 등과 같이 서로 다른 공간에 서로 다른 사물을 분류하여 둔 것이다. 피아노가 있는 집과 없는 집이 다르며, 피아노가 있어도 거실에 있는 집, 방에 있는 집 등 다양한 살림살이의 배치가 존재한다. 하물며 같은 집이라 하더라도 자녀의 성장과

가족 구성원의 들고남에 따라 가구 배치가 달라진다.

보다 더 작은 규모의 분류로는 컴퓨터의 저장 공간에 들어있는 전자 파일의 폴더, 그리고 냉장고의 저장물 등이 있으며 이러한 사소한 분류조차 사람마다 매우 다르다. 고등어 한 마리도 오늘 먹을 것인지, 보름 안에 먹을 것인지에 따라 보관하는 장소(분류)가 달라질 것이다. 이러한 다양성 역시 개인이 처한 여건과 개인의 선택이 다양함에 기인한다.

다양한 분류 중에서 어떤 분류가 효율적인지에 대해 설명하려는 것은 아니다. 다만, 다양한 분류가 존재하다 보니 사회 통념과 다르게 기업 고유의 작위적인 분류가 있을 수 있으며, 작위적인 분류의 사업을 철수할 때 문제가 발생할 수 있다는 점을 설명하려는 것이다.

상품과 고객으로 분류하는 매트릭스 사업 분류 체계에서 다음과 같은 철수 상황을 생각해 보자.

- 상품의 종류는 p개, 고객의 종류는 c개
- '고객군 b'를 철수
- '고객군 b'의 일부 고객이 '고객군 a'의 일부 고객과 경쟁
- '상품 p'는 독보적이어서 대체 불가 ('상품 p'를 철수하는 것은 아님)
- '상품 p'를 공급받지 못 하는 고객은 '상품 p'를 공급받는 고객과의 경쟁에서 불리

	고객군 a	고객군 b	...	고객군 c
상품 1				
상품 2				
...				
상품 p		√ 고객차별 검토		

사업철수 과정에서 이러한 상황이 발생하면, 해당 사업군의 철수가 실정법을 위반할 수도 있다. 이는 '독점 규제 및 공정거래에 관한 법률' 제23조 제1항 중에서 '부당하게 거래의 상대방을 차별하여 취급하는 행위'에 해당될 수 있다. 특히 대기업 집단의 계열 회사들은 철수하는 사업의 범위를 검토할 때, 자사의 계열 회사인지 여부에 따라 고객을 차별하는 경우가 발생하지 않도록 주의해야 한다.

법의 해석과 관련해서는 위법이라고 단언적으로 이야기하기 어려운 점을 양해해야 한다. 피해가 발생한 상황과 피해를 해소하기 위해 노력한 정도 등에 따라서 판결이 달라지기 때문이다. 사실 전문가들의 판결도 엇갈려서 상고심에서 선고의 결과가 달라지는 경우가 왕왕 있다. 앞의 사례도 사업철수로 인한 효율성의 증대 효과가 고객차별로 인한 경쟁제한의 폐해를 현격하게 상회하는 경우 법을 위반하지 않은 것으로 판단될 수 있다.

사업철수 방안을 수립하는 단계에서 이러한 규제를 미리 파악하면 소송과 같은 극단적인 리스크를 피할 수 있다. 법무 전문가와 미리 상의하면 자문료 수준의 비용으로 적절한 방안을 찾을 수 있으나, 실행 후에 문제가 불거지면 자문료는 아낄 수 있겠지만 변호사 선임료와 손해 배상금을 준비해야 할 것이다.

   회사가 고객을 분류할 때 사회적으로 통용되는 일반적인 분류(예를 들어 표준 산업 분류)를 적용하면 이러한 리스크가 발생할 가능성이 적다. 그러나 기업의 특성에 최적화된 사업 분류가 보편적인 사업 분류와 일치할 가능성은 매우 적다. 이는 평균적인 삶과 나의 삶이 얼마나 다른가를 보면 알 수 있다.

   기업의 사업 분류 체계는 사업을 가장 효과적으로 수행하기 위하여 최적화되어 있다. 비용이 적게 발생하는 구조 또는 사업을 적극적으로 확대하는 경우를 염두에 두고 사업 체계를 구성한다. 그 어떤 회사도 사업을 분류할 때 철수를 염두에 두지 않는다. 가령 철수할 사업끼리 모아서 철수 사업군을 구성한다거나, 철수할 사업을 여러 사업팀에 골고루 배분하지 않는다. 이것이 사업을 철수할 때 사업의 분류를 충분히 검토해야 하는 이유이다. 철수 사업의 범위는 최소화하는 것이 일반적으로 안전하며, 이해 관계자의 피해를 꼼꼼하게 검토해야 한다. 그들의 피해 중 일부가 당신 회사의 리스크로 작용할 수 있다.

6.2 사업철수와 상품단종의 구분

사업의 철수와 상품의 단종은 구분이 필요하다. 컴퓨터 사업을 철수하는 것과 컴퓨터의 여러 상품(보통은 모델이라고 부른다) 중에서 일부 상품(모델)의 생산을 중단하는 것은 파급 효과가 전혀 다르다. 컴퓨터의 여러 부품 중에서 일부 부품을 더 싸거나 성능이 더 좋은 사양으로 교체하여 신규 모델을 출시하는 상황은 매우 빈번하게 발생한다. 이럴 때마다 계약서를 모두 검토하고, 이해 관계자의 리스크를 점검하는 것은 비효율적이다.

컴퓨터의 모델을 변경하는 것은 사업의 철수인지 상품의 단종인지 판단하기 쉽다. 그러나 지금 당신 회사가 생산을 중단하는 것이 모델인지, 상품인지, 상품군의 일부인지 모호한 경우도 있다. 그럴 경우 상품의 단종이 사업철수 여부에 해당하는지 판단할 수 있는 기준이 필요할 것이다. 상품 단종시 다음의 항목을 점검해 보면 판단에 도움이 될 것이다. 결국은 해당 상품의 단종으로 중대한 리스크가 발생할 것인가를 여러 가지 측면에서 살펴보는 것이다.

〈 사업정리 대상 여부 판단을 위한 점검 항목 〉
다음 네 가지의 점검 항목 중에서 1개 이상의 항목에 해당되면 사업철수 대상임.

① 해당 상품의 단종으로 인해 기존에 체결한 계약의 변경 또는 중단이 필요한가?
- 예: 고객 계약, 협력사 계약, 개발 협력 계약, 마케팅 협력 계약 等
- 단종과 무관하게 통상의 사업수행 과정에서 발생하는 계약의 변경은 제외함
  · 모델의 변경 등, 유사한 상품으로 대체함으로써 계약의 변경이 용이한 경우는 통상의 사업수행으로 간주함
  · 변경이 용이한 경우라 함은 사업팀이 과거에 유사한 사례를 경험하여 이슈의 발생 여부를 예상할 수 있는 경우임

② 해당 상품의 단종으로 인해 기존에 체결한 계약의 종료시점에 계약을 중단하기 위하여 계약 상대방과 협의가 필요한가?
- 예: 계약의 체결이 정기적으로 반복되는 경우
    · 계약서에 자동 연장 조항이 포함되어 있는 경우
    · 매년 유사한 내용의 재계약을 체결함으로써 계약 상대방이 계약이 유지될 것으로 예상하는 경우
- 단종과 무관하게 통상의 사업수행 과정에서 발생하는 계약의 중단은 제외함
    · 예: 계약 상대방이 중단을 요청, 계약 상대방의 파산, 악성 채권 등
- 모델의 변경 등, 유사한 상품으로 대체함으로써 재계약의 일부 내용을 변경하는 경우는 계약이 유지되는 상황이므로 계약의 중단이 아님

③ 해당 상품의 단종으로 인해 정부(고객 말고, 행정규제 기관으로서의 정부)와 협의가 필요한가?
- 예: 인허가의 취소 및 변경이 필요 등
- 단순한 신고 및 등록 등으로 협의가 용이한 경우는 제외
    · 협의가 용이한 경우라 함은 사업팀이 과거에 유사한 사례를 경험하여 이슈의 발생 여부를 예상할 수 있는 경우임

④ 해당 상품의 단종으로 인해 언론 노출 등 홍보 이슈가 발생할 수 있는가?
- 예: 대 국민 서비스의 변경 또는 제한 등으로 법적 책임과 무관하게 회사의 이미지 실추가 예상되는 경우

6.3 철수 사업의 재개

과거에 당신 회사의 성장을 주도하고 고수익을 창출하였던 사업도 시간이 흘러 시장 환경이 바뀌면 철수될 수 있다. 마찬가지로 과거에 철수했던 사업도 시간이 흘러 시장 환경이 바뀌면 사업을 다시 재개할 수 있다. 사업을 철수했다 하여 영원히 해당 사업을 재개할 수 없는 것은 아니다. 이는 마치 신규 사업을 추진하면 영원히 철수할 수 없다고 생각하는 것만큼이나 어리석은 일이다. 물론 사업을 추진하고 철수하는 것은 대단히 큰 직간접적인 비용이 발생하므로 신중하게 판단해야 한다.

철수한 사업을 재개하는 것은 신규 사업을 추진하는 것과 유사하다. 철수가 완료된 상황이면 해당 사업과 관련하여 아무것(고객, 인력, 유무형 자산 등)도 남아 있지 않으므로 실제로 신규 사업의 추진과 다를 것이 없다. 철수했던 사업을 재개하는 것이 신규 사업에 비해 유리한 점이 있다면, 해당 사업에 대한 경험이 있으므로 신규 사업에 비해 상대적으로 불확실성이 작다는 점이다. 쉽게 이야기하면 해당 사업을 잘 알고 있기 때문에 정확하게 판단할 수 있다.

그러나 철수한 사업을 재개할 때 추가로 고려해야 하는 부분도 있다. 철수할 때 분사나 매각 등을 통해 사업을 양도하였다면 사업을 수행할 수 있는 권리에 대한 검토가 필요하다. 양도한 사업에 대해 경업(같은 업종에서 경쟁하는 것)을 금지하는 규제(상법 제 41조)에 저촉되지 않는지 검토해야 한다. 물론 매각이나 분사를 하지 않고 사업을 중단(Fade Out)하였다면, 회사 내부의 문제이므로 양도로 인한 경업금지 위반 리스크는 없다.

　이러한 리스크가 예상될 경우, 철수 사업을 양수했던 사업자와 사전 협의를 통해 리스크를 해소할 수 있다. 사업 재개 이전에 미리 검토하여 사전에 협의하는 것이 중요하다. 사업을 개시한 이후에 양수사가 문제를 제기하면 협상이 쉽지 않다. 사업을 재개 하자마자 또 철수해야 할 수도 있다. 그야말로 두 번 죽이는 일이다. 양도했던 사업을 도로 인수하는 상황도 발생할 수 있다. 이때 사업을 인수하는 가격은 팔 때의 가격과 많이 다를 것이다.

　이 과정에서 묘책이랍시고 재개하려는 사업의 명칭을 철수했던 사업의 명칭과 다르게 명명하는 것은 해결책이 될 수 없다. 예를 들어 카메라 사업을 철수한 이후에 같은 카메라 사업을 재개하면서 광학 기기 사업이라고 불러봐야 사업이 다른 것은 아니다. 이러한 방법이 문제 발생을 잠시 동안 지연시킬 수는 있어도 근원적으로 해소하지는 못한다. 기업이 임의로 명명하는 사업의 명칭이 객관적인 판단의 근거가 될 수는 없다. 오히려 기망에 관한 문제가 추가되어 사태를 악화시킬 수 있다.

　미리 검토하여 방안을 수립하는 것이 당연하다 하여 소홀하게 볼 수 없다. 예전에 철수했던 담당자와 새로 사업을 재개하려는 담당자가 다르고, 그 사이에 경영진도 바뀌면 철수 사실조차 인지하지 못한 채 사업이 재개될 수 있다. 회사가 조직적인 유기체를 지향하는 것은 그렇지 못하여 발생하는 문제가 많기 때문이다. 실제로 유기체인 사람은 유기체가 되려고 노력하지 않는 것에서 이유를 찾을 수 있다.

6.4 미공개 중요 정보의 이용에 관한 규제

사업철수는 업무의 특성상 상당기간 비공개로 진행된다. 철수에 관한 정보가 적절하지 못한 시점에 유출되면 고객, 협력사, 그리고 관련 임직원들의 불필요한 혼란으로 인해 사업철수가 어려움을 겪을 수 있다. 그러다 보니 사업철수 업무 담당자는 회사의 중요한 미공개 정보를 취득할 수 있다. 사업을 매각하거나 분사한다는 내용을 다른 사람보다 먼저 알 수 있다. 대한민국의 법은 이러한 미공개 정보를 이용하여 부당한 이득을 취하는 것을 금지하고 있다. 관련 법령은 자본시장과 금융투자업에 관한 법률 제174조 '미공개 중요 정보 이용행위 금지'이다.

〔참고 문헌〕

- 경제학 원론, 이준구 / 이창용 공저
- Top을 위한 전략경영, 김언수 저
- 이지효, "값진 회사를 팔아라, 저성장의 덫이 사라진다.", 동아비즈니스리뷰, issue 2, No 105, p68-p73, 2012
- 정보통신 공사업법 제31조: 하도급의 제한 등
- 독점규제 및 공정거래에 관한 법률 23조: 부당하게 거래의 상대방을 차별하여 취급하는 행위
- 상법 41조: 양도한 사업의 경업 금지
- 자본시장과 금융투자업에 관한 법률 제174조: 미공개 중요정보 이용행위 금지
- 방위사업청 예규 제155호: 계약변경 업무 처리지침 제4조 (계약인수의 요건)
- 중소기업청 온라인 법인설립 시스템: http://www.startbiz.go.kr
- 통계청 표준 산업분류:
  http://kostat.go.kr/kssc/stclass/StClassAction.do?method=ksscTree&classKind=1&kssc=popup